三

LE MYSTÈRE ENGLOUTI
SAINT-EXUPÉRY

Jean-Claude Bianco

avec la collaboration de Philippe Cousin

LE MYSTÈRE ENGLOUTI
SAINT-EXUPÉRY

Préface
de Patrick Poivre d'Arvor

Ramsay

Remerciements

Ce récit romancé est l'histoire d'une résurrection : celle d'Antoine de Saint-Exupéry, un homme devenu un mythe, puisque son *Petit Prince* est aujourd'hui encore le deuxième livre le plus lu dans le monde.

Elle est aussi celle des hommes et des femmes qui l'ont rendue possible, à commencer par Jean-Claude Bianco, le pêcheur qui remonta la gourmette, ses hommes d'équipage, mais aussi le président, le passeur, le fédérateur, la lectrice et les plongeurs qui contribuèrent à la découverte de son avion. Toutes et tous unis aujourd'hui et pour toujours par la plus émouvante des prédictions d'Antoine : « *J'aurai l'air d'être mort et ce ne sera pas vrai.* »

Les auteurs de cet ouvrage, Jean-Claude Bianco et Philippe Cousin, remercient de leur accueil amical et de leur appui constant et désintéressé Henri-Germain Delauze, Philippe Castellano, Luc Vanrell et Jean-Claude Cayol, ainsi que Françoise Bastide pour son aide inspirée et sa lecture sans faille de l'œuvre de Saint-Exupéry.

Ils saluent le travail d'Hervé Vaudoit, *Saint-Ex, la fin du mystère* (Filipacchi, 2004) et la biographie d'Éric Deschodt, *Saint-Exupéry* (Jean-Claude Lattès, 1980), qui leur ont été d'un précieux concours.

Remerciements privés à Geneviève Hegy et à M. Goussanillo.

À toutes celles et à tous ceux que j'aime
et que j'ai aimés.

J.-C. B.

Préface
de Patrick Poivre d'Arvor

Il est des préfaces admiratives, emphatiques, pédagogiques…
Celle-ci est envieuse : j'aurais aimé être à la place de Jean-Claude
Bianco quand il a découvert dans ses filets la gourmette de
Saint-Exupéry.

Cet éclat fugace de l'argent enchâssé dans sa gangue de
concrétion marine, ce clin d'œil de l'histoire à un pêcheur
marseillais, voilà qui ajoute encore à la légende d'un homme
que je vénère depuis l'enfance.

Mon grand-père Numa, aviateur lui-même, a souvent croisé
la route de Saint-Exupéry entre les deux guerres, ma grand-
mère Yella fut une intime de sa femme Consuelo, que, petit
garçon, j'ai beaucoup vue. Et mon frère Olivier était pareillement si fan de l'écrivain qu'il signa avec moi *Courriers de nuit*,
une histoire de l'Aéropostale et de sa figure centrale, Antoine
de Saint-Exupéry. Bref, une histoire de famille.

C'est dire si je bondis de joie lorsque Henri Delauze, le
dynamique animateur – et fondateur – de la Comex, me
proposa de plonger avec son petit bathyscaphe sur l'épave du
Lightning P-38, le dernier cercueil du grand Saint-Ex. Non
loin de là, quelques mois auparavant, Jean-Claude Bianco avait

11

trouvé la fameuse gourmette en remontant ses filets un jour de pêche infructueuse. Point de poissons, mais quel trésor !

Cette gourmette, je l'ai ensuite tenue entre les mains et je l'ai montrée à nos téléspectateurs. Elle a enserré le poignet d'un homme qui a beaucoup écrit avec cette main-là. On fête cette année les soixante ans du Petit Prince. Merci à lui de nous avoir conduits au large de Marseille, dans les profondeurs d'un mystère qui ne se dissipera jamais.

Chapitre 1

Lundi 7 septembre 1998, 6 heures du matin

À l'est, un filet de lumière citronnée peine à percer la chape des nuages. Ciel de zinc et coulures de bronze, l'aube pluvieuse repeint Marseille aux couleurs du sulfure. À Saumaty, le port de pêche qui jouxte les ports pour cargos et ferrys, un bateau quitte le quai.

C'est *L'Horizon*, un chalutier de cent tonneaux et vingt-cinq mètres de long. Ses flancs et son château sont peints en blanc, MA 568182 est inscrit au pochoir sur la proue. L'hélice brasse une eau noire encore des débris qu'y a précipités le violent orage de la veille, des bouffées grasses sortent par quintes de ses échappements.

Il pivote sur son erre, place son nez dans l'axe des digues. Son moteur de neuf cents chevaux gronde. Ville et port se mettent à glisser.

Il y avait soixante chalutiers à Marseille juste après la guerre, il n'en reste plus que douze. Ce sont aujourd'hui des engins modernes équipés de téléphones, de radars, de sondeurs performants, d'un pilote automatique et d'un double GPS avec table traçante, mais la mer reste la mer, l'acier reste l'acier : par gros temps comme au plus fort du travail, poulies, câbles et palans deviennent autant de projectiles meurtriers. Tempêtes et ponts glissants fauchent chaque année leur quota de vies.

Le patron de *L'Horizon*, Jean-Claude Bianco, est un homme de cinquante-quatre ans, râblé, le visage massif cuivré par le soleil. S'il fallait incarner le pêcheur marseillais, ce serait lui : non pas l'image aimable et caricaturale qu'en ont donnée les romans de Pagnol, mais l'essence même de ces hommes du Sud qui ont fait de Marseille la New York de l'Europe cosmopolite, ouverte et bruyante, un mélange de générosité et de dureté, le cœur large et la main rude.

Du Marseillais, Bianco a aussi le regard droit, l'accent chantant et la grande gueule. Ses collègues lui ont donné la présidence du Comité des pêches de Marseille pour faire le tampon entre les pêcheurs et les Affaires maritimes.

Les Français ne veulent plus faire le travail salissant, aussi a-t-il fait monter l'Afrique sur son bateau : son second s'appelle Habib Benamor, il est tunisien, c'est un beau garçon à l'épaisse moustache noire et au regard aigu ; les marins se nomment Chaabane Boualloucha – un Tunisien, encore, « malin comme quarante putes » – et Abdou Aaron – celui-là est Marocain.

Au matin du 7 septembre 1998, Jean-Claude a aussi embarqué un parent éloigné, Alain Serfati, un brun à larges épaules et queue-de-cheval – il tient un cabinet d'assurances à Aix-en-Provence. Il y a donc à bord, ce jour-là, trois musulmans, un juif, et Bianco qui est chrétien (croyant mais non pratiquant, car, à l'heure de la messe, lui est en mer). Toutes les religions sont représentées, et si la chose n'a pas d'importance en soi, elle prendra une signification troublante dans les heures qui suivront.

Cinq hommes et un bateau, un jour comme un autre. Et, au bout du voyage, la plus extraordinaire des découvertes.

Samedi 31 juillet 1944

Alors qu'il entame sa chute, cinquante-quatre ans avant ce jour, Antoine de Saint-Exupéry voit Marseille basculer vers le haut, les îles venir à sa rencontre, la dentelle des calanques s'effacer vers le bas. Tout cela tourne à droite, puis à gauche, à droite encore, puis se dresse devant lui comme un mur, tandis que les moteurs passent en surrégime.

Il plonge d'un monde dans l'autre,
Il sait qu'il va mourir. Il le savait avant de décoller. Antoine était médium, racontera à Jean-Claude celle qu'on nommera plus tard la lectrice. Médium ou spirite, c'est ainsi qu'on appelle les consciences qui vont à la rencontre d'autres consciences par des chemins connus d'elles seules. En société, Saint-Exupéry magnétisait et hypnotisait ses voisins. Ses tours de cartes étaient d'une habileté prodigieuse. Sa conversation éblouissante, intarissable, vous submergeait, ont avoué Gide, qui fut son ami, comme André Maurois et tant d'autres…

Il est autour de 2 heures de l'après-midi. Son Lightning P-38 n'est plus qu'un tombeau de six tonnes fonçant droit vers la mer, à la verticale. Derrière lui, un nuage de glycol blanc comme un suaire.

15

Il l'a écrit dans *Terre des hommes*: Antoine voit les palmes de vent courir sur l'onde noire. Il voit des éclairs bleus. Il voit le «pâlissement» des choses avant qu'elles ne disparaissent.

Il voit sa mort.

Lundi 7 septembre 1998, 7 heures

Sitôt passé les digues de Saumaty, tessons et gouffres ont jailli de la mer: des creux de deux mètres se forment, crêpés par le vent et criblés par la pluie, et l'air s'emplit d'un bourdonnement sourd.

Dans la lumière laiteuse du petit matin, des fantômes ailés passent en criant. Un goéland dérive au ras des vagues, son bec jaune déchirant le brouillard.

Les hommes d'équipage se sont rassemblés sous l'auvent, près du treuil luisant de graisse: une heure de tranquillité, la dernière de la journée, jusqu'à ce qu'on soit sur zone. Coiffés de bonnets informes, épaules rentrées sous le suroît, ils se dandinent d'un pied sur l'autre, un œil sur les lumières de la ville.

À la passerelle, Jean-Claude Bianco fixe l'écran radar: avec l'orage qui gronde, ce n'est plus qu'une bouillie blanche où se devine difficilement le contour de la côte. Heureusement qu'il dispose d'une table traçante couplée au récepteur GPS: elle lui donne la position du bateau à dix mètres près.

Ainsi, ce point lumineux, à trois milles au sud du Vieux Port, c'est *L'Horizon*. Il y en a sept autres, dont un gros, à dix milles, qui se rapproche vite.

Comme chaque jour que Dieu fait, Jean-Claude laisse à tribord le château d'If, les îles du Frioul et l'îlot du Planier, et pique sur bâbord vers le cap Croisette. Le bec de calcaire une fois doublé, il longera quatre îles semblables à quatre molaires desserties de leur mâchoire : Maïre, Jarre, l'île Plane et Riou, cette dernière flanquée d'îlots minuscules qui ont pour noms le Petit Congloué et le Grand Congloué. Il n'aura alors qu'à pivoter d'un quart de tour pour faire face aux fameuses calanques de Marseille, là où il a passé toute son enfance.

La plus proche, c'est Sormiou. Il possède là, à cent mètres de la mer, un de ces cabanons de trente mètres carrés sans chauffage, sans eau, sans électricité et sans sanitaires, mais qui sont autant de petits paradis : cent cinquante modestes élus y mènent une vie naturelle, sans bruit et sans agitation, dans le culte de la famille, des amis et des voisins. Ce cabanon, il l'a hérité de son père.

Serait-il resté à terre, il pourrait se voir arriver sur zone. Quand il y sera, il verra l'endroit du monde où il a été le plus innocemment et le plus profondément heureux.

L'Horizon traverse, manette des gaz à fond, ce rail sur lequel les grands ferry-boats d'Algérie ou de Corse se relaient toutes les vingt minutes : ils couperaient le chalutier en deux sans même s'en apercevoir. Méthaniers et vraquiers en route pour le port de Fos passent, eux, plus au sud. Quant aux plaisanciers, il y a peu de chance qu'ils fassent des ronds dans l'eau avec un temps pareil, mais sait-on jamais…

La pluie forcit toujours. Le cap Croisette reste invisible. Jean-Claude a beau connaître le coin par cœur – il y a passé quarante ans de sa vie –, un coup de mer pourrait l'y drosser en quelques minutes. Alors il fait monter Abdou et Chaabane sur la passerelle, pour prendre la veille : un à bâbord, l'autre à tribord, le temps d'arriver aux îles…

— J'ai rarement vu ça en cette saison…

Le vent d'est souffle depuis trois jours, et il amène toujours le gros temps. Pourtant, ce matin, la météo a annoncé du mistral, un mistral qui est en train de naître dans les hautes pressions du Nord et commence à dévaler la vallée du Rhône en hurlant. Le plus souvent, il décape le ciel du Midi jusqu'au bleu pur. Ce jour-là, il fait tourner des Himalayas d'eau froide dans sa gueule.

Il pleut des cordes et des potences.

«Tant pis», grommelle Jean-Claude en allumant sa quatrième cigarette du matin. Il faut bien gagner son pain, devrait-on aller le chercher dans le fournil du diable.

— Rien devant ! lance Abdou à intervalles réguliers.

— Rien devant ! fait Chaabane en écho.

Alain et Habib sont restés en bas et rangent les casiers où l'on jettera le poisson bleu – les merlans, les sardines, les anchois et les maquereaux – si l'on en remonte, bien sûr. La mer donne quand elle veut. Elle prend, aussi.

Bianco a fait et refait cent fois le calcul. Une journée de mer, c'est trois mille francs de gasoil, cinq mille deux cents francs de salaires, mille francs de charges sociales. En comptant les crédits, les assurances et la casse des moteurs ou du filet, on arrive à douze mille francs la journée. Il faut, au minimum, remonter trois cents kilos de poissons pour payer tout ça…

Une bonne pêche, c'est cinq cents kilos. Une très bonne, ce sera entre cinq cents kilos et une tonne. Voilà la vie du pêcheur : rafler chaque jour entre trois cents et mille kilos de poissons dans la nuit des hauts-fonds, remonter la nasse ruisselante sur cent mètres, à la force du treuil, ouvrir le chalut d'un coup de poignet en sautant de côté pour ne pas se faire emporter. Et, accroupi sur le pont glissant, les doigts à vif et les reins douloureux, trier dans la masse frétillante le bon grain de l'ivraie…

Tout le monde est payé à la part, mais chacun se contente souvent du Smic. Certaines semaines, on rentre à la maison avec trois cents francs en poche.

– Cap Croisette ! vient d'annoncer Abdou.

Il ne l'a pas vu, mais il l'a senti. Le vent, entre deux gifles d'eau froide, apporte l'odeur du maquis détrempé.

31 juillet 1944

L'avion tombe. Antoine savoure sa mort comme il savourait la soif dans le désert, comme il goûtait l'amour et l'amitié partout ailleurs.

Son lourd et grand corps coincé entre les longerons d'acier s'affaisse. Peut-être n'a-t-il plus d'oxygène – déjà, lors d'une précédente mission sur Toulouse, il a dû faire demi-tour parce que son masque fonctionnait mal. Peut-être a-t-il été mitraillé par un avion ennemi, un de ces redoutables Messerschmitt 109 Long-nez, agiles et cruels comme des requins – Antoine ne tourne plus la tête depuis son crash au Guatemala, il ne l'aura donc pas vu venir…

Peut-être veut-il mourir, car vivre sa mort, c'est vivre encore. Il tombe comme une pierre, à sept cents kilomètres à l'heure.

La mer qui monte vers lui est d'une ardoise très pure. Aucun bateau – les Allemands ont confisqué tous les chalutiers, et les petits bateaux de pêche ne sortent qu'autorisés. Là-bas, derrière l'horizon, une armada alliée prépare le débarquement de Provence.

Sept mille tours. Les moteurs hurlent. Quand il survolait la Patagonie dans un vieux Potez de l'Aéropostale, ou Arras en flammes dans son bombardier Bloch, Antoine guettait leur défaillance. Il l'espérait, presque, pour éprouver ses forces d'homme.

La mécanique casse, les pilotes meurent. On enlève leur nom du tableau d'affichage, et c'est tout.

« *On ne meurt pas, on s'imaginait craindre la mort : on craint l'inattendu, l'explosion, on se craint soi-même. La mort ? Non*[1]*.* »

Antoine de Saint-Exupéry. Quarante-quatre ans, six mille cinq cents heures de vol, dix livres parus, un homme « sur qui pesaient une armure et un ordre invisibles », selon les mots de Jules Roy, écrivain et pilote de guerre, lui aussi.

Lundi 7 septembre 1998, 8 heures

Au lever du jour, *L'Horizon* passe le cap Croisette et glisse le long de Maïre, à onze nœuds. Les hommes cassent la croûte

---

1. Antoine de Saint-Exupéry, *Pilote de guerre*.

dans la cuisine, Jean-Claude est seul sur la passerelle. C'est le patron, il est responsable du parcours, donc de la pêche. De la pêche, donc de la paie. Il mangera plus tard.

La pluie est si dense maintenant que la mer semble fumer. Jarre, l'île Plane, Riou et les Congloué glissent sur tribord. Jean-Claude pense à son ami d'enfance, le viticulteur Brando, qui devrait commencer ses vendanges aujourd'hui, sur les hauts de Cassis – il y produit un excellent vin blanc. À tous les coups, c'est foutu.

Un dernier regard au traceur et sur le sondeur, calé à cent mètres, et il coupe les gaz.

L'Horizon n'avance plus qu'à deux nœuds.

– On mouille où, Jean-Claude ?

– Là.

Il montre un point entre deux risées de pluie, au large de Riou – pas trop près, pour éviter de crocher dans les débris sous-marins que les pêcheurs du coin jettent là pour s'en débarrasser : vieilles coques, mâts rompus, même des pièces d'avion…

Crocher, la hantise du pêcheur. Le filet se prend dans un obstacle sous-marin, il faut batailler une heure, deux, pour le récupérer. Ou le perdre.

Jean-Claude retourne à ses cadrans. Les marins s'affairent à dérouler le chalut, tandis qu'il maintient le bateau au vent. Dans le temps, ce coin-là était un bon coin pour la pêche au trémail ou à la palangre et donc, a décidé Jean-Claude, on mouillera un peu au sud de l'île et l'on fera le « bord » parallèlement à la côte, jusqu'à Morgiou. On reviendra en sens inverse à trois milles du littoral, là où les fonds piquent de cent à mille mètres, et, un peu avant l'île Plane, on prendra plein sud, puis plein est pour refaire une boucle.

21

– C'est bon?

– On y va!

La nasse soigneusement roulée du filet se dévide avec des sifflements de serpent. Des mètres cubes et des mètres cubes de mailles en Nylon, bleu pale, un piège qui, déployé, couvrirait un stade... Quand il est entièrement à l'eau, Abdou et Chaabane crochent les manilles aux panneaux divergents : deux gueuses de fonte de près d'une tonne qu'il faut descendre de part et d'autre du portique. Ils glissent dans l'eau et maintiendront le filet ouvert latéralement sur le fond.

– Vas-y, remets!

– Tout droit!

Le bateau fait bouchon sur la houle, l'hélice baratte l'eau grise. En avant, à fond, pour larguer les câbles du filet à l'arrière et maintenir les panneaux écartés...

Dans les années soixante, Marcel et Dominique Bianco, le père et l'oncle de Jean-Claude, pêchaient le thon avec un filet de sept cent quatre-vingts mètres, alors le plus long du monde. On l'appelait la «reinette». Il fallait deux chalutiers et quatorze marins pour le manœuvrer.

Il pleut toujours autant.

«Pour moi, c'était une journée foutue», dira plus tard Jean-Claude aux journalistes.

31 juillet 1944

Ce matin-là, le commandant Antoine de Saint-Exupéry surgit sur le terrain de Borgo, l'œil mauvais. Tout le monde le cherchait, on l'a vu disparaître la veille avec une belle fille ; en tout cas, il n'a pas dormi dans son lit.

Gavoille lui a déjà désigné un remplaçant. Saint-Exupéry le congédie d'un regard, il déjeune, muet, et consulte son plan de vol : photographier une nouvelle fois la région d'Annecy-Grenoble-Chambéry. Cinq heures de vol à trente mille pieds, soit onze mille mètres, sous oxygène.

Borgo, à vingt-cinq kilomètres de Bastia : un vague terrain tanné par les roues des avions, carbonisé par le soleil et noirci par les gaz d'échappement. Trois hangars, un manche à air, une tour de contrôle improvisée, le continent à deux heures de vol. L'escadrille 2/33 de reconnaissance aérienne s'y est installée voici deux semaines, venant de Sardaigne. Les pilotes français sont équipés du dernier matériel américain, des bimoteurs bipoutres, ultrarapides, les fameux Lightning P-38, en version F-5B.

Le sort de la guerre a basculé il y a un an et demi, à Stalingrad. Depuis, les Alliés ont repoussé Rommel en Afrique et libéré la Corse, ils ont remonté la péninsule Italienne et sont entrés dans Rome. Et, à l'aube du 6 juin 1944, ils ont pris pied en Normandie.

Français, Américains, Anglais, Canadiens, Néo-Zélandais, Belges, Polonais reprennent les territoires et l'honneur perdus, avec l'aide de la Résistance.

C'est un secret encore : le débarquement en Provence est prévu pour le 15 août.

L'avion est garé en plein soleil près d'un des hangars : numéro de matricule 42-68223, deux cocardes – une américaine et une française – et le chiffre 223 inscrit en blanc sur les fuseaux-moteurs. Un bolide souillé d'huile, brut de peinture.

Comme tous les autres F-5B, il n'a ni canon ni mitrailleuse – rien pour se défendre, si ce n'est sa vélocité et sa capacité à voler très haut.

Deux soldats, Peinado et le sergent-chef Pottier, aident Antoine de Saint-Exupéry à enfiler la lourde combinaison de vol fourrée et équipée de résistances électriques – là-haut, il fera moins trente degrés. Ils lui passent une veste gonflable Mae West, sanglent une bouteille d'oxygène sur la cheville, remplissent les poches de crayons, de cartes, de rations de survie… On lui passe son parachute, on l'aide à le boucler. Enfin, on l'aide à mettre ses bottes.

Le géant essoufflé se laisse faire. Les innombrables blessures d'une vie d'aventures le font souffrir, et c'est chaque fois un supplice que de grimper dans la cabine du P-38, si haute et difficile d'accès. Il faut toujours que les mécanos le tirent et le poussent. Il se glisse enfin dans la nacelle, si étroite que ses épaules touchent les bords et que ses genoux remontent de part et d'autre du manche.

Casque de cuir, épais gants fourrés de mouton. On branche son laryngophone, l'oxygène, le circuit de chauffage de la combinaison.

On remonte les vitres latérales, puis on rabat la verrière du cockpit.

«Le plus vieux pilote de guerre du monde», comme l'appellent les Américains, lance les moteurs et jette un dernier regard au sol. Terrain mité, montagnes qui tremblent dans l'air chaud, silhouettes lointaines. Gavoille, le cher Gavoille n'est pas là.

Sa vie durant, il ne se pardonnera jamais de ne pas avoir assisté au dernier décollage de son ami.

Saint-Exupéry écrase les freins et pousse la manette des gaz. Tonnerre des moteurs. La voix de Colgate, nom de code du contrôle radar, grésille dans ses écouteurs.

Le nom de code d'Antoine est Dress Down – «à poil». Eh oui.

L'avion gagne la piste en cahotant dans les ornières.

Il décolle à 8 h 45 du matin.

On espère son retour, au plus tard, vers 12 h 30.

« *Et j'ai l'impression de marcher vers les Temps les plus noirs du monde[1].* »

Lundi 7 septembre 1998, 9 heures

Le chalut descendu dans les abysses, Jean-Claude met en avant toute.

Les moteurs grondent, le pont s'incline, l'eau ruisselle par les dalots. Une vibration sourde gagne la proue, et, tel un buffle qui s'arrache à la rizière, *L'Horizon* se hisse au-dessus des vagues.

Les cinq cents mètres de filins d'acier et de Nylon qui relient les panneaux au chalut se tendent. Deux aigrettes phosphorescentes dansent à l'endroit où ils disparaissent sous l'eau.

Le train de pêche pèse quatre tonnes et fait six cents mètres de long : c'est un gosier de géant qui ratisse en aveugle un volume d'eau de quinze mètres de large sur six mètres de haut. Pour protéger les espèces qui vivent en eaux profondes, il est

---

1. Antoine de Saint-Exupéry, *Lettre au général X*.

25

interdit de le caler par moins de cent mètres, ce qui ne laisse aux pêcheurs qu'un étroit territoire de chasse entre les falaises et l'à-pic vertigineux de mille mètres qui commence à neuf kilomètres des côtes.

Le bateau fait lugubrement son chemin sur la mer démontée, cap au 90, donnant de la corne de brume à intervalles réguliers. Les hommes sont retournés à la cuisine se faire du café et étaler d'épaisses noix de pâté sur du pain. Au chaud et au sec, ils allument une cigarette avec des soupirs d'aise.

Leurs mains gercées sont rouges comme des pinces. Jean-Claude est seul sur la passerelle. Lui seul juge du moment où il faudra remonter le filet, vider sa manne sur le pont, regarder la chance au fond des yeux.

Si elle est là.

«Ça m'étonnerait!» grogne-t-il pour lui-même.

Encore que, quand il fait gros temps en surface, le poisson se montre mieux. Si c'est le cas, il pourra remercier la Bonne Mère de Marseille, dont la statue de plâtre trône sur le tableau de bord.

Flots bouillonnants, rideaux de pluie si serrés qu'on n'y voit pas à vingt mètres. Humidité mordante. En bas, les hommes ont compris qu'on rentrera tôt, sauf miracle. Au port, ils se consoleront en allant boire un verre à *La Pêcherie*, leur bistrot favori, puis ils fileront rejoindre leurs maisons, caresser leurs femmes, écouter le rire des enfants.

Le diesel pulse régulièrement. Les membrures de chêne de la coque craquent à chaque train de vague. Parfois, un bélier donne du front: c'est une vague plus grosse que les autres, un monstre à dos noir venu de loin. Jean-Claude étale et laisse passer sous la quille.

– Ça va, Jean-Claude ?

C'est Habib, le second, son frère et son ami. Il lui a monté du café dans un verre.

– Une journée de foutue, oui !

– Ça ira mieux demain…

Ils sont à la hauteur de Castel-Viel. Un trait – à Marseille, on dit le « bord » – dure trois heures. Ils suivent une boucle qui les fera revenir d'où ils sont partis, au sud de Riou. Quand le chalutier vire pour remonter plein nord, les vagues que le mistral pousse NO-SE prennent sauvagement le bateau de flanc, et des gerbes d'eau pulvérisée balaient le pont, comme une faux.

La côte est devant, invisible. Par temps clair, Jean-Claude a ses repères, ses amers, ses points de croche dûment répertoriés sur un cahier à spirale, toute une cartographie terrestre et sous-marine qui lui permet de savoir où il est, où il va, d'où il vient. Par temps couvert, il lui reste sa table traçante, le radar, le sondeur ; pourtant, rien ne vaut sa connaissance intime des fonds, des écueils et des caps.

Vingt minutes plus tard, obéissant à un signal connu de lui seul, il met la barre à gauche, cap au 270.

L'Horizon est de nouveau parallèle à la côte. Les vagues cognent sur le tribord avant et explosent sur le plat-bord en criblant les vitres de la passerelle comme de la mitraille. Le bateau enfourne, avant de resurgir de l'écume, les bras du portique vibrant sous le poids du chalut. Chaque fois il replonge dans un colossal éternuement, et chaque fois la mer semble le retenir un peu plus longtemps…

Arc-bouté à la barre, les reins calés par le fauteuil solidement boulonné au plancher, Jean-Claude allume cigarette sur cigarette.

Encore une demi-heure d'effort, et ils auront fait le tour. Le Grand Congloué est devant, Riou légèrement sur la gauche.

Vers midi, les hommes remontent. Ils entrent dans le poste de pilotage, regardent la mer qui danse et le ciel qui pèse.

– Qu'est-ce qu'on fait, Jean-Claude ?

– On fait un autre tour.

Personne ne discute. Ce qu'ils mangeront demain, ils le gagnent aujourd'hui.

Un autre tour, donc. Barre à bâbord, toute. On tourne le dos au Planier, un beau phare blanc construit après-guerre avec les dollars du plan Marshall. Direction Cassidaigne, au large de Cassis et du cap Canaille.

Ça va mieux. Jean-Claude sifflote. Ses marins sifflotent avec lui.

C'est sa famille. Ses hommes. Ils sont forts, ensemble.

Il lira plus tard ce qu'a écrit Antoine dans *Pilote de guerre* : « *Notre communauté n'était pas une communauté d'intérêts, c'était [...] la somme de nos dons.* »

Il pensera : « Cet aviateur pensait comme un marin. »

Lui-même ne dit-il pas toujours à qui veut l'entendre :

– En mer, je ne dis jamais « je », je dis « nous ».

31 juillet 1944

Par où est-il passé ?

On se le demandera pendant un demi-siècle. Antoine de Saint-Exupéry a bien franchi la côte française à l'aller – on le sait, parce que les radars américains en Corse du Nord et les services d'écoute de l'OSS l'ont suivi et ont capté son dernier message : « *I strangle my coquelet.* » « Je passe en silence radio. » Mais après ? Nul ne l'a jamais revu. S'est-il écrasé dans les Alpes, là-haut ? Ce jour-là, les conditions météo sont excellentes. Antoine de Saint-Exupéry vole à dix mille mètres, remontant la vallée qui va de Grenoble à Chambéry en laissant l'Italie du Nord à main droite. Derrière les montagnes, il le sait, la Luftwaffe aligne cent cinquante intercepteurs, et les Italiens quelques escadrilles, elles aussi équipées en matériel allemand. Mais ils ont fort à faire pour surveiller la plaine du Pô et la côte ligure, et si jamais un Focke-Wulf le repère, son P-38 vole si haut et si vite qu'il a toutes les chances de lui échapper.

Le danger, c'est le retour, quand il redescendra. Le sud-est de la France est quadrillé par les Bf-109 et les Fw-190 de la *3. Luftflott*, qui s'appuient sur une excellente infrastructure radar installée le long de la Riviera, ainsi qu'une grande station d'écoute à Turin. Le Lightning sera aussi à la portée des quadri-tubes et des canons de 88-longs de la Flak, la redoutable défense anti-aérienne allemande.

Il est passé chaque fois, mais il y a toujours une dernière fois.

Pour l'heure, il fait son travail. Ses deux caméras embarquées, des K24 de six inches (cent cinquante millimètres de focale, pour prendre d'un horizon l'autre) et de vingt-quatre inches (six cents millimètres, pour situer géographiquement la zone photographiée) engrangent automatiquement leur moisson d'images. Une fois rentré à la base, le sergent-chef André Jacquemont les développera et les exploitera, avant de leur faire remonter toute la chaîne du commandement, jusqu'au QG américain de Naples.

Un convoi qui manœuvre, un bataillon qui embarque, des munitions qu'on achemine : savoir permet d'anticiper, anticiper peut faire gagner la bataille. Ce n'est pas là une tâche plus humble et moins nécessaire que celle qui consistait à acheminer des sacs de courrier, de Cap-Juby à Dakar et de Dakar en Amérique du Sud…

Arrivé à Annecy, il fera une large boucle dans le soleil et redescendra probablement par le Bugey.

Le colosse de quarante-quatre ans, serré dans sa nacelle en forme de torpille, survole le pays de son enfance – sa maison de famille est à dix minutes par les airs, à Saint-Maurice-de-Rémens, l'autre étant à La Môle, en Provence. Sous lui, la terre de ses ancêtres, où il n'a pas mis les pieds depuis trois ans.

Après une brillante campagne de France, il est passé en Algérie, puis en Amérique. Il a toujours refusé de rejoindre de Gaulle à Londres, partageant avec tous les Français l'humiliation d'être vaincu : « *Puisque je suis d'eux, je ne renierai jamais les miens, quoi qu'ils fassent. Je ne prêcherai jamais contre eux devant autrui*[1]. » Ensuite, il est rentré pour se battre. Pour voler.

Nulle part Antoine de Saint-Exupéry n'est mieux à sa place que là, en plein ciel, contemplant l'infini au-dessus de sa tête. À travers une verrière qu'il ne peut plus fermer seul ni, *a contrario*, ouvrir pour sauter, s'il devait sauter.

Mais il ne sautera pas.

---

1. Antoine de Saint-Exupéry, *Pilote de guerre*.

Lundi 7 septembre 1998, 13 heures

Au large de Morgiou, Jean-Claude débraie ses moteurs :
— Allez, on remonte !

Une déchirure dans les rideaux de pluie a découvert la côte. C'est là, sous trente-sept mètres d'eau, à l'appui du promontoire le plus proche, qu'a été découverte l'entrée de la fameuse grotte Cosquer, le « Lascaux méditerranéen ». Jean-Claude se souvient qu'à l'époque – juillet 1991 – le scaphandrier « inventeur » a été la cible de soupçons et de moqueries : « Encore une galéjade marseillaise ! » ricanait le monde scientifique ; « Cosquer est une escroquerie ! » titrait le magazine *Science et Vie*…

Arrogance de caciques universitaires rancis, suffisance de quelques journalistes fermés au merveilleux, tous ces petits messieurs sortent rarement de leurs présupposés. Le malheureux Henri Cosquer a eu bien du mal à se faire prendre au sérieux, jusqu'à ce qu'un archéologue-plongeur remonte à son tour la galerie immergée sur cent soixante-quinze mètres et débouche au centre d'un extraordinaire capharnaüm de dessins et de fresques…

Il est 13 h 30, il pleut toujours, mais le vent s'est calmé. *L'Horizon* danse sur une eau couleur d'étain, un jour plombé mange les ombres. Tout ruisselle : les cirés, le pont, le ciel, la mer. L'équipage s'affaire. La manne remonte des profondeurs, halée par le treuil qui enroule, spire après spire, cinq cents mètres de câbles de Nylon et d'acier.
— Paré à embarquer !
— Remonte !

Les panneaux divergents apparaissent, d'un noir de houille, luisants. Abdou et Chaabane les crochent, les plaquent à la force des bras contre le portique. Acier contre acier, ils sonnent comme des cloches. Habib les verrouille solidement aux portants et, du même geste, réunit les manilles du filet à deux câbles qu'Abdou et Chaabane raccordent au treuil.

– Attention, Alain, enlève-toi du milieu ! crie Jean-Claude. Le filet de Nylon apparaît, ruisselant. Un mètre, deux mètres, dix mètres, quinze… Il s'enroule sur le tambour qui grince. Plus que quinze mètres. Dix. Au fond du maillage, un peu d'argent liquide, qui bouge.

Maigre lingot. Au premier coup d'œil, ce n'est pas grand-chose : cent kilos, peut-être. Du maquereau, des capelans, des merlans, des poulpes happés il y a une heure, au large… Si peu après cinq heures de travail, dans la pluie et le froid !

Abdou attrape le cul du chalut, tire. La gueule s'ouvre, elle vomit sa manne qui sonne et cogne sur le pont.

Jean-Claude grimace. Des cailloux, encore, des bouteilles, des boîtes de conserve, des bouts de fer… La lie des bas-fonds, tout ce qu'une énorme métropole comme Marseille, les milliers de plaisanciers en été, les cargos de passage rejettent et oublient. Un chalut n'est jamais qu'un cerf-volant sous l'eau, il ramasse ce qu'il peut. Tant que ce ne sont pas des mines sous-marines, ça va encore…

Jean-Claude en a remonté quatre au cours de sa carrière, quatre mines à orin de la Kriegsmarine qui auraient pu les pulvériser, lui et son équipage. Et quelques amphores aussi, il doit l'avouer, qui ne valaient rien avant que Jacques-Yves Cousteau exhume la première épave romaine qui en soit remplie, dans les années cinquante, en face de Sormiou, justement pas très loin. Elles ont atteint depuis un prix pharamineux sur le marché parallèle des amateurs d'antiquités, mais le Département des recherches archéologiques subaquatiques et sous-marines (Drassm) veille : toute découverte doit lui être déclarée dans les quarante-huit heures, et remise.

Pour des pêcheurs qui ne roulent pas sur l'or, c'est chaque fois un crève-cœur.

Sur le pont, les hommes pataugent dans une marée de chair vive et frétillante. Le chalut achève de se vider, ils enlèvent à la main les plus grosses prises entortillées dans les mailles. Jean-Claude remet les gaz.

La pêche aura été triée quand on passera les digues de Saumaty, on débarquera les casiers, son frère Robert ira les vendre à la criée, Jean-Claude pourra enfin rentrer chez lui, à Mazargues, où l'attend sa compagne, Michèle, une amoureuse et une femme de caractère, brune d'origine espagnole…

Ils repassent le cap Croisette quand le soleil glisse un maigre bras entre deux nuages. Il se moque d'eux, le soleil, maintenant qu'ils s'en vont, mais il leur fait aussi le plus beau des cadeaux : Marseille s'illumine, taillée dans le marbre le plus pur, lavée par l'orage, somptueuse.

Tout en haut de la colline de Notre-Dame-de-la-Garde, la Bonne Mère leur tend son enfant d'or.

Jean-Claude songe que c'était une journée comme une autre, au large de la grotte Cosquer, des calanques, sur les eaux bleues peuplées d'épaves miraculeuses. Il n'a jamais rien remonté d'extraordinaire, lui, ah si, un requin pèlerin de dix mètres et de sept tonnes, au large du Planier. C'était il y a dix ans, le monstre avait écrasé toute sa pêche, il a dû le couler au large après avoir attendu des scientifiques qui ne sont pas venus.

Tout ce qu'il a eu, c'est une photo dans *La Provence*.
Il hausse les épaules.
Il ne sera jamais un héros. Juste un pêcheur.

31 juillet 1944

Antoine de Saint-Exupéry doit rentrer, lui aussi.
Le retour est toujours la partie la plus dangereuse du vol : on
perd de l'altitude, les Focke-Wulf guettent, on dit qu'ils sont
équipés depuis peu d'une fusée d'appoint qui leur permet de
fondre sur leur proie comme des busards.

Il a le choix entre deux routes : poursuivre plein sud, vers
Gap, par les cols du Galibier et du Lautaret, franchir la côte à
Nice et foncer vers la Corse. Ou bien se faufiler vers l'est, par
les vallées, sauter le mont Cenis, descendre la plaine du Pô,
foncer vers la côte…

Il a déjà emprunté ce chemin, il y a un mois et demi, avec
un moteur en panne. Une cavalcade insensée par-dessus les
aérodromes allemands, mais une plaine est toujours moins
dangereuse que des vallées : on peut louvoyer. Il est passé au-
dessus de Gênes à moins de trois mille mètres d'altitude et en a
rapporté d'excellents clichés.

Antoine choisit le sud. Non pas la vallée du Rhône, véritable couloir de la Flak, mais la Drôme, la haute Provence, la
vallée de la Durance…

Il fait un froid de chien dans l'avion – poserait-on sa main
nue sur le métal de l'habitacle que la peau y resterait collée. Il
se bat contre un chauffage récalcitrant et contre le robinet

d'admission du masque à oxygène qui durcit. S'il gèle, c'est la syncope assurée, la chute… L'appareil n'est pas pressurisé.

Il a aussi consommé presque tout son oxygène – il respire deux fois plus vite que les autres pilotes – et son bras l'élance. Son large visage devient un masque de douleur. Il meurt de soif.

Le froid, la souffrance, la fatigue… Saint-Exupéry éprouve aussi, et depuis longtemps, de l'accablement devant ce monde qui s'annonce, un monde qui se libère, mais que guettent déjà d'autres asservissements. Il l'a écrit quelques jours plus tôt : « *La termitière future m'épouvante. Et je hais leur vertu de robots[1].* »

Il affirme aussi que la lutte sournoise que mènent contre lui les factions gaullistes l'a miné. Et dans sa *Lettre au général X*, il laisse cette analyse, éblouissante, des maux qui sont les nôtres aujourd'hui : « *On ne peut plus vivre sans poésie, couleur ni amour […], tous les craquements des trente dernières années n'ont que deux sources : les impasses du système économique du XIXᵉ siècle, le désespoir spirituel.* »

Le plus vieux pilote de guerre du monde est aux bornes de la résistance humaine. À quarante-quatre ans, ce géant aux dix-huit fractures fume trop, boit trop, ne fait pas de sport et parle toute la nuit quand il peut mettre la main sur un auditeur. Le jour, il écrit. Tout le temps, il aime. Les femmes. Les enfants. Ses frères humains. Les animaux.

Mais la vie ? Aime-t-il encore la vie ?

Les vieillards ne pilotent pas des bolides. Les vieillards ne font pas la guerre. Lui, si : « *Nous ressentons la chaleur de nos liens : voilà pourquoi nous sommes déjà vainqueurs[2].* »

---

1. Lettre à Pierre Dalloz.
2. Antoine de Saint-Exupéry, *Pilote de guerre*.

Aix-en-Provence, au loin. Les gorges du Verdon, sur sa gauche.

Peut-être est-ce là que les chasseurs allemands l'interceptent.

– s'il y a eu interception.

Lundi 7 septembre 1998, 14 heures

– Ho! regarde ce qu'on a trouvé, Jean-Claude!

Un miracle commence toujours comme cela : votre vie bascule sur un axe si bien graissé que vous n'entendez rien.

Vous êtes patron pêcheur, votre second vous crie quelque chose depuis la porte, mais le bruit des moteurs, le fracas de la mer et le cri de mouettes vous empêchent de comprendre ce qui vous arrive.

Les membres d'équipage, assis sur des casiers renversés, trient leur pêche. Ils expédient le beau poisson, le menu fretin, les pieuvres et les coquillages dans les casiers calés les uns aux autres le long des bordages. Le reste prend la voie des airs, avant de retomber à l'eau : caillasse, ferraille, même un vieux pneu… Mais quand Habib se baisse et se saisit d'un morceau plus gros que les autres pour le lancer par-dessus bord, un éclat blanc s'allume sur la matière sombre.

Il suspend son geste, regarde mieux. Quelque chose brille à la surface. Ce n'est pas de l'aluminium, ce n'est pas du fer… On dirait de l'argent.

Le frottement contre d'autres cailloux a rendu sa splendeur à ce qui reste d'un bijou.

L'incroyable commence là. Quelques grammes d'argent viennent de remonter de l'immensité liquide. Un reste de jour filtre du ciel plombé, et ils ont jeté un éclair, un seul. Cela a suffi. Le second de *L'Horizon* aurait pu passer à côté, il aurait pu être en train de parler avec son voisin, mais non. Il regarde mieux : c'est bien le maillon d'une gourmette. Il agite un peu : apparemment, il est relié à un autre maillon, celui-là entièrement pris dans le magma.

Autour, il y a quelque chose qui ressemble à un linge pourri, ou à du cuir. C'est tout noir. Et, pris lui aussi dans la concrétion, un morceau de métal grisâtre.

– Un truc de femme, non ? interroge Alain Serfati, assis près de lui. C'est petit.

– Peut-être.

Habib aurait préféré de l'or, mais bon… Il lui tend le caillou.

– Tu me le mets dans la boîte aux clés ? On verra ça plus tard.

La boîte aux clés de manilles, près du treuil ; ce sera le premier écrin de l'inestimable trésor remonté des eaux.

Le tri fini, le second de *L'Horizon* reprend le caillou et se dirige vers le gros étau fixé sur l'établi. Il coince tant bien que mal l'amas informe entre les mâchoires d'acier et, sous les yeux intéressés de Serfati, entreprend de dégager l'objet mystérieux avec un fer plat et un marteau…

Des années durant, dans la pénombre du fond, la poussière des coquillages, le sable et les matières organiques en décomposition se sont agglomérés, un peu comme la nacre s'accumule au cœur de l'huître et fabrique une perle… La concrétion ne résiste pas longtemps. Le linge pourri et le morceau de métal qu'elle retenait tombent.

Abdou, indifférent, les balaie avec son jet d'eau.

– Ça alors ! souffle Serfati.

C'est bien une gourmette. Ou plutôt un fantôme noirci de gourmette. Sept maillons noircis et une plaque d'argent de quelques millimètres d'épaisseur, avec une inscription en creux. Impossible de la lire, le métal est recouvert d'une épaisse pellicule d'oxyde.

– On va montrer ça à Jean-Claude ! décide Habib.

Ils montent les degrés qui mènent à la passerelle. Jean-Claude, calé dans son fauteuil, récupère des fatigues de la journée. Il est de mauvaise humeur et ne tourne même pas la tête à leur entrée.

Habib pose l'objet sur la tablette de bois, à côté de la Bonne Mère.

– Regarde ce qu'on a trouvé.

– Qu'est-ce que c'est ?

– Un bijou. C'était pris dans une concrétion.

– Qu'est-ce qu'on a pris ?

Jean-Claude parle de la pêche. La pêche seule l'intéresse.

– Une centaine de kilos.

Soupir. On longe le cap Croisette, qui coupe le vent. Il y a un moment de miraculeuse tranquillité, et de silence.

Le patron pêcheur finit par allonger la main et ramasser le bijou. Il est tout petit dans sa grosse main durcie par le travail. Il manque combien, deux, trois maillons ? quatre ? Il fait bouger la gourmette, et un faible éclat blanc perce la patine noire.

– Voyons voir…

Il descend de son siège en grimaçant et récupère ses lunettes près du compas.

– Habib, tu prends la barre ?

Il sort du placard aux fournitures une bouteille de détergent et un chiffon, puis entreprend de frotter le métal noirci.

Le détergent ne suffit pas, alors il passe la tête au-dehors et demande à Chaabane de lui rapporter une éponge métallique de la cuisine.

C'est mieux.

La patine noire se raie, se délite et disparaît. L'argent apparaît, luisant et doux au toucher. Il est gravé de trois lignes – une gravure aux contours adoucis, usés par le temps.

ANTOINE...

« Tiens, il s'appelait comme moi ! » pense le patron pêcheur. Antoine est son deuxième prénom, c'était aussi celui de son grand-père. Les Antoine perdent tout, c'est bien connu. De son doigt gercé par l'eau de mer, il balaie la première ligne : DE SAINT-EXUPÉRY...

Sur le moment, il ne percute pas. Il pense à une pub ou à une blague.

Antoine de Saint-Exupéry, on en parle depuis toujours dans le coin. Un écrivain, qu'il n'a jamais lu, mais un grand écrivain paraît-il. En 1992, l'expédition Roederer-Ifremer a cherché son avion en baie de Nice.

Au bout, il y a un prénom de femme, entre parenthèses : ANTOINE DE SAINT-EXUPÉRY (CONSUELO).

– « Antoine de Saint-Exupéry Consuelo » ? lit Alain par-dessus son épaule. Ça alors, c'est marrant ! Ho ! Jean-Claude, tu rêves ?

La vérité vient de traverser le pêcheur des pieds à la tête, comme un éclair. Il reste muet, compensant machinalement le roulis d'un balancement des hanches et fixant le bijou, si petit, dans sa main.

Antoine de Saint-Exupéry!

Ça n'est pas possible.

– Jean-Claude, ho! Jean-Claude, qu'est-ce que tu as?

La deuxième ligne indique: «C/O REYNAL & HITCHCOCK».

La troisième est une adresse: 386, 4th AVE. NYC USA.

Serfati lit à haute voix, pour Habib resté à la barre:

– «Antoine de Saint-Exupéry Consuelo! C/O Reynal et Hitchcock, 386, 4th ave. NYC USA»... NYC, c'est New York City, non?

– New York? Ici, devant les calanques?

– Oh! merde! On a trouvé Saint-Exupéry!

31 juillet 1944, 11 heures

Il a franchi la vallée du Drac, survolé Gap et, depuis, il suit la Durance – un filet d'argent sur lit de sable.

Antoine de Saint-Exupéry passe au-dessus de Sisteron, laisse Forcalquier et Manosque à main droite, les gorges du Verdon à main gauche. La côte n'est plus qu'à une soixantaine de kilomètres, soit dix minutes de vol. La montagne Sainte-Victoire et le massif de la Sainte-Baume la lui cachent encore, mais plus pour longtemps.

Une fois qu'il les aura passés, il verra Toulon sur sa gauche –pièce maîtresse du Südwall, le dispositif défensif allemand en Méditerranée, une forteresse hérissée de défenses anti-aériennes – et Marseille à sa droite, pareillement défendue.

Reste à se glisser entre les deux, tout droit, c'est-à-dire à la hauteur de Cassis et de La Ciotat.

Et après ? Que s'est-il passé après ?

La syncope ? La panne de moteur ? La fuite éperdue devant les tueurs ou la chute dans le désespoir consenti, debout sur le palonnier ?

On ne sait pas.

On a beaucoup dit qu'Antoine de Saint-Exupéry s'était suicidé. Ses frères d'armes, eux, pensent qu'il a eu une panne de moteur – le P-38 était un appareil brillant, mais peu fiable, qu'il n'avait piloté que dix fois. Peut-être a-t-il eu une panne d'oxygène : le lieutenant Puivif, parti un peu après lui de Borgo, a fait demi-tour deux fois de suite pour la même raison. Et lui-même, Saint-Exupéry, un mois et demi plus tôt…

Il aurait été abattu par l'ennemi.

Les témoignages divergent. Un cheminot de Cassis racontera avoir vu un avion américain tentant de semer deux avions allemands. Plus tard, quelques pilotes de la Luftwaffe se vanteront d'avoir abattu un avion américain dans les parages. Un certain Heichele, aspirant de la Luftwaffe, raconte dans une lettre avoir été attaqué en piqué par un Lightning au-dessus de Castellane, et qu'il l'a descendu en flammes au large de Saint-Raphaël : la thèse aura quelque succès dans les années quatre-vingt, jusqu'à ce qu'on s'avise que Saint-Exupéry ne pouvait pas attaquer puisqu'il n'était pas armé.

L'étonnant est que ce même Heichele, mort dans un crash trois semaines après son supposé exploit, soit enterré dans un petit cimetière militaire tout près de Saint-Maurice-de-Rémens, là où Antoine passa toute sa jeunesse.

Cet été-là, le dernier été de la guerre en Europe, ils tombent par dizaines : à Cassidaigne, à Toulon, à Port-de-Bouc, à Cassis, à Cannes, à Nice…

Antoine voit les palmes de vent courir sur l'onde noire. Il voit des éclairs bleus. Il voit le «pâlissement» des choses avant qu'elles ne disparaissent.

Son bolide percute la mer à sept cents kilomètres à l'heure et explose.

Les moteurs Allison, portés au rouge, trouent la mer et s'enfoncent dans un bouillonnement de vapeur. Les tôles de la carlingue se froissent comme du papier, les poutres plient et cassent.

Les ailes s'arrachent dans un nuage d'essence enflammé.

Des débris de verrière, de caissons surnagent un moment dans une nappe d'huile. Le train d'atterrissage a coulé tout droit, puis les ailes, puis la nacelle.

L'effroyable brasier s'éteint de lui-même.

La mer miséricordieuse scelle le tombeau d'un tapis d'écume.

Lundi 7 septembre 1998, 17h30

Il faut rentrer à Saumaty, maintenant.

En route, le pêcheur pense à Pierre Becker, un ex-ingénieur de la Comex. La Comex est l'entreprise phare de Marseille, spécialisée dans le travail en eaux profondes et la recherche d'épaves – qui, dans la cité phocéenne, ne connaît Henri-Germain Delauze, son flamboyant président? Pierre, lui, a fondé sa propre entreprise, Géocéan, qui s'occupe d'ingénierie maritime : captage d'eau douce au fond des mers, construction off-shore, déminage, dépollution… Il adore les épaves et il saura quoi faire avec la gourmette…

Mais la secrétaire de Becker lui apprend que son patron est en Indonésie, sur un chantier, injoignable.

– Il rentre quand ?

– Désolée, je ne sais pas.

– Dites-lui, s'il vous plaît, de rappeler Jean-Claude Bianco aussi vite qu'il pourra.

– Jean-Claude Bianco. Entendu.

– C'est très urgent.

– Vous pouvez compter sur moi.

Une demi-heure plus tard, *L'Horizon* double le château d'If. La pluie a fait place au crachin. Un ferry-boat haut comme un immeuble et qui fait la ligne de Corse les croise. La vibration de ses énormes moteurs ébranle l'air, il salue la ville d'un coup de sirène.

Au loin, les réverbères du port autonome se reflètent dans l'eau grise. Une demi-douzaine de vraquiers sont à quai, les grues s'affairant au-dessus de leurs cales béantes. Plus loin, les conteneurs multicolores s'empilent en un monstrueux jeu de construction.

Ils se glissent à Saumaty et s'amarrent à leur emplacement habituel. Le frère de Jean-Claude, Robert, est là, avec son transpalette. Il monte à bord.

– Vous avez pêché, un peu ?

– Un peu de merlan, un peu de soupe, quelques rougets… Et beaucoup de severeaux. Tiens, regarde…

Jean-Claude sort la gourmette de sa poche.

– Qu'est-ce que c'est ? demande Robert.

– La gourmette d'Antoine de Saint-Exupéry.

– Personne n'a rien pris, fait Robert. Avec un temps pareil…

Il a à peine jeté un coup d'œil au bijou.

Le patron pêcheur rempoche son trésor. Peut-être Robert a-t-il raison d'être indifférent. Peut-être sa gourmette ne vaut-elle rien. Il s'est fait des idées.

Tout de même, qui est-ce qui aurait pu s'amuser à graver ça sur une gourmette en argent – parce que c'est de l'argent, c'est sûr – et à la jeter au large de Riou?

C'est Michèle qui va être épatée! Et tous les collègues, sur le port. Et la famille…

Jean-Claude prend Habib et Alain à part.

– Pas un mot sur la gourmette, à personne! On aurait l'air de cons si c'était une blague, ou un faux, je ne sais pas, moi…

– Entendu, font Habib et Serfati, avec un clin d'œil.

Trois héros de Marseille contre le monde entier.

Les casiers une fois débarqués et chargés dans le transpalette de Robert, tout le monde s'en va. Jean-Claude coupe l'électronique et quitte la passerelle en fermant la porte à clé. Il se dirige vers sa voiture, garée un peu plus loin, derrière les compresseurs de la capitainerie, s'installe au volant, allume une cigarette et bâille.

Une sacrée journée…

Il a gagné le gros lot, mais va savoir ce que ça recouvre exactement – des remerciements ou des emmerdements? Sûr que ça va faire parler, sur le Vieux Port, et chez tous les fanas de Saint-Exupéry, aussi! Ceux qu'il connaît, du moins, les historiens, les plongeurs, et puis cette *passionaria* de Saint-Exupéry qu'il a rencontrée l'année dernière et qui parle si bien de l'écrivain…

Il se dit qu'il va devoir lire le fameux écrivain, pour ne pas avoir l'air trop bête quand les journalistes l'interrogeront. Ça l'ennuie, car il n'a jamais trop aimé lire – dame! il a quitté l'école après son certificat d'études, à quatorze ans.

44

Il met le contact sans même y songer, roule vers Marseille, la Corniche, Mazargues… Il repense à Pierre Becker, à Françoise Bastide, à Philippe Castellano. Ils vont tomber de leur chaise en apprenant que ce qu'ils cherchaient l'année dernière était sous leur nez, mais un peu plus à l'est, au large de Riou ! Parce qu'il y a eu une journée de répétition générale, pour ainsi dire. Celle du 10 mai 1997.

10 mai 1997

Jean-Claude a toujours été un fils affectueux. Ainsi, il se rend tous les jours chez sa mère, qui vit non loin de chez lui à Mazargues, et qui a pour voisin Pierre Becker.

Au fil des années, les deux hommes sont devenus amis – ils ont à peu près le même âge – et, un beau jour de 1997, Pierre demande à Jean-Claude :

– Dis-moi, on cherche un chalutier, pour une journée, sur La Ciotat. Le tien nous irait tout à fait, tu ne veux pas nous le louer ? Ce serait pour les recherches d'Aéro-Relic.

Jean-Claude ne connaît pas Aéro-Relic.

– Eh bien, explique Becker, ce sont des fondus de l'aviation, comme moi, et plus exactement des crashs d'avions de la Seconde Guerre mondiale. Ils recherchent et expertisent tous ceux qui se sont écrasés à terre, au fond de l'eau, en montagne… Les fantômes d'avions, quoi.

– Des historiens ?

– Amateurs, mais passionnés. Ils ont fait un boulot superbe sur une épave de Liberator, à Cannes.

De grands enfants qui courent après leurs émois de jeunesse, pense Jean-Claude. Petits, ils devaient suspendre des modèles réduits au plafond de leurs chambres par des fils de Nylon et collectionner les cartes postales sur les avions de guerre...

– Le fondateur, c'est Philippe Castellano, un type super. Il s'est mis en tête de retrouver l'avion de Saint-Exupéry.

– Où ça ?

– Il pense qu'il est peut-être tombé au large de l'île Verte. Il y a un avion, là-bas, par trente-deux mètres de fond, un Ligthning. Philippe a décroché un permis de recherche, je lui donne un coup de main, en ami. On voudrait remonter l'épave, ma boîte fera l'expertise. Il y a toujours des numéros, comme sur les châssis de voiture... Ton portique et tes treuils, ça nous irait tout à fait...

Et Jean-Claude leur loue *L'Horizon*, lui-même et son équipage pour une journée. Dix mille francs de l'époque, mille cinq cents euros d'aujourd'hui.

Le jour dit, sur les quais de La Ciotat, il voit débarquer une bande de barjos, comme il le racontera à Michèle le soir même. Il y a là Pierre Becker, bien sûr, tout le bureau d'Aéro-Relic, c'est-à-dire Philippe Castellano, Christian Vigne, Daniel Ellena, Brian Cyvoct, Gilles Gauberti et Pierre Brocot, ainsi qu'une équipe d'anciens plongeurs-démineurs du Gran : Pierre Boissery, Bernard Weller et Jean-Paul Lambert.

Philippe Castellano est venu avec son fils Guillaume, dix ans, et, cerise sur le gâteau, avec la marraine de l'association, une femme séduisante, élégante et totalement dévouée à la mémoire de Saint-Exupéry.

Elle s'appelle Françoise Bastide, et elle a amené sa toute jeune fille, une adolescente blonde et lumineuse qui porte le nom de Circé – Circé la magicienne, la fille d'Hélios et de Persée.

Ils sont donc une bonne vingtaine sur *L'Horizon*. C'est une journée superbe, le moral est au beau fixe. À 7 heures du matin, on quitte le port. L'île n'est qu'à cinq cents mètres du rivage, autant dire tout de suite.

Jean-Claude prend ses amers et positionne le chalutier juste au-dessus de l'épave. Pour ne pas s'en éloigner, il commence par faire poser deux ancres par les Zodiac. Le bateau solidement maintenu, on forme des équipes de deux plongeurs, qui se relaieront au fond pour glisser les bragues – de gros filins d'acier prolongés de manilles – sous l'avion.

Un avion ? Plutôt une masse d'aluminium et de fer concassée par les chalutages et corrodée par les réactions chimiques. Le plus difficile sera de glisser les bragues entre le fond et l'épave et de les arrimer. Ensuite, il faudra arracher le tout du fond, où le retient le sable.

C'est là qu'intervient le gros treuil scindé du chalutier, qui actionne deux treuils enrouleurs.

Depuis le portique, les plongeurs descendent les deux câbles d'acier et de Nylon qui servent à tirer le chalut. Il leur faut moins de cinq minutes en tout pour arriver au-dessus de l'épave. L'eau est claire. En levant la tête, on peut voir *L'Horizon* se profiler en ombre chinoise sur la surface brillante de l'eau.

Ils relient les bragues aux câbles par des manilles, puis ils remontent.

– Vas-y ! crie Philippe Castellano à Jean-Claude.

Le patron pêcheur emballe ses moteurs. L'assistance retient son souffle.

Les câbles tremblent et vibrent. Quelque chose, en bas, s'arrache à la succion infernale des fonds.

Les câbles se détendent, reviennent en position. Manqué? Réussi?

Un plongeur apparaît à quelques encablures, deux doigts formant un rond.

– Il remonte!

Tout le monde applaudit.

À quelques mètres sous la surface, quelque chose vient de se matérialiser.

Le silence retombe. Il est sacrilège d'arracher à la paix des profondeurs l'âme morte d'un aviateur, sacrilège mais nécessaire à la fois. Tous ceux qui se pressent au bastingage semblent communier silencieusement dans quelque culte obscur, comme si le pilote était encore là, aux commandes.

Il n'y est plus, évidemment. La mer dévore les corps, tous les pêcheurs le savent. Françoise Bastide, dans son coin, a les larmes aux yeux.

Jean-Claude immobilise le débris à trois mètres sous la surface. On remonte les ancres, on embraie les moteurs et on retourne vers la côte, tout doux, en tirant le morceau d'avion comme on tire le chalut.

Très doucement mais pas assez: à mi-chemin, le bateau «lève une épaule»: il vient de perdre une partie de sa récolte.

Affolement. Conciliabules. Il s'agit d'une relique, pas moins.

– Tant pis! décide Castellano. On viendra la récupérer en fin de journée.

Il faudra une bonne partie de la journée pour amener l'essentiel de l'avion au large de la plage, par cinq mètres de fond – *L'Horizon* ne va pas plus loin, avec sa quille de trois mètres soixante. Chaque fois, à la remontée, on voit se profiler sous le miroir déformant de l'eau un magma de ferraille dans un nuage de vase qui va s'effilochant.

Au dernier voyage, Françoise Bastide jette une couronne de fleurs qu'elle a fait confectionner par un fleuriste de Cannes. Chacun se recueille. Même les mouettes et les sternes se taisent. Françoise tutoie vite ceux qu'elle aime.

– Cet homme s'est battu pour notre liberté. Ce sont ses reliques, mais aussi les idées qu'il défendait que nous sauvons de l'oubli…

À Castellano qui, rompu par cette journée épuisante, contemple l'acier roux et noir répandu sur le quai et qui doit partir pour Géocéan, elle assure :

– Philippe, je ne sais pas ce que fait Antoine, là-haut, mais si c'est son avion, sache que tu es au centre du réseau fraternel qui l'a retrouvé. L'amour qu'il dispensait autour de lui rejaillira sur toi, et ce ne sera que justice !

Les pièces partiront, morceau par morceau, dans des bacs d'eau douce. On les expertisera, six mois plus tard, comme étant les restes de l'avion non pas de Saint-Exupéry, mais d'un pilote américain, Jim Riley.

À la fin de cette journée, des liens solides se sont créés entre Jean-Claude et l'équipe d'Aéro-Relic. Le réseau informel vient de s'agrandir d'une unité.

Tous sont prêts pour un prochain signe du destin…

Chapitre 2

Lundi 7 septembre 1998, 19 heures

La nuit est tout à fait tombée quand Jean-Claude rentre à Mazargues, un joli village de pêcheurs depuis longtemps dévoré par l'agglomération marseillaise. Avec sa compagne, il habite là un rez-de-chaussée de deux pièces, moderne et confortable, mais un peu petit. Il arrive que, quand il doit réparer un filet, il s'installe dans la chambre, alors Michèle râle.

Avec elle, le pêcheur a trouvé à qui parler, dans tous les sens du terme. Grande, très brune et l'œil charbon, Michèle est une belle Méditerranéenne dont le profil n'est pas sans évoquer celui d'une Médée en colère, telle qu'on la voit sur les bas-reliefs grecs. Terriblement jalouse, elle aime rire, aussi, d'un rire terrible. La conversation entre eux s'enflamme souvent d'un rien, et le ton monte.

Jean-Claude a eu sept femmes dans sa vie. La première, ce fut et c'est toujours sa mère, Rose-Marie Bianco. La deuxième, Ivanka, lui a donné deux filles, Nathalie et Karine. De la troisième, Évelyne, il a une autre fille, prénommée Audrey. La septième est Michèle.

De ce que fut sa vie sentimentale, changeante et passionnée, il dit aujourd'hui, avec un sourire mi-gêné, mi-ravi, qu'il ne regrette rien : il aurait pu mieux faire, comme chacun, mais il n'a pas fait moins. D'autant qu'entre chaque histoire d'amour il y a eu de petites histoires de peau, beaucoup, joyeuses, et de grands élans.

Ce soir-là, Michèle est en train de réchauffer la soupe de poissons de roche – le fin du fin, à Marseille. Elle s'est fait du souci.

– Tu es fou d'être sorti par un temps pareil !

Jean-Claude s'assoit et pose la gourmette sur la table. Le bijou n'est pas très bien nettoyé et, de loin, il peut passer pour un morceau de chaîne de moto, ou quelque chose comme ça.

– Regarde ce que j'ai trouvé.

Elle se retourne à peine.

– Qu'est-ce que c'est que cette cochonnerie ?

– Une gourmette en argent. On l'a remontée dans le filet.

Michèle s'essuie les mains, pose son torchon, s'approche.

– Vrai ? C'est un plaisancier qui l'aura perdue…

– Lis ce qu'il y a écrit dessus.

Elle la ramasse, l'étale dans sa petite main aux ongles soigneusement nacrés :

– Mais c'est une gourmette de femme, dis donc !

– Pas forcé. Il manque des maillons.

Michèle lit, les sourcils froncés par l'attention :

– « Antoine de Saint-Exupéry Consuelo… »

Elle est fine, elle comprend tout de suite.

– Oh, Jean-Claude, tu as trouvé la gourmette de Saint-Exupéry !

– Eh oui !

– Mais tu te rends compte ?

– Je me rends compte de quoi ? demande son compagnon.

Il se lève, va chercher la bouteille de pastis, un grand verre.

– Saint-Exupéry, tout le monde lui court après depuis la guerre : il serait tombé devant Nice, devant Cannes, devant Cassis ! Rien ne prouve qu'il soit là, devant Marseille...

– Tout de même... fait Michèle, songeuse. Consuelo, c'est qui ?

– Je ne sais pas.

Ni l'un ni l'autre ne savent grand-chose de l'écrivain-pilote. Ni lui ni elle ne l'ont lu. Ils savent juste que c'était quelqu'un d'important.

– Il ne doit pas être loin. Cette gourmette, elle n'est pas venue toute seule de Nice, de Cannes ou de Cassis, tout de même !

– De Cassis, peut-être ! Avec les courants. Ou les chaluts... Je ne sais même pas où je l'ai ramassée précisément, ça peut être à Riou, ou vers Cassidaigne.

Michèle s'assoit. Elle ne peut détacher les yeux du pauvre bijou noirci.

– Tout de même ! La gourmette de Saint-Exupéry ! Et c'est à toi que ça arrive !

– Si on la donnait à Martin ou à Rémy ? suggère Jean-Claude. Ça ferait un cadeau magnifique, non ?

Martin et Rémy sont ses petits-fils, les garçons de sa fille aînée, Nathalie.

Michèle secoue la tête :

– Tu es fou ! C'est quelque chose d'historique, si ça se trouve !

– Bon, je vais réfléchir.

On mange tôt, chez les Bianco, puisque Jean-Claude se lève tôt. Ils se mettent donc à table, devant la télévision allumée. Après la soupe de poissons, délicieuse, Michèle a prévu un risotto – l'été, elle mitonne des ratatouilles avec les légumes du petit jardin – et ils ouvrent une bouteille de côtes-du-rhône.

La télé parle dans le vide. Mort d'Akira Kurosawa, le grand réalisateur japonais. Le ministre de l'Intérieur français, Jean-Pierre Chevènement, est toujours dans le coma. On recherche les victimes de l'accident du Dornier de la Swissair au Canada. Le scandale Monica Lewinsky-Bill Clinton prend de l'ampleur…

Le dessert est vite expédié. Jean-Claude recule sa chaise, allume une cigarette. La gourmette trône sur le bahut, entre un buste de Néfertiti (Michèle adore l'Égypte) et leurs paquets de cigarettes. Pendant le repas, le pêcheur a réfléchi : Becker peut rentrer dans deux jours ou dans huit, impossible de rester sans rien faire pendant si longtemps. Cette gourmette, elle le brûle, maintenant. C'est comme un élément radioactif.

Et soudain, il pense au *Titanic* – il a vu le film quinze jours plus tôt. Si ça se trouve, il y a quelque chose de beaucoup plus gros derrière la gourmette : il y a l'avion de Saint-Exupéry. Et pour repêcher un avion, il faudrait…

– Et si j'appelais Delauze ?

Ça lui paraît évident : Henri-Germain Delauze, le célèbre fondateur de la Comex, l'ancien patron de Becker, est la référence mondiale en matière d'exploration et d'exploitation des ressources sous-marines – plus encore que ne l'était Jacques-Yves Cousteau, lequel, sa vie durant, s'est surtout livré à une dévorante exploitation médiatique des mystères marins.

Et puis, Pierre lui a dit et répété que Delauze adorait les épaves. À tous les coups, c'est l'homme de la situation.

Le pêcheur le connaît un peu. Enfin, c'est beaucoup dire… Le président descend de temps à autre parler avec les marins, pour savoir où ils ont accroché leurs filets – depuis que Cousteau a découvert une nef romaine en 1952, tout le monde garde un œil sur le coin.

Il doit avoir son numéro de téléphone quelque part – un de ses voisins à Sormiou, Philippe Duroux, qui travaille à la Comex, le lui a donné.

À l'autre bout du fil, on décroche. Voix jeune, bondissante :

– Delauze à l'appareil !

Jean-Claude se lance.

– Monsieur Delauze, je suis le président du Comité des pêches de Marseille, Jean-Claude Bianco. Excusez-moi de vous déranger si tard, mais j'ai quelque chose de très important à vous dire…

– Qu'y a-t-il pour votre service, monsieur Bianco ?

Et le pêcheur lui raconte son histoire. Il lui faut bien trois bonnes minutes.

C'est long, trois minutes, quand on livre un secret.

Quand il a fini, il y a un grand silence.

– …

– Monsieur Delauze, vous êtes toujours là ?

La voix de Delauze semble revenir de très loin :

– Vous m'avez bien dit qu'il y avait écrit « Antoine de Saint-Exupéry » sur la gourmette ?

– C'est cela même.

– Elle est là, devant vous ?

– Sur le bahut !

Jean-Claude entend un drôle de bruit dans l'écouteur : c'est Delauze qui rit.

– C'est énorme, monsieur Bianco, énorme ! N'en dites rien à personne, surtout, et venez me voir demain matin, à la première heure. À la Comex. Vous voyez où c'est ?

– Oui. À Mazargues. Nous sommes voisins.

– Si la gourmette était là, ça veut dire que son avion n'est pas loin.

– Je sais.

– Quand on l'aura retrouvé, on ira boire le champagne chez Chirac !

Jean-Claude n'en croit pas ses oreilles.

Île de Riou, août 1944

C'est un petit garçon de dix ans, il s'appelle Raoul. Il a été confié à un couple d'amis, des pêcheurs italiens qui habitent sur l'île de Riou et qui vivent dans une maison en pierre, au bord de la plage, juste en face des calanques.

Le gosse y mène une vie de Robinson, seul le plus souvent – il n'y a personne sur le rocher, à part eux. La mer bleue, le ciel bleu, le rocher blanc, qu'il parcourt en tous sens dans ses espadrilles usées, ça ressemble à de grandes vacances. Papa et maman écrivent rarement, rien ne marche en cet été 1944, le dernier été de la guerre en France, hormis les machines de guerre volantes qui passent en rase-mottes dans un bruit effrayant, ou à haute altitude dans un silence total, mais en laissant derrière elles un peigne de vapeur blanche.

Comme tous les petits garçons, Raoul a appris à les reconnaître. Les chasseurs allemands, venus de Saint-Raphaël ou d'Istres, et qui patrouillent par paires le long de la côte, ça, c'est facile. Les Messerschmitt 109 pommelés de vert avec leur casserole d'hélice peinte en jaune, les Focke-Wulf 119 gris acier avec leur nez camus et la grande croix noire sur le flanc... Parfois un Dornier de l'aéronavale, qui rentre sur Toulon... Les amis, c'est-à-dire les Alliés, eux, viennent du sud, de la Corse ou, depuis peu, d'Italie. Ce sont essentiellement des avions de reconnaissance, ou des bombardiers : les célèbres «forteresses volantes».

Il arrive que l'une d'elles passe en traînant après elle un nuage de flammes et de fumées, on sait alors qu'elle va s'écraser dans la mer, ou dans les collines.

Mais de plus en plus souvent, ces derniers temps, des chasseurs en maraude se glissent entre les collines : ce sont des Mustang effilés, très maniables, reconnaissables à leur moteur strident, des P-47 énormes et armés de fusées, ou alors des «deux queues», dont le nez est hérissé d'un boisseau de canons et de mitrailleuses. Ce sont ceux-là que Raoul préfère, parce qu'ils ne sont pas comme les autres.

Celui qui est tombé la veille, ou l'avant-veille, tout près, il ne l'a pas vu. Peut-être a-t-il entendu le long *decrescendo* du moteur, cette plainte éperdue qui s'est achevée par une explosion, brève et sèche, aussitôt absorbée par les vagues. Mais l'air est plein de bruits d'explosions, cet été-là : la défense anti-aérienne allemande, la Flak, tire tous les jours sur les avions américains, les Liberator lâchent leurs chapelets de bombes sur Toulon... C'est la guerre, même si elle reste loin de Riou.

Pourtant, ce matin-là, elle est là, devant Raoul, à ses pieds. Il vient de découvrir dans une anse un corps qui flotte sur le ventre, les bras en croix. Le clapot le balance doucement, sa combinaison verte colle à son corps, une espèce de sac flotte près de lui, d'où dépasse un bout de nappe blanche – on dirait une nappe, mais Raoul comprend que c'est le parachute dont le malheureux n'a pas eu le temps de se servir.

Parce que c'est un pilote, bien sûr. Qui ça pourrait être d'autre? Un pilote allié. Si c'était un Allemand, une vedette serait déjà venue le chercher. C'est la première fois que Raoul voit un mort, et il n'arrive pas à en détacher ses yeux. Un mort sans visage, sans nom, comme une statue tombée de son socle.

Un Américain, donc, ou un Anglais. Ou alors un Français – un gaulliste des Forces françaises libres. Raoul préfère penser que c'est un Américain – il paraît qu'en Normandie ils distribuent du chewing-gum et du chocolat aux enfants. Un pilote anonyme venu de loin pour donner sa vie ici, sur les rivages de France.

Il finit par tourner les talons et se met à courir sur le sentier. Le couple chez qui il loge ne va pas être trop content – ils tiennent à leur tranquillité, mais on ne peut tout de même pas laisser ce malheureux dans l'eau!

Le temps passe. Des années plus tard, on trouvera des ossements humains près de la fontaine aux Grecs, le seul point d'eau de Riou. Ils étaient cachés dans un pierrier, au-dessus de la calanque de Fontange, et un examen paléontologique exclura qu'il s'agisse d'un homme préhistorique.

Que sont devenus ces ossements? On ne sait.

Le petit Raoul est devenu un homme et un plongeur émérite. Il chasse sous l'eau et s'est lié d'amitié pour un autre plongeur qui s'appelle Tony Vanrell. Tony a un fils, Luc, qui deviendra plongeur à son tour et qui découvrira, dans les années quatre-vingt, la carcasse d'un Junkers 88 posé sur le fond à la pointe de Pomègues, dans l'archipel du Frioul, et photographiera la fameuse grotte Cosquer. C'est à ce même Luc Vanrell que Raoul confiera que, au tout début du mois d'août 1944, quelques heures ou quelques jours après qu'Antoine de Saint-Exupéry a disparu, la dépouille d'un aviateur flottait dans une anse, à Riou. Et que cette dépouille, le couple chez qui l'enfant se cachait l'a enterrée dans une grotte, pas très profond !

C'était peut-être le pilote du Junkers 88.

C'était peut-être Antoine de Saint-Exupéry.

C'était peut-être le pilote d'un Thunderbolt P-47 abattu en rade de Marseille.

Raoul ne voudra plus jamais rien dire. Il souhaite qu'on ne mentionne pas son nom. Reste qu'il a sans doute vu le visage du pilote inconnu. On n'imagine pas qu'il ne l'ait pas vu, ou n'ait pas cherché à le voir.

« *J'aurai l'air d'être mort et ce ne sera pas vrai*[1]. »

Lundi 7 septembre 1998, minuit

Cette nuit-là, immobile dans son lit aux côtés de sa compagne qui dort, Jean-Claude ne trouve pas le sommeil.

C'est la faute de Michèle, aussi ! Au moment de se coucher, elle a sorti de son porte-monnaie un billet de cinquante francs

---

1. Antoine de Saint-Exupéry, *Le Petit Prince*.

et le lui a mis sous le nez : dessus, il y avait la tête de Saint-Exupéry !

Jean-Claude en est resté comme deux ronds de flan : il n'avait pas fait le rapprochement. C'était donc un si grand homme pour qu'on le mette sur les billets de banque ? Comme Victor Hugo ? Il a longuement contemplé ce large visage mélancolique aux gros yeux, ce curieux nez en trompette, et Saint-Exupéry lui a renvoyé un regard opaque et pénétrant à la fois, aux paupières ourlées : c'est toi, Jean-Claude, je te reconnais. Je compte sur toi, Jean-Claude.

Il compte sur moi pour quoi faire ?

Pour lui redonner vie, pardi ! Le pêcheur croyait pourtant que c'était le bon Dieu qui s'occupait de cela, et voilà que ça tombe sur lui ! Lui, un simple pêcheur de Marseille, à un an de la retraite !

Mais il y a aussi ce que lui a promis Delauze : on ira boire le champagne chez Chirac ! Il est de droite, Bianco, il aime bien Chirac, mais alors, le président de la République, les journalistes, les médias, ils vont tous lui demander qui il est ? Qu'est-ce qu'il va leur répondre ?

Alors, il ferme les yeux et sa vie se met à défiler.

Il se repasse le film, Jean-Claude, comme font tous les hommes et toutes les femmes sur la terre pour s'endormir. Papa, maman, les copains d'école, les amis et les amours, les joies et les chagrins… Qui n'a pas fait ça ?

Voilà ce qu'il leur dira de la vie de Jean-Claude Bianco, le pêcheur de miracles…

Pour commencer, il est né l'année où est mort Saint-Exupéry. Le 19 septembre 1944, exactement, soit vingt jours après que l'écrivain s'est englouti dans les flots. Et, cela le frappe maintenant, il a vu le jour à trois kilomètres à vol d'oiseau de l'endroit où l'écrivain est peut-être mort – c'est curieux, non ?

Sa maman a accouché à la maison, comme on le faisait en ce temps-là, avec l'aide d'une matrone du voisinage. Il descend d'une lignée de pêcheurs napolitains venus s'installer à Marseille avant la Première Guerre mondiale.

Son arrière-grand-père paternel, qui s'appelait Antoine, a laissé femme et enfants à Procita, une île minuscule au large de Naples, pour venir «faire les saisons» dans la capitale phocéenne. Il pêchait la sardine au lever ou au coucher du jour et, dès que ça a été possible, il a fait venir pour l'aider son fils aîné, qui s'appelait lui aussi Antoine (c'est de tradition). L'ancêtre se noiera aux Catalans, un jour de mistral, son fils sera naturalisé Français. Il aura à son tour cinq enfants, qu'il élèvera à la baguette, dont Marcel, le père de Jean-Claude, qui épousa Rose-Marie Ciarameaglia, native de Gaeta, entre Rome et Naples, à qui il fera trois enfants : Jean-Claude, puis Robert et enfin Josiane…

La France de 1900 n'était pas tendre pour les immigrés italiens, les «babis», comme on les appelait en ce temps-là. Elle ne le sera pas, en 1930, pour les Polonais venus travailler dans ses mines de charbon, comme elle ne l'est toujours pas, aujourd'hui, pour les Maghrébins et les Africains qui viennent balayer ses trottoirs. Ils ont été néanmoins quatre cent mille «babis» à tenter leur chance : les Piémontais se sont faits paysans ou ouvriers, les Napolitains sont devenus pêcheurs à Sète ou à Marseille.

C'était une main-d'œuvre sans syndicat qui, par sa docilité, faisait le jeu de patrons sans états d'âme et empêchait les autres travailleurs de leur arracher de meilleures conditions d'existence. Suprême habileté : dans ce temps-là comme aujourd'hui, on désignait ceux-ci à ceux-là comme étant les responsables de leur misère. Aussi y a-t-il eu, en 1881, de véritables chasses à l'homme qui prenaient pour cible « les Italiens et leurs couteaux ». On les a raccompagnés à coups de pelle dans le Vaucluse, on les a tués à coups de fusil à Aigues-Mortes.

Mais Marseille, avec son génie propre, réussit toujours à digérer les populations, à les fixer et à les assimiler. La famille Bianco finira par se rassembler et s'installer. Elle ne retournera plus jamais à Procita.

Dans les années trente et quarante, Antoine puis Marcel ont acquis une certaine aisance à force de travail et acheté deux chalutiers. Toute la famille vivait encore dans les vieux quartiers de Marseille, qui seront brûlés par les Allemands en 1943, si bien qu'elle devra s'installer en catastrophe à Mazargues, à Montalivet et aux Beaumettes. Jean-Claude naît en plein débarquement de Provence. Marseille a été libérée trois semaines plus tôt par la 3ᵉ division d'infanterie algérienne du général de Monsabert, et l'armée d'Afrique remonte vers le nord. Marcel et Rose-Marie Bianco ont trouvé refuge dans une ancienne écurie d'ânesses – elles ont longtemps traîné les charrettes emplies du poisson fraîchement débarqué.

Dix mois plus tard, la guerre finie, et, après avoir récupéré les deux chalutiers de leur père confisqués par les Allemands, Marcel et son frère Dominique redeviennent pêcheurs.

Jean-Claude vivra une enfance heureuse et dissipée. Il n'aime pas l'école, à laquelle il préfère la pêche et la chasse et, chaque fois qu'il en a l'occasion, il file rejoindre sa mère à la criée, sur le Vieux Port.

Dès qu'il a décroché le certificat d'études, son père le fait entrer au centre technique Colbert des Catalans, en comptabilité : Jean-Claude sera mareyeur, un métier bien moins risqué et plus prometteur que la pêche.

Il s'ennuie. Il ne rêve que de mer et de pêche. On est en 1959, son grand copain est Jean-François Brando, qui fera HEC et deviendra viticulteur – c'est le Brando à qui il pensait ce matin, sous la pluie, Brando qui l'appelle « Roudoudou » pour une raison connue d'eux seuls et qui les fait encore rire aujourd'hui... Avec son autre copain, Maurice, il file à Sormiou pêcher l'oursin et le gobie sur le petit bateau de cinq mètres de son père, *La Guitoune*, pour se faire de l'argent de poche. Les filles sont leur grand sujet de prédilection.

Il est vrai que Jean-Claude a de qui tenir : son parrain, un oncle paternel nommé Louis mais que tout le monde appelle « Chouchou », a toujours beaucoup aimé les femmes. Elles lui donnent de l'argent, il le flambe au casino, et, quand il rentre le soir, elles lui lavent les pieds ! Le marlou adulé des femmes, c'est une grande figure de la geste marseillaise, à croire qu'il y en a un dans toutes les familles !

Cela étant, Marcel Bianco n'en démord pas : Jean-Claude sera mareyeur ! Pour lui en donner l'envie, quand il a vingt ans, il lui achète une poissonnerie, puis deux, que Jean-Claude délaisse obstinément.

Ça lui a coûté dix briques, au malheureux !

Jean-Claude a le mal de mer, mais il veut travailler sur un bateau. Marcel finit par céder et l'embarque sur ses chalutiers. Jean-Claude est heureux, il est jeune, il ne tient pas en place : à vingt et un ans, il épouse Ivanka, une Croate de Zagreb, adorable.

Elle lui donnera deux filles, superbes, mais il fera « le con » et ils divorceront très vite. On est dans les années soixante-dix, il lui laisse tout – c'est assez dans son caractère – et vient habiter dans le cabanon de son père, à Sormiou. Pas d'eau courante, pas d'électricité, on se chauffe au bois et on va dans la nature pour se soulager… Ça ne l'empêche pas d'y loger son matelot, Raymond. Ils vont vivre là deux ans, pêchant au trémail, posant des filets et faisant la fête tous les soirs pour rentrer au matin, ivres morts, par une route en lacet qui en effraierait plus d'un, même sobre.

Une nuit, les freins cassent dans la descente, et ils s'arrêtent à deux centimètres du gouffre… La peur lui a-t-elle mis un peu de plomb dans la tête ? À vingt-huit ans, Jean-Claude croise la belle Évelyne, l'enlève et l'épouse. Il va vivre avec elle presque vingt ans, et elle lui donnera sa troisième fille, la blonde Audrey.

Ils habitent Bonneveine et retapent une ancienne écurie. Jean-Claude fait enfin construire son propre bateau, *L'Horizon*, dans des chantiers espagnols – il a groupé sa commande avec celles d'autres pêcheurs pour tirer les prix au maximum. C'est quand même une dépense de deux millions et demi de francs lourds, il mettra quinze ans à les régler…

Marcel Bianco meurt en 1983. La maman reste seule dans la belle maison de la rue Raoux. Le temps passe et use. Peu à peu, le couple Évelyne-Jean-Claude prend l'eau. En 1992, ils se séparent et chacun reprend sa route, pour le pire et le meilleur.

Cette année-là, dans la baie de Nice, une expédition de l'Ifremer sponsorisée par le champagne Roederer recherche l'avion perdu de Saint-Exupéry. Il leur en coûtera un milliard et demi de centimes, pour rien…

Pour finir, un jour de 1997, chez des amis, Jean-Claude rencontre Michèle Menella. Elle a onze ans de moins que lui, c'est une Italo-Espagnole, elle le «bouffe vivant» avec ses beaux yeux noirs. Ils iront vivre boulevard Rey.

Il a maintenant cinquante-quatre ans, il a vécu sur la mer, il a eu de belles femmes, trois filles superbes et de beaux petits-enfants, il possède un ravissant cabanon dans ces calanques qu'il adore, qui l'ont vu naître et le verront mourir... Qu'est-ce qui pouvait lui arriver de mieux?

Rien, sinon que, ce matin, son second entre dans la passerelle et lui dise:

– Regarde ce qu'on a trouvé, Jean-Claude...

1939

Nous marchons tous vers notre mort, et l'endroit où elle nous trouve obéit souvent à une logique secrète. Si c'est bien lui qui est là depuis cinquante-quatre ans, Antoine de Saint-Exupéry aura fait des pieds et des mains pour y mourir. Il aurait pu rester à Alger pendant la guerre, ou à New York, ou au ministère de l'Information à Vichy, mais non. Il sera venu se battre et mourir là, au large de Marseille, si près d'Agay, où il fut si heureux.

L'année 1939, l'Allemagne tout entière se couvre d'acier. Des milliers d'avions et des milliers de tanks attendent d'enfoncer le ventre lourd et cassant qu'un état-major de vieillards a fait à la France.

Antoine boucle *Terre des hommes*. Ce n'est pas un roman, mais un ensemble d'articles déjà écrits et publiés, réécrits pour être republiés, qui trouveront un écho immense dans le public. C'est qu'on y parle de fraternité à l'aube d'un immense massacre : une panne de moteur dans le désert, une escale dans la pampa argentine, l'esclavage chez les Maures, une nuit devant Madrid assiégée, un ouragan sur la Patagonie, la maison de l'enfance... Tous les thèmes essentiels de la vie sont là : solitude, courage, fraternité, amour... Le livre sortira en août, il obtiendra le grand prix de l'Académie française trois mois plus tard.

Antoine va voir son traducteur en Amérique et revient encore une fois fasciné par cette jeune civilisation débordante de vie et d'énergie, mais aveugle à la catastrophe qui s'annonce.

Au printemps, il visite l'Allemagne comme on visite le piège qui vous engloutira. Le pays est saoul de violence rentrée, il a sombré dans une nuit brune. Hitler annexe les Sudètes, il rafle la Slovaquie, la Bohême, la Moravie... Le loup se fait la main avant de planter ses dents dans la Tchécoslovaquie tout entière.

Les démocraties ne bougent pas, lapins tétanisés par les phares des blindés.

En juillet, Antoine et son grand ami Guillaumet traversent l'Atlantique d'un coup d'aile à bord d'un hexamoteur géant, le Latécoère 521, le *Lieutenant de Vaisseau Paris*. Ils sont les premiers à le faire, même si l'avion est lent et déjà périmé. Saint-Exupéry en revient enchanté : pendant vingt-huit heures, il a fait ses tours, joué aux cartes et ébahi l'équipage avec sa conversation et ses chansons.

En rentrant, il achète une grande maison de campagne, y loge sa femme Consuelo et décampe. Le revoilà sur le *Normandie*, direction l'Amérique, encore. C'est que *Terre des hommes*, rebaptisé *Wind, Sands and Stars*, y fait un triomphe.

Galas, dédicaces, interviews, encens, gloire… Antoine de Saint-Exupéry est l'écrivain français en vogue. Il rencontre Lindbergh. Il rentre fin août. Moscou et Berlin viennent de s'entendre pour se laisser accomplir le pire, avant d'en venir aux mains. La Pologne sera gobée. C'est chose faite le 1er septembre. Les pactes d'alliance militaires et diplomatiques font le reste. La France et l'Angleterre déclarent la guerre à l'Allemagne le 10 septembre. Le capitaine de Saint-Exupéry est rappelé sous les drapeaux une semaine auparavant.

Il va attendre huit mois durant qu'on le jette dans la fournaise. Comme, d'un bout à l'autre de la ligne Maginot, attendent fantassins et tankistes, artilleurs et hommes du génie. Comme, en mer, attendent les flottes française et anglaise.

Antoine attend, à Oronte, puis à Laon. Il dit à la femme qu'il aime : « *Il faut faire la guerre.* » Il s'obstine aussi à dire, contre toute évidence, que rien ne sépare les hommes, sauf l'incompréhension.

De l'autre côté de la ligne Maginot, Hitler prend tout son temps.

Mardi 8 septembre 1998, 9 heures

La Comex occupe sept hectares à Mazargues, au-dessus de Marseille. C'est de là que partent scaphandres sophistiqués, systèmes de plongée en saturation – pesant plusieurs dizaines de tonnes, parfois –, caissons hyperbares et sous-marins d'exploration bourrés d'électronique et de robotique qui permettent à sept cents plongeurs salariés de par le monde entier de travailler sous la mer. La Comex est aussi l'une des rares sociétés d'ingénierie au monde à s'aventurer dans les milieux les plus hostiles : le nucléaire et l'espace.

L'homme mince et souriant qui accueille Jean-Claude ce matin-là dans son imposant bureau, c'est le fondateur, le président Henri-Germain Delauze. Il a dirigé les activités du bathyscaphe l'*Archimède* dans les années soixante – un sous-marin abyssal allégé par cent soixante-dix mètres cubes d'essence à faible densité – avec lequel il a plongé jusqu'à moins neuf mille six cent cinquante mètres, au Japon. Toujours avec l'*Archimède*, Delauze est descendu quarante fois à moins cinq mille mètres, et il est sorti en saturation par moins trois cent trente-cinq mètres. Avec le Dr Xavier Fructus, il a mis au point et testé les protocoles qui permettent aujourd'hui aux plongeurs professionnels de travailler en dessous de cinq cents mètres – grâce à des caissons de saturation et de mélanges respiratoires hélium-oxygène et hydrogène-oxygène.

« La mer ou rien », Bianco et Delauze ont au moins cela en commun. Delauze est le petit-fils de paysans provençaux, mais il est toujours resté fidèle à ses émerveillements de petit garçon découvrant la mer. Ingénieur de formation, inventeur par goût, explorateur par passion, c'est un meneur d'hommes plus qu'un gestionnaire, mais, nécessité faisant loi, la Comex est devenue sous son impulsion une entreprise internationale qui dispute les marchés de l'off-shore pétrolier aux majors américaines.

Le président fait asseoir le patron pêcheur dans un canapé, tire un fauteuil et se pose en face de lui : ils parleront d'égal à égal.

Sur une console, à droite, il y a un cadre de bois précieux avec la photo d'une femme superbe, visiblement d'origine vietnamienne. Et un autre, plus petit, où Jean-Claude croit deviner une jeune fille et deux petits enfants.

À côté, la maquette d'un bateau d'exploration océanographique et ce qui ressemble à une couleuvrine du Moyen Âge, montée sur socle.

— Monsieur Bianco, attaque Delauze, croyez que je suis très heureux de vous voir ! Je peux vous poser une question, là, tout de suite ?

— Faites.

— À qui avez-vous parlé de votre découverte ?

— À part mon amie, mon frère et l'équipage, personne n'est au courant.

— Dans toutes ces histoires de trésors, le secret est essentiel. Il y a tellement de profiteurs et de rapaces prêts à profiter de l'aubaine...

Un trésor ? Jean-Claude ne réagit pas. Il est un peu intimidé aussi : le luxe des lieux, le personnage qui le reçoit... Son hôte est descendu au plus profond des mers, lui n'est resté qu'en surface — sur la peau des vagues, pour ainsi dire.

Le président le sent, il appuie sur une touche de téléphone et demande à Joëlle, sa secrétaire, de leur apporter du café.

— Prenons notre temps. Vous allez me raconter à nouveau toute l'histoire.

Mais à peine la secrétaire a-t-elle tourné les talons qu'il demande — et le petit garçon qu'il fut réapparaît dans la façon impatiente, presque douloureuse, dont il formule sa question :

— Alors, vous l'avez ?

Jean-Claude fouille sa poche de ses grosses mains tannées par l'eau et le sel, il en sort un mouchoir blanc qu'il déplie, et il étale la gourmette sur la table.

– La voilà!

Dans le grand bureau lumineux décoré de maquettes et de scaphandres, le silence se fait soudain palpable – comme hier soir, au téléphone. Penché en avant, le visage tendu, Delauze contemple la relique.

Enfin, il sort ses lunettes de vue de la poche de sa veste et les chausse sur le bout de son nez.

– Saint-Exupéry... murmure-t-il, comme pour lui-même.

Jean-Claude le regarde et une pensée le traverse: «J'ai trouvé quelque chose de vraiment important.» Il le pressentait, bien sûr, mais maintenant, c'est réel.

Son vis-à-vis a pris le bijou dans la main, avec délicatesse, comme s'il allait se casser. C'est lourd, c'est dense, et en même temps, c'est misérable. C'est misérable parce que c'est tout ce qui reste d'un homme, et ça n'a rien à voir avec le fait que cet homme était aussi un grand pilote, un grand écrivain et un penseur.

Misérable et précieux. Hors de prix.

– Pourquoi m'avoir appelé, moi, monsieur Bianco? demande Delauze à voix basse. Vous ne me l'avez pas dit.

– Mais... parce que vous dirigez la Comex! Et puis, je suis ami avec Pierre Becker. C'est le voisin de ma mère, on était ensemble l'année dernière à La Ciotat, sur l'épave d'un P-38.

– Ah oui. Becker! Et ça a donné quoi, cette histoire?

– Ce n'était pas l'avion de Saint-Exupéry, mais celui d'un pilote américain.

Le président le regarde par-dessus ses verres de lunettes.

– Ce qui veut dire, monsieur Bianco, que l'avion de Saint-Exupéry est probablement entre Riou et Cassidaigne, c'est bien là où vous avez fait votre bord, m'avez-vous dit? Là-bas, c'est un fond accidenté, non? Vous crochez souvent. On peut logiquement penser que la gourmette est restée là depuis 1944, dans un creux…

– 1944?

– Le 31 juillet 1944. Le jour où a disparu Saint-Exupéry.

– Ah oui!

Jean-Claude réfléchit.

– Sauf si elle a été ramassée par un autre chalut, vers Cassis, Bandol, voire le cap Sicié, puis transportée là et reperdue! Petite comme elle est, elle a pu parfaitement passer à travers les mailles…

– C'est une hypothèse, reconnaît Delauze, en faisant tourner pensivement les maillons. Tout de même, le plus probable est qu'elle soit restée sur le point de chute de l'avion. Et que, donc, il soit là, tout près.

– C'est le plus probable, oui.

– Elle n'a pas été broyée par le choc, la mer a empêché un incendie qui l'aurait détériorée…

Le président de la Comex secoue la tête.

– Quelle chance, tout de même! Quelle chance extraordinaire vous avez eue!

– J'aurais préféré gagner au Loto, monsieur Delauze! sourit Jean-Claude.

– Oui, bien sûr…

Delauze passe ses doigts sur les caractères gravés, noirs encore d'oxyde d'argent.

– «Consuelo, Reynal et Hitchcock»… Consuelo, c'était sa femme. Les autres, je ne sais pas, mais on trouvera…

– Ah, c'était le nom de sa femme? On se demandait, avec Michèle…

– Michèle?

– Ma femme.

Delauze sourit.

– C'est aussi le prénom de ma fille aînée. Je crois me souvenir que Consuelo était une personnalité surprenante, une artiste peintre salvadorienne… Bon, cela étant, qu'est-ce que vous attendez de moi, monsieur Bianco?

Ce que Jean-Claude attend du président de la Comex? Eh bien…

– Heu… Des conseils. Qu'est-ce que je fais de la gourmette?

Le président le fixe.

– Elle est à vous. Enfin, vous en êtes le dépositaire provisoire. Mais vous pouvez avoir bien plus : vous et moi pouvons retrouver l'avion de Saint-Exupéry.

– Voilà!

– Vous ne trouverez pas mieux que la Comex pour ces recherches-là. C'est notre vocation.

– Je sais bien.

Delauze se penche vers lui.

– Et puis, nous sommes des Marseillais, vous et moi. C'est presque une affaire d'honneur. De famille, en tout cas.

Il repose soigneusement la gourmette sur la table.

– Vous permettez que j'appelle la directrice générale de la Comex? C'est justement ma fille, elle saura tenir sa langue.

– Je vous en prie.

Michèle Fructus est une femme d'une quarantaine d'années, fine et mince, avec de beaux cheveux noirs. Tout à fait la beauté de sa mère – car la femme dont le portrait trône dans le cadre de bois précieux est, à n'en pas douter, l'épouse du président, Philbée Delauze.

Delauze fait les présentations :

— Michèle, je te présente Jean-Claude Bianco, le président du Comité des pêches de Marseille.

Michèle serre la main du pêcheur avec un beau sourire, mais elle ne peut s'empêcher d'interroger son père du regard : ils ont en ce moment pas moins de dix-sept chantiers en cours de par le monde, dont deux ou trois ont à résoudre de gros problèmes techniques, qu'a-t-il besoin de lui parler pêche en Méditerranée ?

Avec un sourire en coin, son père lui montre la gourmette, sur la table.

— Notre ami a remonté ça dans ses filets. Regarde…

Michèle Fructus prend le bijou, s'approche de la baie vitrée pour le mettre en pleine lumière, l'examine. Quand elle se retourne, ce n'est plus la gestionnaire calme et policée qui est entrée dans le bureau, mais une jeune femme émue avec, dans le regard, la même étincelle passionnée que son père.

— Où avez-vous trouvé ça, monsieur Bianco ?

Et Jean-Claude est bon pour raconter une troisième fois toute l'histoire ! Pendant qu'il s'exécute, Michèle fixe la gourmette sans dire un mot. À la fin, elle secoue la tête.

— C'est trop beau. Personne ne va le croire.

— Comment ça ? demande son père.

— Elle pèse quoi ? Trente grammes ? Trente grammes sur un territoire grand comme…

Elle montre le paysage, dehors.

— … Des centaines de kilomètres carrés, et tout ça sur cent mètres de profondeur ! Et un pêcheur — pardonnez-moi, monsieur Bianco, ce n'est pas ce que je pense, mais c'est ce qu'on va dire –, un pêcheur passe, et toc, la ramasse ? Vous savez ce qu'on va dire ? On va dire que c'est encore une galéjade marseillaise !

Les deux hommes, interloqués, se regardent. Elle n'a sans doute pas tort, d'autant que, si l'on parle de probabilité, ce n'est pas une chance sur un million qu'il y avait de retrouver la gourmette, mais une sur un milliard, ou plusieurs milliards !

Delauze calcule :

– Saint-Exupéry a disparu lors d'une mission en revenant de Grenoble. Si l'on veut avoir une idée de la probabilité qu'il avait de tomber là, derrière le cap Croisette, il faut prendre en considération *tout* son itinéraire. C'est-à-dire la Corse-Grenoble et retour, tout ça sur une bande de cent ou deux cents kilomètres de large, parce qu'il n'a peut-être pas pris la même route à l'aller qu'au retour ! Ça doit bien faire 800 000 kilomètres carrés ! Trente grammes dans 800 000 kilomètres carrés, Michèle a raison, c'est difficile à croire !

Du coup, Jean-Claude sent sa bonne humeur l'abandonner.

– Et pourtant, ça s'est bien passé comme ça, président ! Je ne suis ni un tricheur ni un faussaire ! Vous me voyez fabriquer une fausse gourmette dans ma cuisine, la graver et la couler dans un caillou et vous l'apporter comme si c'était le saint suaire ? Il faudrait être fada !

Delauze lève une main apaisante.

– Mais je n'en doute pas, monsieur Bianco ! Ma fille disait simplement que les gens ne nous croiront pas, parce que notre époque appartient aux gens de peu de foi, ceux qui ont renoncé aux miracles de l'aventure pour se contenter de spectacles frelatés. Cela étant, ça n'a pas d'importance, voyez-vous, parce que la gourmette nous indique où est l'avion de Saint-Exupéry, et que l'avion authentifiera la gourmette ! Une fois qu'on l'aura remonté, plus personne ne pourra nous accuser de manipulation.

– Je vois, fait Bianco, calmé.

On voit bien qu'il est déçu, quand même. Tout ça est plus compliqué qu'il ne l'avait imaginé.

– Vous vous rappelez d'où vous êtes parti et la route que vous avez suivie, hier ?

– Ça oui ! J'ai relevé les coordonnées GPS et Toran de mon point de départ et d'arrivée dans un cahier. Remarquez, j'aurais pu m'en passer : tout est inscrit là.

Le pêcheur tapote son front.

Parfait, fait le président. Je vous propose de nous retrouver sur zone : je viendrai avec le *Minibex* et on fera un premier repérage. Si vous êtes toujours d'accord pour que nous travaillions ensemble, nous signerons un contrat.

– Entendu.

– Vous me laissez la gourmette ? Elle sera en sûreté dans le coffre de la Comex.

– Bien sûr.

– Naturellement, je vous fais un reçu.

Mardi 8 septembre 1998, 11 heures

Bianco parti, le président Delauze restera longtemps à rêver devant la baie vitrée de son bureau.

Sa fille l'a quitté avec un petit commentaire moqueur du genre : « Et revoilà papa sur la piste au trésor ! »

Elle le connaît bien, Michèle, et sa femme le connaît bien aussi – quarante-six ans qu'ils sont mariés et qu'elle suit pas à pas, discrète, mais toujours de bon conseil, sa trajectoire météoritique : sa vraie passion a toujours été la chasse aux trésors. C'est Robert Sténuit, son ami et partenaire belge, qui lui a inoculé le virus, un jour de 1968, lorsqu'il est venu le voir pour qu'ils travaillent ensemble sur la *Girona*. Ce galion de l'Invincible Armada recelait un prodigieux trésor d'armes, de bijoux, de monnaies, d'objets et d'outils, et il a fallu deux étés à la Comex pour le remonter, au large de l'Irlande du Nord. Depuis, Robert et Henri-Germain cherchent des trésors ensemble.

Ils cherchent, mais pas en amateurs : en techniciens. Toujours dans la légalité et toujours avec de gros moyens. Ce qui les intéresse, c'est moins l'argent que les formidables émotions que leur procurent recherches et archéologie sous-marines. Au fil des années, ils ont plongé sur *L'Athénienne*, le *Slot ter Hoogee* (cent quarante-quatre lingots d'or remontés), *Le Lion blanc*, l'*Ancona*... En 1985, ils connaîtront un cinglant échec à Madagascar, en recherchant en vain, pendant six mois, l'épave du *Soleil d'Orient*. Ça ne les a pas calmés : l'échec est toujours porteur de réussite.

Cette passion coûte cher au président de la Comex – cette fois-là, il en a été de sa poche pour cinq millions de francs !

Mais rien n'égalera jamais le plaisir que lui procure cette chasse d'un type bien particulier.

Et voilà qu'on lui amène l'avion de Saint-Exupéry sur un plateau! Enfin, presque. Quel défi à relever! Et chez lui, à Marseille!

D'où il est, il contemple la vue éblouissante que l'on a depuis son bureau: cet étincelant paysage de calcaire et de maquis, ce sont les monts de Marseilleveyre qui vont jusqu'au cap Croisette, et le col qui mène à la calanque de Sormiou. Bianco lui a dit qu'il possédait un cabanon là-bas, ils sont donc presque voisins.

Si l'avion est à Riou, il n'est qu'à trois cents mètres de la première épave romaine découverte par Cousteau en 1952, et à deux kilomètres de la fameuse grotte Cosquer.

Ce coin est décidément béni des dieux.

Le président retourne à son bureau et compose un premier numéro de téléphone. Il sait qu'il va devoir gérer tout ce qui entourera une éventuelle découverte miraculeuse, c'est-à-dire les tracasseries de l'Administration, la pression des médias et, d'une manière plus générale, tous les emmerdements qu'il sent venir, et comme on lui demandera pourquoi la gourmette n'a pas été déclarée, autant se couvrir au plus haut niveau...

– Henri Delauze au téléphone. Je voudrais parler à M. Proust. [...] Monsieur le préfet, bonjour. [...] Bien, oui. Je vous appelle en priorité pour vous faire part d'une découverte tout à fait exceptionnelle. [...] Ce n'est pas la première fois à la Comex, certes, vous êtes très aimable, mais celle-ci va vous étonner! [...] Alors voilà, il s'agit d'une gourmette appartenant à Antoine de Saint-Exupéry. [...] Oui, tout près d'ici, devant Marseille. [...] Un pêcheur, oui. Je vous raconte...

Après le préfet de région, il appelle le préfet maritime. L'heure du déjeuner est passée quand il en a terminé. Aux deux il a demandé de ne pas ébruiter l'affaire, expliquant que la Comex a besoin d'un peu de temps pour trouver l'avion – de temps et de discrétion. Si l'on déclare le bijou au Drassm, comme la loi Lang en fait l'obligation, ça se saura et le *Minibex* devra travailler au milieu d'une nuée de canots et de voiliers attirés par la rumeur. L'autorisent-ils à chercher devant les calanques sans avoir fait cette déclaration, étant bien entendu que, dès qu'il aura trouvé l'avion de Saint-Exupéry, il se mettra en règle ?

Ses deux interlocuteurs n'y voient pas d'objection. Une entreprise de pointe comme la Comex est très flatteuse pour l'image de marque de la ville, et les pouvoirs publics essaient généralement de lui faciliter les choses autant que faire se peut. Et puis, elle a un président tenace et qui sait défendre son point de vue.

La seule chose que le préfet maritime a demandée, c'était où il gardait la gourmette.

– Au coffre, à la Comex, a répondu Delauze.

– Si elle est dans le coffre de la Comex, alors je suis tranquille !

Quand sa secrétaire rentre de déjeuner, Delauze lui demande d'organiser dès que possible une réunion avec le comité logistique et de bloquer le *Minibex* et le *Remora 2000* sur le planning. Maintenant, il lui faut des clichés faits par un professionnel :

– Joëlle, appelez-moi Rosenfeld, s'il vous plaît.

À dix-huit ans, Alexis Rosenfeld travaillait comme plongeur pour la Comex-Nucléaire, puis il est devenu photographe à plein temps. Les douze pages du *Figaro magazine* sur le dernier voyage de Cousteau sur l'*Alcyone*, c'est lui. Il a aussi réussi à faire poser le patron de la Comex en costume-cravate au fond d'une piscine ! « Henri-Germain Delauze, le gentleman sous la mer… » Ce qu'il ne faut pas faire pour les médias !

1940

Le capitaine Antoine de Saint-Exupéry a quarante ans et le corps cassé en quinze endroits. Il roule en cabriolet De Soto, il a une épouse, mais il aime une autre femme. Il vole à six mille mètres sur des Potez 637 dont les mitrailleuses gèlent, « bardé de cuir, enveloppé de caoutchouc, ganté jusqu'aux coudes, crotté, casqué, énorme, gigantesque, hallucinant et admirable, une sorte de scaphandrier aérien », comme le décrit son ami Henri Jeanson.

Il va inventer un procédé pour dégeler les mitrailleuses, il dîne chez Point, prend livraison à Marseille d'excellents Bloch 174, des bimoteurs rapides et blindés avec lesquels il survolera Cologne, Remagen, Coblence…

Entre-temps, il écrit à sa mère des lettres tendres et plaintives.

Le printemps est magnifique, mais les moissons ne seront pas rentrées, les vaches ne seront pas traites, et ce silence qui s'étend sur les villes et les campagnes est celui des cataclysmes.

Le 10 mai, Hitler lance ses armées. Elles contournent la ligne Maginot, enfoncent la Belgique, martyrisent les arrières du front et pulvérisent une France confite et déconfite qui vivait encore dans l'illusion de 1918.

L'escadrille de reconnaissance 2/33 basée à Monceau-le-Waast, puis Soissons, puis au Bourget, puis à Orly, recule au fur et à mesure qu'elles avancent. Antoine appelle l'ennemi « *l'huissier* ». Un huissier venu leur présenter des comptes de fin de vie et qui est partout : chars rapides, artillerie massive, aviation écrasante…

D'une mission suicidaire au-dessus d'Arras, absurde et héroïque, il va faire, plus tard, un grand livre, le grand livre, *Pilote de guerre.*

Il manque de mourir, mais il en réchappe, par miracle. À la fin de la campagne, son escadrille aura perdu dix-sept appareils sur vingt-deux.

L'huissier avance toujours. On recule, Orly, Nangis, Châteauroux, Jonzac… Antoine vole à dix mille mètres et médite sur l'absurdité de tout cela. Il se forge une certitude au milieu de l'effondrement de toutes les certitudes : la fraternité ne se noue que dans le sacrifice, le don à quelque chose de plus grand que soi, qui n'est pas la patrie, qui n'est pas un parti, mais l'Homme. Message idéaliste, provocant, aux antipodes de tous les nationalismes : à l'heure où il faut haïr pour survivre, Saint-Exupéry aime jusqu'aux vaincus, dont il est. Les gaullistes ne lui pardonneront pas.

Consuelo roule sur les routes, vers Pau. L'exode saigne à blanc le pays affolé.

Le 20 juin, il échoue à Mérignac, près de Bordeaux, avec les restes de son escadrille. Il soupe d'une langouste, s'empare des commandes d'un monstre qu'il n'a jamais piloté, un énorme Farman quadrimoteur, l'arrache du sol, survole toute l'Espagne, traverse le détroit, atteint l'Afrique, se pose à Oran.

Deux jours plus tard, Pétain signe l'armistice.

À Alger, son ami le Dr Pélissier retrouve un Antoine abasourdi par le désastre, qui lui dit l'incroyable avec les mots de Dante décrivant les cercles de l'enfer. Antoine narre la disparition d'une France, d'un siècle, d'une jeunesse qui furent les siens et ne sont plus que ruines. Il raconte le chaos.

Cette défaite intime, tous les Français l'éprouvent cet été-là, jusqu'à l'écœurement. Oisifs, humiliés, brisés, les pilotes de l'escadrille 2/33 n'ont plus qu'à accepter les décorations qu'on leur donne, puis à se faire démobiliser.

Le commandant de Saint-Exupéry a fait une brillante campagne de France, il a failli mourir dix fois… pour rien. Autour de lui, on grenouille et on intrigue. C'est l'heure du choix : reprendre ou non le combat contre l'Allemagne et donc contre Vichy ? Et si l'on se bat, avec qui ?

On le croise à la plage avec une fille magnifique. On a beau l'approcher plusieurs fois, il refuse de partir pour l'Angleterre, où on l'aurait pourtant accueilli à bras ouverts. Et puis, le 3 juillet, ces mêmes Anglais massacrent la flotte française au mouillage à Mers el-Kébir : ils avaient leurs propres raisons, mais quel choc !

Antoine n'y tient plus, il retraverse la Méditerranée et débarque à Marseille le 4 août 1940, en pleine confusion d'esprit, de sentiments. Le moral en berne, il file à Agay rejoindre sa mère et sa sœur : Agay est la maison de Gabrielle, la cadette, la femme heureuse de la famille, qui a épousé un noble provençal, Pierre d'Agay. Ils vivent dans un château de pierres blondes, au-dessus de Sainte-Maxime, avec leur jeune fils, ils sont accueillants, gais, ils savent vivre. Ça distrait Antoine de la tragédie.

Il se retape, se rassemble. Il reprend *Citadelle*, qui ne sera jamais terminée et qu'il appelle son « *œuvre posthume* ». Il y travaille à pleine pâte des phrases somptueuses et lentes comme les vagues qui battent au pied des rochers d'Agay. Dans un monde voué au carnage, elles parlent de résurrection et d'amour. Sa femme, Consuelo, est loin, elle retape un village dans le Luberon avec une bande d'artistes dans son genre. Leur couple est comme le reste, une souffrance.

Aux instants de découragement, il pense à partir en Amérique poursuivre non pas le combat, mais son combat – plus complexe, plus secret, tout aussi lumineux que le combat du soldat. Une fortune l'attend, là-bas, puisque *Terre des hommes* est un énorme succès.

On ne lui pardonnera jamais ce choix, même quand il sera retourné au supplice, par des froids atroces, à faire son devoir dans une carlingue trop petite.

La capitale est inaccessible à qui ne possède pas de laissez-passer pour franchir la ligne de démarcation, il y va donc avec Drieu La Rochelle, qu'il a rencontré à Vichy en allant chercher ses papiers et qui a ses entrées et ses aises chez l'occupant. On reprochera beaucoup à Saint-Exupéry ces amitiés-là, mais ce n'étaient que des proximités de boutique.

Antoine revient à Agay, toujours dans l'expectative. Rejoindre de Gaulle ? Ses ambitions de chef, sa morgue l'insupportent, les manœuvres de son entourage le révulsent. Mais rester, c'est cautionner Vichy et ce vieillard consternant qui cède aux « *idoles carnivores* ». Alors, oui, l'Amérique. Son ancêtre César de Saint-Exupéry ne s'est-il pas battu aux côtés de La Fayette, pour libérer les Américains ?

Il s'y rendra par le Portugal, puisque le pouvoir franquiste lui refuse le passage. Il repart donc à Alger et, de là, gagne Casablanca, puis Tanger dans la voiture de son ami Henri

Comte. De Tanger, il remonte sur Lisbonne. Il y arrive bourrelé de doutes, d'hésitations, de chagrin, et il apprend là-bas la mort de Guillaumet, le héros des Andes, le compagnon des routes du Sud, son ami, son frère…

« Me voilà, vieillard édenté et seul, qui remâche tout cela pour lui-même…» Ses amis d'enfance sont morts – Marc Sabran en 1926 à Rabat, Louis de Bonnevie en 1927 à Marrakech, Mermoz en 1936, lors d'une traversée de l'Atlantique. Et maintenant c'est Guillaumet, celui sans doute qu'il admirait le plus, qui lui était le plus proche…

Antoine est seul, brisé. Antoine s'en va sur un paquebot bourré de fuyards.

Il débarque à New York le dernier jour de 1940 et il est accueilli comme un dieu par Eugène Reynal et Curtice Hitchcock, ses éditeurs.

«REYNAL & HITCHCOCK, 386, 4th AVE. NYC»

Mardi 8 septembre 1998, 15 heures

En sortant de la Comex, Jean-Claude a filé directement à Saumaty pour rejoindre son équipage. Il est 11 heures quand ils arrivent sur zone, au large du Planier. Il sait qu'ils ne feront qu'une petite journée, mais tant pis! Pour une fois, il n'a pas la tête au poisson.

En route, ils déjeunent – ils ne sont plus que quatre, Alain Serfati est retourné à son cabinet d'assurances. On mouille le filet, un peu au sud du phare, et on commence le trait.

Le mistral est tombé, le soleil prend sa revanche sur l'orage des jours passés. Chaque reflet dans l'eau est une lame de couteau. Mouettes et sternes tournent autour du bateau comme des assassins.

Habib rejoint Jean-Claude dans la passerelle, et Jean-Claude lui raconte son entrevue avec le président de la Comex.

– Je lui ai confié la gourmette. Ils vont chercher l'avion avec un navire océanographique et un sous-marin.

– Un sous-marin ?

– C'est ce qu'il m'a dit. À deux places.

– Bon, fait le second.

Il ajoute après un petit silence :

– Il me semble qu'on ralentit. On n'a pas envasé ?

« C'est comme s'il ne s'était rien passé », se dit Jean-Claude. Leur vie n'a pas changé, ils sont toujours des pêcheurs. Sous leurs pieds, le diesel pulse avec régularité en répandant une bonne odeur de gasoil. Le Planier s'éloigne – un coin dangereux avec ses récifs à peine immergés : il y a trente ans, le *Chaouen*, un cargo marocain, est venu s'y éventrer. Il repose pas très loin d'un chasseur allemand abattu en 1944, qui est l'un des sites favoris des plongeurs amateurs… Et pas très loin non plus, au large du Frioul, gît une autre épave d'avion, un bombardier, allemand lui aussi. Jean-Claude a entendu dire qu'on avait localisé une grande aile d'avion devant Carro – un quadrimoteur, au moins, tellement elle était longue.

De l'avion en question on n'a jamais rien retrouvé. On ne sait même pas d'où il venait.

Jean-Claude sourit pour lui-même : c'est à croire qu'il a chopé le virus du chercheur de trésors, comme le président Delauze ! Avant, pour lui, tout ce qui tapissait le fond était une source d'ennuis potentiels – des saloperies. Aujourd'hui, il voit ça d'un autre œil : il imagine sous lui des plaines aux moissons silencieuses, des canyons et des golfes, des vallées noyées dans une eau verte. Une géographie invisible figée dans le cristal.

Et sur ces forêts mortes, ces cimetières engloutis, les migrations immenses du Vivant – avec son filet, il n'en attrape que la milliardième partie.

Ce qui est incroyable, c'est que, en plus des centaines, des milliers de recoins et de cachettes où la gourmette aurait pu échouer, glisser, disparaître, il y a devant Marseille des dizaines et des dizaines d'épaves, galères, cargos, vapeurs, voiliers, bateaux de plaisance... Il y a même une barge de la Comex et un paquebot – *Le Liban* – devant Maïre ! Rien d'étonnant à cela : si la baie et le port sont sûrs, la région est la plus ventée de Méditerranée, et la plus fréquentée aussi.

Pourtant, la gourmette s'est glissée dans son filet, elle est remontée au jour, et, tout enrobée qu'elle était de concrétions calcaires, de métal et de tissu gâté, des hommes l'ont vue !

Que croire ? Qui croire ?

Le hasard ? Le hasard n'est qu'une statistique à plusieurs zéro qui fait bien les choses. Ainsi ces alliances égarées par des paysans qui les retrouvent des années plus tard autour d'une carotte dans leur jardin. Ainsi cet ami oublié et que l'on heurte au coin d'une rue. Ainsi ce billet de tombola qui gagne, après qu'on en a acheté cent ou mille qui perdaient. Ainsi la balle perdue qui tue votre voisin et pas vous, ou ce portefeuille que vous ramassez au milieu de la foule et que personne n'avait vu avant vous... Dans ces cas-là, la raison arrive encore à saisir comment l'improbable a pu se produire : l'alliance n'allait pas quitter le champ toute seule, l'ami habite la même ville que vous, le billet gagne parce que c'est son tour, la balle perdue fait son boulot, le portefeuille a attiré votre regard…

Mais, devant ce hasard-là, le hasard qui a fait remonter la gourmette de Saint-Exupéry dans le filet de Jean-Claude, la raison vacille : mathématiquement, il n'y avait qu'une chance sur plusieurs milliards pour que cela se produise. Les chaluts moissonnent la mer, ils remontent gravier, débris et épaves, et ce, par centaines de tonnes chaque jour. Trente grammes dans des milliers de kilomètres cubes d'eau salée, c'est à peine si le pêcheur arrive à y croire lui-même.

Alors ? Et pourquoi cela lui est-il arrivé, à lui ?

La récompense de toute une vie de travail ? N'importe quel autre pêcheur la méritait tout autant.

Une prime à la vertu ? Il a longtemps été têtu et fugueur, il est toujours buveur, viveur et fumeur. Honnête, oui, et travailleur aussi, mais c'est un peu juste pour toucher le pactole.

Alors, qui ?

Qui lui a envoyé ce formidable cadeau, sinon Celui qui est là-haut et le regarde traîner son filet sur la mer ?

Lui ou l'un de Ses Envoyés.

Bianco est croyant. Ses hommes d'équipage le sont aussi. Et Serfati croit en Dieu, pareillement. Trois religions, toutes penchées sur une gourmette comme les Rois mages sur le petit Jésus, ça fait réfléchir, tout de même !

Mardi 8 septembre 1998, 18 h 30

«Il a fait fort, là, Delauze!» sourit Alexis Rosenfeld en franchissant les grilles de la Comex.

Il y a moins de quatre heures, il était encore à Paris, examinant des planches de contact sur les baleines avec un rédacteur en chef, et le voilà à Mazargues, escaladant quatre à quatre les escaliers qui mènent au bureau du président!

Il regardait donc ses baleines quand le téléphone a sonné: c'était pour lui – un certain Henri-Germain Delauze.

– Henri, que puis-je pour toi?

Rosenfeld sait que, quand Delauze veut quelque chose, il s'arrange généralement pour l'obtenir. Le président sait aussi renvoyer l'ascenseur, ce que le photographe apprécie particulièrement, car il dirige une agence qui commercialise des photos sous-marines, Photocéans – un mince créneau qui laisse de maigres profits.

– Alexis, j'ai besoin de te voir dans dix minutes!

– Dix minutes? Mais je suis à Paris!

– Alors tu fonces à Orly et tu prends le premier vol! Je te paie le billet!

– Mais je suis en rendez-vous, Henri, avec le rédac…

– Laisse tomber! C'est de la plus haute importance. Je te mets sur un coup d'enfer, Alexis, tu saisis?

Et il a raccroché.

Rosenfeld s'est excusé platement, a plié bagage et a foncé à Orly. Ce que Dieu veut…

Dans l'avion, il a joint Isabelle, sa compagne. Elle est journaliste. Il lui a raconté le coup de fil du patron de la Comex.

– Il a trouvé un gros truc. C'est quoi, à ton avis?

Ils ont balancé entre trois explications possibles à la nervosité de Delauze, trois explications qui correspondent aux trois Graal du chercheur de trésors : le sous-marin avec l'argent de Rommel, quelque chose qui se rapporterait à la découverte de l'Atlandide, ou l'avion de Saint-Exupéry.

Le Graal, c'est ce vase mythique qui est censé avoir contenu le sang du Christ et qu'ont cherché, leur vie durant, les chevaliers de la Table ronde. Sa quête est bien plus qu'un mythe chrétien, elle symbolise en fait la recherche intérieure d'une vérité spirituelle, inaccessible par essence. Les passionnés de trésors ont chacun le leur, auquel ils consacrent leur existence, le plus souvent en vain.

– Je te rappelle dès que j'en sais un peu plus, a promis Rosenfeld.

Heureusement qu'il avait laissé sa voiture à l'aéroport de Marseille-Marignane. Quand il arrive à la Comex, le bouillant président bout d'impatience.

– Assieds-toi et ferme les yeux !

Rosenfeld s'exécute. Il sent que Delauze lui glisse quelque chose de froid et de métallique dans la main. Pas très lourd.

– Regarde.

Il ouvre les yeux.

Une gourmette.

Une vieille gourmette, noircie, cassée, incomplète.

Et alors ? C'est pour ça qu'il l'a fait revenir dare-dare de Paris ?

Qu'est-ce qu'il y a d'écrit dessus ?

Et là, le choc. Le cœur qui accélère, les oreilles qui bourdonnent.

« ANTOINE DE SAINT-EXUPÉRY »

– C'est une blague ? Tu l'as faite toi-même ?

Delauze lève les bras au ciel.

– Comme si je n'avais que ça à faire ! C'est un pêcheur qui me l'a apportée ce matin, il l'a repêchée entre Riou et Cassidaigne, par cent mètres de fond. Qu'est-ce que tu dis de ça ?

– J'en dis que c'est totalement fou. C'est vraiment une gourmette appartenant à Saint-Exupéry ?

– Moi, je n'en ai pas douté. Je ne sais pas pourquoi, mais j'y ai cru tout de suite, et plus j'y pense, plus j'y crois !

– Mais, heu, il est sérieux, ce pêcheur ?

– C'est le président du Comité local des pêches. Il s'appelle Jean-Claude Bianco. Il aurait tout à perdre à monter une mystification… Pour tout te dire, j'ai l'impression qu'il n'a pas tout à fait saisi ce qui lui arrive…

Rosenfeld tourne et retourne la gourmette.

– Saint-Exupéry ! Ici, à Marseille ! Personne n'en a jamais parlé.

– Les derniers qui le cherchaient, c'était à La Ciotat, l'année dernière. Ça n'était pas loin, mais ce n'était pas ça.

– Alors, ça veut dire que l'avion de Saint-Exupéry est tout près, par là ?

Le photographe a un geste du menton vers la montagne, la mer, derrière, à trois kilomètres.

– Qu'est-ce que tu attends de moi ?

– Que tu la prennes en photo. Et que tu gardes le secret. On ne va pas déclarer notre trouvaille tout de suite, j'ai l'accord verbal des préfets.

– Putain, ça va faire du bruit quand ça se saura !

– Probable. On aura la une de tous les journaux, les radios, les télés… Mais encore faut-il le retrouver, cet avion.

Delauze glisse délicatement la gourmette dans un écrin improvisé : une pochette en cuir rouge où il range ses lunettes. Une pochette en peau de serpent, comme le serpent qui fait passer le Petit Prince du monde des vivants au monde des morts.

Il la tend à Rosenfeld.

– Allez, file ! À demain. Et ne la perds pas, surtout !

9 septembre 1998

Le jour est à peine levé quand le *Minibex* quitte discrètement son bassin de Saint-Nicolas. Du club nautique, en face, on voit souvent partir ce beau bateau blanc avec son sous-marin de poche qui ressemble à un insecte : il revient deux jours ou trois mois plus tard, puisque Delauze et ses ingénieurs l'ont conçu et dessiné pour pouvoir être transporté sur un porte-conteneurs à l'autre bout du monde. Il y est souvent.

Il a rendez-vous avec *L'Horizon* au pied du château d'If, la citadelle maritime construite par François Ier pour surveiller tout autant que pour protéger Marseille. Posées sur un socle rocheux comme un canon sur son affût, les tours rondes se découpent avec netteté sur le ciel qui rosit. Derrière, c'est Pomègues avec son port de plaisance. Tout droit, l'Afrique.

Le soleil se levant, le château a pris une coloration rousse de topaze. Juste au-dessus, dans le ciel nettoyé par le mistral, un filet d'or enserre un petit nuage blanc. Sur la droite, vers Marignane, un Airbus s'élève dans l'air pur.

Debout sur la passerelle de *L'Horizon*, Jean-Claude regarde s'approcher le *Minibex*, dont l'étrave effilée soulève deux moustaches mousseuses. Avec son mât tripode hérissé de paraboles, d'antennes et de récepteurs radar, le bateau de la Comex fait plus penser à un navire de guerre qu'à un yacht. Un drapeau tricolore claque fièrement aux barres de flèche.

Les voilà à couple, un robuste chalutier poli par toute une vie de travail et un navire océanographique de la dernière génération, fruit de trente années d'expérimentations sur toutes les mers du monde. *L'Horizon* a coûté deux millions et demi de francs il y a seize ans, le *Minibex* en a englouti quarante entre les études, les plans, la fabrication, l'équipement et la mise en opérationnel. Les deux bateaux se parlent par phonie :

– Bonjour, monsieur Bianco !

– Bonjour, président. Je vous emmène à l'endroit où j'ai chaluté ?

– Allons-y !

L'Horizon passe devant. Une heure plus tard, ils y sont. À quelques centaines de mètres à l'est de l'île de Riou et du Grand Congloué, au sud de l'anse de Malpaisant. Sormiou est légèrement sur la droite. Les deux bateaux s'immobilisent, les marins regardent la mer à l'endroit où, peut-être, gît Saint-Exupéry.

Des reflets courent sur l'onde claire, le soleil qui monte allume sur les crêtes des éclairs de magnésium. Sous eux, l'eau bleue a des reflets verts, les courants venus d'Afrique la remuent en lourdes masses isocèles. Est-ce là que repose l'avion ? On l'a cherché depuis si longtemps et si loin d'ici : sur toute la côte, et même dans les Alpes…

Là, tout près de Marseille ?

Delauze envoie un Zodiac, Jean-Claude monte à bord du *Minibex*.

– Je vous fais visiter ?

Casquette bleue à longue visière, chemise à manches courtes et pantalon d'été, le patron de la Comex semble confiant : si on a trouvé la gourmette ici, c'est bien le diable si on n'y trouve pas l'avion ! Surtout avec l'extraordinaire technologie du *Minibex* !

– Vous savez, Jean-Claude, nous avons autant d'électronique qu'un croiseur ! Sondeurs, radars, sonar à balayage latéral, base acoustique immergée, transbondeurs et pingers, visualisation Doppler… De plus, nous disposons d'un système de positionnement dynamique conçu par Thomson-CSF : deux propulseurs à turbines Pumjet orientables à trois cent soixante degrés, qui placent le bateau en positionnement dynamique au mètre près, suivant les indications données par le récepteur satellite…

À La Ciotat, au-dessus du P-38 de Riley, Jean-Claude avait dû mouiller ses deux ancres, les remonter et les remouiller encore, et ce, pendant toute une journée. Ici, rien : un coup de pouce sur un *joystick*, ou une compensation automatique de la dérive, et le bateau se remet tout seul à l'aplomb de l'épave.

Si épave il y a.

Les voilà dans le carré scientifique, dit «salle de *survey*». Huit mètres sur six mètres, quatre postes de travail, des écrans partout, des micros, une table traçante, une batterie d'ordinateurs… Delauze présente le patron pêcheur aux opérateurs :

– Jean, capitaine du bateau ; Nicolas, chef océanographe ; Patrick, opérateur sonar ; Popoff, pilote du *Remora 2000*…

Poignées de main. Les gens de la Comex regardent avec curiosité le marin qui a trouvé la gourmette de Saint-Exupéry, mais ils ne posent pas de questions. En entrant à la Comex, ils se sont engagés à ne rien dire à l'extérieur des chantiers qu'on y traite, souvent considérables, du danger omniprésent, des enjeux financiers, voire politiques. Le monde du silence est d'abord le monde des hommes silencieux.

— Et là, devant vous, explique Delauze à Jean-Claude, ce sont les écrans qui nous permettent de voir au fond de la mer. Les images arriveront par l'intermédiaire du *Remora 2000*, notre sous-marin embarqué, mais on n'en est pas là, bien sûr. Quand le sonar à balayage latéral aura repéré le P-38, on descendra d'abord le ROV, un robot submersible guidé par fil qui dispose de son propre sonar et de ses moyens vidéo. Et si ce qu'on a trouvé ressemble vraiment à un avion, alors seulement on mettra le *Remora 2000* à l'eau.

Jean-Claude a vu l'engin rangé, à l'arrière, sous le portique télécommandé. Ça ressemble à la version marine d'un de ces anciens hélicoptères français, le Djinn — sans ses pales naturellement, et peint en jaune vif.

Ils plongent dans les entrailles du bateau. Delauze ne lui fait grâce de rien — c'est aussi un geste d'estime entre marins. Ni du caisson hyperbare, ni de la chambre d'observation de l'étrave avec son hublot de soixante centimètres, ni de la station de plongée avec son matériel de la dernière génération.

Cousteau avait sa *Calypso*, Delauze a son *Minibex*. Les deux hommes ont commencé ensemble dans les années cinquante, mais entre l'officier de marine et l'ingénieur, les relations n'ont pas été faciles — elles ont même tourné souvent à l'aigre.

Ils remontent. À l'arrière, deux matelots sont en train d'accrocher une sorte de petite torpille à la grue, avant de la faire descendre le long de la coque.

— Notre sonar latéral, explique le président de la Comex. Il balaie les fonds sur trois cents mètres de large. Bien sûr, n'importe qui ne peut pas posséder ce joujou. Le Zodiac va vous raccompagner. On vous suit…

Jean-Claude est remonté sur *L'Horizon*. Il entreprend de refaire le parcours du trait du 7 septembre. Le *Minibex* le suit. Pas plus de quatre nœuds, pour le sonar, dont œil invisible balaie déjà les profondeurs.

Il s'agit de maintenir le poisson métallique à dix mètres au-dessus du fond. On va couvrir des dizaines de kilomètres carrés, un peu comme Jean-Claude l'a fait avec son chalut, et on recommencera demain si nécessaire, et encore après-demain…

On appelle ça faire du «*survey*». C'est un exercice de patience. Carré scientifique. Là, plus de bruit de moteur, plus de vent dans les drisses, plus de cris d'oiseaux. Un silence assourdi de salle d'opération ou de studio d'enregistrement. Avec, monotone, impavide, le bip du sonar, comme dans les films de guerre.

Patrick, le spécialiste du sonar, manipule du bout des doigts un levier pas plus gros que celui des consoles de jeux. Ses yeux sont braqués sur un écran où se dessine l'invisible : deux bandes grisâtres, chacune représentant cent cinquante mètres de large, séparées par une autre bande, de dix mètres de large celle-là, qui n'est pas couverte par l'écho, car située sous la torpille et entre les deux têtes du sonar. Il faudra au prochain passage la recouvrir par un des deux faisceaux latéraux, pour être bien sûr que rien ne leur a échappé.

Pour le moment, on se contente d'une résolution moyenne. Quand on cherchera quelque chose de plus petit, on passera en résolution maximale.

Des chiffres défilent à toute vitesse dans un coin de l'écran.

Personne ne parle, pour ne pas déranger le pilote : quatre-vingts, cent mètres plus bas, le fragile sonar continue à monter, à descendre... La plus minime erreur de pilotage l'enverrait se planter dans un éperon rocheux ou un rideau de concrétions... Il vaut des millions.

Le *Minibex* et *L'Horizon* ont atteint le récif de Cassidaigne. Il est 10 heures du matin. Le temps a filé comme l'éclair.

Ils remontent vers la côte, font une boucle...

À midi, les revoilà au pied du talus de Riou – c'est à peu près à cet endroit que Jean-Claude a mouillé son chalut il y a deux jours.

Ils n'ont rien vu. Pas d'épave caractéristique en forme de H. Pas de cercueil marin à double empennage. Aucun avion. Jean-Claude reprend le Zodiac et remonte sur le *Minibex*.

– C'était juste un galop d'essai, le rassure Delauze. On attaque le vrai travail demain. Je vous ai fait préparer le contrat, vous allez me dire ce que vous en pensez.

Il prend une chemise dans sa mallette et l'ouvre. Dedans, quelques feuilles en double exemplaire, sur papier à en-tête de la Comex.

– Lisez-le et dites-moi si vous êtes d'accord.

Jean-Claude tâte sa poche de chemise, celles de son blouson :

– J'ai oublié mes lunettes...

– Je vous prête les miennes.

Il les chausse et se plonge dans la lecture.

Monsieur Jean-Claude Bianco, au cours d'un trait de chalut en date du 7 septembre 1998, a trouvé, au vidage de la poche, une gourmette en argent portant le nom d'Antoine de Saint-Exupéry ainsi que quelques débris d'avion.

Monsieur J.-C. Bianco a confié cette gourmette en dépôt à Monsieur H.-G. Delauze.

Monsieur J.-C. Bianco a proposé à Monsieur H.-G. Delauze de trouver l'avion présumé d'Antoine de Saint-Exupéry sur le site de pêche par les moyens de recherche modernes (sonar et sous-marin) afin de l'identifier formellement.

Il est convenu ce qui suit :

1. La découverte ainsi faite ne peut, en aucun cas, constituer un dossier à caractère commercial vis-à-vis de la famille Saint-Exupéry. Ce dossier sera traité dans un contexte éthique irréprochable.

2. Les deux parties coopéreront pour la recherche et l'identification formelle de l'épave, Monsieur H.-G. Delauze apportant, à la demande de Monsieur J.-C. Bianco, des moyens modernes de recherche sous-marine (Minibex, sous-marin, sonar, etc.).

3. Une fois la découverte confirmée, les deux parties seront co-inventeurs de l'épave et confieront exclusivement à Monsieur H.-G. Delauze :

– les relations extérieures avec la famille Saint-Exupéry, les autorités françaises et les médias ;

– les relations et accords avec les sponsors dans le but de chercher une compensation aux dépenses qui auront été engagées par les deux parties pour la recherche et l'authentification de l'épave.

Monsieur H.-G. Delauze tiendra régulièrement informé Monsieur J.-C. Bianco de ces démarches et relations.

4. Toutes sommes qui pourraient être perçues par les parties de la part de tiers, médias ou sponsors, à la suite directe de la découverte faite par les co-inventeurs, seront partagées à égalité entre eux après remboursement de leurs coûts respectifs.
5. Les deux parties s'engagent à la plus stricte obligation de confidentialité jusqu'à la confirmation et l'annonce aux médias de la découverte.

Le pêcheur hoche la tête et tend ses lunettes au président.

– D'accord.

– Comme ça, tout de suite ?

– Votre réputation est sans tache, et puis, ça me paraît clair : moitié-moitié, j'apporte l'information, vous fournissez la technologie.

– Voilà. Dans une recherche au trésor, les deux se valent.

– Tout à fait. Je signe.

Il n'a pas non plus de stylo. Le président pousse vers lui une pointe feutre.

Il signe après lui. Au dernier moment, Bianco demande à rajouter la mention : « Tout accord sera cosigné par les deux parties. »

Le pêcheur met ses initiales. Le président met les siennes.

Les voilà liés.

Chapitre 3

1941

Eugène Reynal et Curtice Hitchcock, éditeurs...
Par quel prodige leur adresse figure-t-elle sur une gourmette repêchée au large de Marseille près de soixante ans plus
tard, si ce n'est parce qu'ils l'offrent à Antoine quand il
débarque à New York le 1er janvier 1941 ?
Ou plus tard.

L'écrivain ne parlait pas anglais, ou si peu : c'était peut-être
le meilleur moyen pour lui de donner leur adresse aux chauf-
feurs de taxi. Mais toute chose ayant son sens caché, on peut
penser aussi que lui offrir une chaîne et une plaque avec leur
adresse dessus, c'était lui rappeler les liens qui les unissaient.

On a dit enfin que Curtice et Eugène avaient offert la gourmette à Consuelo — qui n'arrivera qu'un an plus tard, en
novembre — et que celle-ci l'avait donnée à son mari quand il
est reparti pour l'Europe, mais elle n'en parle pas dans ses
mémoires[1].

Pour l'heure, Saint-Exupéry qui était pauvre, célèbre et
jalousé à Paris, se retrouve riche, célèbre et adulé à New

---

1. Consuelo de Saint-Exupéry, *Mémoires de la rose*, Plon, 2000.

York. Ses éditeurs sont charmants, attentifs, une nuée de jolies femmes l'entoure, on lui décerne le très convoité National Book Award, il préside un banquet de mille cinq cents convives.

Il va pourtant découvrir très vite les querelles intestines de la colonie française de New York. Comme à Alger, elle est déchirée entre pétainistes, gaullistes et les autres – un vrai panier de crabes. Son arrivée sonne le début d'un interminable procès à charge que vont instruire contre lui les hommes du Général : c'est à Londres qu'il faut être, s'indignent-ils. Que vient faire à New York cette grande voix, cette plume immense qui pourrait rendre tant de services à Londres ?

Eux ont de bonnes raisons d'être là, cela va de soi.

Il n'en reste pas moins vrai qu'Antoine n'en a pas d'excellentes. En plus, il refuse le rôle qu'on voudrait lui voir endosser : parler, écrire aux Américains pour leur vendre l'idée d'une France de vainqueurs trahie par une France de vaincus. Son empathie naturelle pour les hommes, tous les hommes, fussent-ils maladroits, lâches et dépassés par le destin, cette empathie se double d'une espérance profonde dans leur sursaut, leur rédemption. Il ne veut pas stigmatiser, il ne veut pas punir. Il revendique la défaite, il l'accepte comme sienne.

« Ton pays a failli ? J'exige que tu te juges, tu es de lui[1]. »
Londres l'approche, il se dérobe. Vichy manœuvre pour l'attirer : à son insu, on l'inscrit au Conseil national, un bazar consultatif à forte teneur symbolique. Il aura toutes les peines du monde à prendre ses distances.

---

1. Antoine de Saint-Exupéry, *Écrits de guerre.*

Une escarmouche parmi d'autres.

Pendant ce temps-là, la Garde de fer massacre les Juifs de Roumanie, l'Afrikakorps de Rommel débarque en Libye, Pétain désigne Darlan comme son successeur, le *Bismarck* est torpillé. Une nuit de fer et de cendre tombe sur l'Europe, mais la résistance se lève.

Le 22 juin, Hitler attaque la Russie.

Le loup tente d'avaler l'ours, qui lui brisera les reins, mais pas tout de suite. Les Allemands font des dizaines de milliers de prisonniers, qu'ils massacrent ou déportent, la puissante Armée rouge reflue. L'Amérique comprend mieux, du coup, la défaite foudroyante de la France, mais elle ne se décide toujours pas à entrer en guerre : le lobby isolationniste est puissant, et les sympathisants de Berlin sont nombreux. Et puis, la guerre des autres, c'est l'assurance de faire de bonnes affaires.

À New York, Antoine cache son désespoir mystique sous une gaieté de forcené. Il séduit avec ses tours de cartes et ses talents d'hypnotiseur, mais l'Histoire est en train de lui donner tort, et il sent se rétrécir peu à peu un territoire où il était déjà seul.

Qui sait qu'en silence et dans le secret il a commencé à écrire *Pilote de guerre* ? L'amie la plus chère, restée en France et qui, chaque nuit, passe en Suisse pour lui parler au téléphone. Et aussi ses amis Bernard Lamotte, Jean Renoir, Marlène Dietrich, Annabella…

Enfin, il se décide à parler aux Américains. Il va leur expliquer la défaite de la France, leur dire qu'elle va renaître. Il lui a fallu quatre et huit ans pour écrire les livres précédents, il écrira celui-ci en six mois.

Les deux dernières lignes sont : « *Demain, pour les témoins, nous serons les vaincus. Les vaincus doivent se taire. Comme les graines*[1]. »

Le livre fini, il va chercher Consuelo à l'aéroport.

Consuelo, le colibri. C'est en 1931 qu'il a épousé cette jeune veuve salvadorienne, petite, ravissante, très envahissante, dont l'indépendance et la fantaisie ont consterné la famille d'Antoine, à part sa mère. Ils forment un couple étrange, désinvolte et habité par l'excès, et vivent une passion à éclipses : Antoine s'esquive discrètement, mais sans pitié, pour aller rejoindre des « mignonnes », voir ses amis, voler sous d'autres cieux ; Consuelo sort, peint, vit sa vie. Elle est malheureuse, dit-elle. Ce n'est pas sûr.

Elle est à Oppède, dans le Luberon, retapant des maisons avec ses amis surréalistes, quand Antoine la fait venir à New York : il a besoin d'elle, et donc elle vient. Ils rajoutent leur petite guerre de toujours à la grande qui ravage le monde depuis quatre ans.

Antoine la loge ailleurs que chez lui. Elle s'entoure aussitôt d'une cour d'amis surréalistes prestigieux, mais insupportables aux yeux du moraliste qu'il est : Dali, Max Ernst… et Breton, à qui Saint-Exupéry réglera férocement son compte : « *Mes amis sont morts ; les vôtres sont vivants.* »

Le 7 décembre 1941, les Japonais envoient la flotte américaine par le fond à Pearl Harbor.

Et le 8, les États-Unis entrent enfin dans le conflit.

C'est le monde entier qui brûle, maintenant, en une fournaise qui engloutit des millions d'hommes et de femmes.

---

1. Antoine de Saint-Exupéry, *Pilote de guerre*.

Jeudi 10 septembre 1998, 19 heures

Un message de fraternité.

Une balise qui émet depuis cinquante-quatre ans.

Un élément radioactif… On peut dire cela des grands livres, ceux qui parlent aux hommes, et pas d'un homme en particulier. On peut le dire de tout objet chargé de sens jusqu'à la gueule. On peut le dire de la gourmette remontée des profondeurs.

Il y a en elle toute l'histoire de Saint-Exupéry. Elle porte un message. Un enseignement perdu dans des temps où l'on ne sait plus rien de l'essentiel.

Jean-Claude est de nouveau dans le bureau de Delauze. Dehors, la nuit tombe.

– Ce matin, je suis retourné à l'endroit où j'ai trouvé la gourmette, expose-t-il avec son accent chantant voilé par la fatigue. On a tiré un trait depuis le Grand Congloué, comme hier, et on a trouvé ça…

Il sort d'un sac en plastique trois morceaux de métal grisâtre hérissés de concrétions blanches et les aligne sur le bureau de verre fumé du président de la Comex. Longs chacun d'une trentaine de centimètres et larges de dix, ils portent des rangées de rivets, en biais.

Du Duralumin, reconnaît Delauze. Un alliage à base d'aluminium. Incontestablement, ça vient d'un avion. Et d'un avion ancien, pas moderne.

– Vous les avez trouvés au même endroit qu'hier, m'avez-vous dit ?

– Enfin, au même endroit, non… Je les ai trouvés en deux fois, deux le matin, un cet après midi… Entre Riou et Cassidaigne, comme l'autre jour.

Delauze regarde la carte des Bouches-du-Rhône accrochée derrière son bureau ; elle représente toute la côte, vue d'avion.

– En gros, ça fait bien cent kilomètres carrés, non ?

– Je dirais ça.

Le président sourit.

– Vous allez peut-être bien le retrouver tout seul, l'avion !

Jean-Claude Bianco sort son paquet de Gitanes de sa poche, en allume une – Delauze ne fume pas – et secoue la tête.

– Ce serait fait depuis longtemps, depuis que je suis dans le coin ! À mon avis, il doit être plus profond. Pourvu qu'il n'ait pas glissé dans la fosse…

Il parle du canyon qui commence à quelques milles des calanques et descend presque à pic jusqu'à mille mètres et plus.

– Si l'avion est tout en bas, confirme Delauze, alors il est recouvert aujourd'hui de plusieurs mètres de boues et de débris. Même avec les magnétomètres les plus performants, il se peut qu'on ne le retrouve jamais.

Ils regardent la carte, moroses. Silence.

– À moins d'un miracle, fait le patron pêcheur en reprenant son sac.

– Encore un, oui. Pourquoi pas ? soupire Delauze.

Il le raccompagne à la porte.

– Allez, Jean-Claude, on le retrouvera, ne vous en faites pas !

Ce matin, il a dirigé une réunion de guerre qui a duré quatre heures. On attaque les recherches dans quinze jours.

À midi, il a reçu Alexis Rosenfeld qui lui rapportait la gour-mette et plusieurs jeux de photos.

Un peu plus tard, c'est Pierre Becker qui a appelé : il venait de rentrer d'Indonésie, il avait eu le message de Bianco, il avait appelé tout de suite, et Michèle l'avait mis au courant.

– Alors, il a trouvé Saint-Exupéry ?

Il n'arrivait pas à cacher son énorme frustration.

– Ça n'est pas encore fait, l'a rassuré Delauze.

Ils ont parlé des recherches qu'allait entreprendre la Comex, avec le *Minibex* et le *Remora 2000*.

– Tu ne peux pas partir sans un expert en aviation ! a objecté Becker. Écoute, j'en connais un, Philippe Castellano, un garçon spécialisé dans les crashs d'avion de la Seconde Guerre mondiale. Il a déjà travaillé sur le P-38 de La Ciotat.

– Ah oui, Bianco m'en a parlé. Tu crois qu'il travaillerait avec nous ?

– J'en suis certain ! Il est aux États-Unis, là. Je te rappelle dès qu'il rentre.

Vendredi 11 septembre 1998

Ce jour-là, Bianco a fait un trait de roi : six cents kilos de poisson, au sud du Planier. Il a aussi remonté un morceau de tôle avec toujours les mêmes rivets «aviation», à l'américaine, et ce qui ressemble à un tibia humain. Ce soir-là, il s'arrête dans le Vieux Port et monte en taxi porter sa nouvelle trou-vaille à la Comex.

Delauze fait mettre le bout de métal dans un bac d'eau, avec les autres : tout objet remonté de la mer doit passer un temps plus ou moins long dans de l'eau douce pour se débarrasser des silicates. Quant à l'os, il sera examiné par un biologiste et déclinera son identité quelques jours plus tard : un bœuf ou un mouton, reste vraisemblable du repas d'un plaisancier.

Toute aventure a sa part de grotesque.

Le patron pêcheur rentre chez lui en ruminant ses pensées. Il aurait voulu revoir la gourmette, mais il n'a pas osé le demander. Il s'en veut, il aurait peut-être dû la garder, mais qu'est-ce qui se serait passé s'il avait couru tout de suite montrer sa trouvaille à la presse ? *La Provence*, par exemple, le plus grand journal du coin. Il le sait bien : il aurait eu droit à un bel article, et puis ces beaux messieurs de l'Administration seraient venus chercher le bijou et il se serait retrouvé Gros-Jean comme devant.

À ce moment, il ne sait même pas qu'il y a des héritiers de Saint-Exupéry. Il pense même que la gourmette est à lui. Il est l'«inventeur», lui a dit Delauze, c'est le terme officiel. C'est comme ça qu'on parlera de lui dans les livres : l'inventeur.

Ça la fiche plutôt mal. Il aurait préféré «découvreur». Inventeur, ça fait «embrouilles», c'est-à-dire exagérations, mensonges… La fille de Delauze a bien mis le doigt sur ce qui cloche, dans son histoire : la gourmette est marquée Saint-Exupéry, mais rien ne prouve pour autant qu'elle soit à lui. Il serait allé faire le malin sur le Vieux Port, il se serait bien trouvé une bonne âme pour prétendre qu'il l'avait bricolée en douce avec sa boîte à outils : «Oh, l'inventeur, tu m'inventes un bijou ?»

Au moins, se dit-il, dans les coffres de la Comex, sa découverte est à l'abri. Elle est restée cinquante-quatre ans sous l'eau, elle peut bien rester cachée quelques semaines de plus – le temps de prouver qu'elle est authentique. Et puis, elle va peut-être lui rapporter un peu d'argent, si ça se trouve ? Celui qui a trouvé l'épave du *Titanic* est bien devenu millionnaire, non ? Ça leur trotte dans la tête, à Michèle et à lui, normal. L'année prochaine, il prendra sa retraite et il aura sept mille francs par mois pour vivre. Si la gourmette peut lui rapporter un peu de sous, pourquoi pas ?

En attendant, il va lire la biographie d'Antoine de Saint-Exupéry – et *Le Petit Prince*, s'il a le temps.

Samedi 19 septembre 1998, 9 heures

Un homme brun d'une petite quarantaine d'années débarque à la gare Saint-Charles de Marseille. Il arrive de Cannes.

Visage carré, lunettes à montures noires, cheveux sombres avec une mèche blanche, Philippe Castellano travaille comme imprimeur dans un hôpital. Mais il ne vit que pour exhumer les avions abattus pendant la Seconde Guerre mondiale et ramener leurs équipages dans la mémoire des vivants.

C'est un passeur d'âmes, comme le nautonier Charon. Dans la mythologie grecque, Charon passait l'âme des morts sur son chaland ; de l'autre côté, elles étaient jugées et orientées, les méritantes vers les champs Élysées, les autres vers les Enfers.

Castellano, lui, fait tout ce qu'il peut pour les faire revenir. Son dernier exploit a été de retrouver les restes d'un bombardier Liberator abattu au-dessus de Cannes et d'obtenir que l'on pose une plaque pour remercier ces jeunes Américains morts pour libérer la France.

Curieuse passion, en ces temps d'oubli et d'égoïsme ? Comme toutes les passions. Pourquoi un homme s'enflamme-t-il pour un objet, un principe, une activité ? Parce qu'ils donnent un sens particulier à sa vie. Philippe Castellano a la passion d'Icare, il honore ceux qui sont tombés du ciel.

La semaine précédente, Pierre Becker l'a appelé pour lui apprendre cette nouvelle à laquelle il n'arrive toujours pas à croire : on a retrouvé la gourmette de Saint-Exupéry ! Et à vingt minutes de mer de l'endroit où lui-même et son club, Aéro-Relic, plongeaient il y a un peu plus d'un an ! En plus, c'est le patron du chalutier qu'ils avaient loué ce jour-là qui l'a repêchée !

– Bianco a donné la gourmette à Delauze et la Comex va mettre tous ses moyens en œuvre pour retrouver l'avion. Ils auront besoin d'un historien de l'aviation, je leur ai parlé de toi, on se voit le 19 chez lui. Rendez-vous d'abord au Sofitel…

Non, Castellano n'arrive pas à croire au miracle, et, en même temps, ce miracle lui paraît vraisemblable, mieux : évident et juste. La réapparition de cette gourmette, c'est le point d'orgue d'années de recherches ardues, obstinées, mais jusqu'ici toujours décevantes, menées par des dizaines d'amoureux de Saint-Exupéry, dont lui. Il fallait bien qu'elles débouchent sur quelque chose, il fallait bien que l'on situe le tombeau du plus prestigieux des pilotes.

Castellano prend un taxi et donne l'adresse du Sofitel, boulevard Charles-Livon. Il a regardé sur un plan : c'est vers le fort Saint-Nicolas, avant le début de la Corniche. Il est fatigué, il rentre d'un long séjour aux États-Unis où il a rencontré d'anciens pilotes et des fanas de l'aviation militaire. À peine a-t-il eu le temps de retrouver sa petite famille que le voilà de nouveau sur les routes, mais il ne donnerait sa place à personne : car ce qui se profile là, c'est le sommet de sa vie de chercheur, d'historien, de spécialiste des avions perdus ! Et travailler avec la Comex, ça ne peut être que passionnant…

Oh ! il sait bien ce qu'on va dire si la Comex exhume l'avion : Saint-Exupéry retrouvé, c'est Saint-Exupéry profané, rabaissé au rang de simple curiosité ! Laissez-le donc reposer là où il est, fichez-lui la paix ! Saint-Exupéry n'aurait pas voulu être le mythe qu'il est devenu. Son œuvre, ses livres, oui, mais pas lui : le mythe induit la distance, et Saint-Exupéry n'aimait rien tant qu'être proche des hommes.

Bien sûr, ce qui vaut pour Saint-Exupéry vaut pour tous les autres, ces guerriers, ces pilotes, ces mitrailleurs, ces observateurs, ces navigateurs engloutis par le feu et par l'eau… Mais Saint-Exupéry ! C'est autre chose, Saint-Exupéry ! L'écrivain, le penseur, le pilote de l'Aéropostale, le défricheur des routes du Sud avec Mermoz, Guillaumet, d'autres… Cap-Juby, Dakar, le Brésil, la Patagonie ! Ses aventures inouïes, Philippe Castellano les connaît par cœur. Ses livres sont sur sa table de chevet depuis toujours. Il les lit et les relit sans se lasser : *Courrier Sud*, *Vol de nuit*, *Pilote de guerre*, *Le Sens de la vie*, et même *Citadelle*, si ardu…

Saint-Exupéry qui est retourné se battre, seul, humblement, en 1944, dans une escadrille de reconnaissance photographique, alors qu'il aurait pu jouir tranquillement de sa gloire. Saint-Exupéry disparu trois mois plus tard, volatilisé !

Castellano a bien cru le retrouver, il y a seize mois, à La Ciotat. En fait, il n'y avait pas un, mais deux Lightning P-38 de type G qui gisaient au fond de l'eau : celui du sous-lieutenant Harry Greenup et, à moins de cinq kilomètres de là, celui du lieutenant Jim Riley. Ils ont été abattus ensemble, le 27 janvier 1944. Un temps, on a pensé qu'il y en avait un troisième, piloté par un certain lieutenant Fisher, mais on sait depuis qu'il a disparu en vue de la Corse...

Celui qu'ils ont remonté avec le chalutier de Jean-Claude Bianco, c'est l'avion de Jim Riley. En l'absence de plaques, il l'a identifié par déduction, il y a quelques mois.

N'empêche, tout le monde a pu croire un moment que l'avion qu'ils venaient de relever était celui de Saint-Exupéry. Il est vrai qu'on a cru successivement le trouver au large de Fos-sur-Mer, en 1983 – mais c'était l'avion de Thomas Maloney –, et en baie d'Agay, devant le château de la sœur de Saint-Exupéry – mais là, ce n'était pas un P-38.

En baie d'Agay! C'eût été trop beau: Saint-Exupéry venant mourir là où il avait été heureux, sous les yeux de sa mère et de sa sœur cadette, dans une sorte de retour au giron de l'enfance!

Mais pourquoi pas, après tout?

Il y a une semaine, une des premières choses qu'a faites Castellano, après le coup de fil de Becker, a été d'appeler Françoise Bastide.

Elle faisait partie de l'expédition Aéro-Relic de La Ciotat – c'est elle qui a jeté à la mer une couronne de fleurs à la mémoire du pilote disparu –, ils se connaissent depuis dix ans, et pourtant elle vient d'un autre monde que le sien: Françoise est une intellectuelle avec une vie compliquée et des goûts raffinés – ses enfants ne s'appellent-ils pas Aristote, Nora et Circé? Pendant des années, elle a été l'adjointe à la culture de Cannes, gérant le Festival, les musées, les expositions, tout ce qui relève de la création et de la vie de l'esprit, puis elle a jeté l'éponge, dégoûtée par la corruption des politiques. De ces années-là, elle garde une affection violente pour tous ceux qui s'engagent sincèrement et sont trahis par les puissants.

Ils s'appellent donc régulièrement, ils se voient pour parler du Petit Prince. Elle est tellement habitée par son sujet que Castellano se demande parfois quel manque existentiel cette femme étonnante comble dans sa lecture incessante de Saint-Exupéry et dans la connaissance encyclopédique de tout ce qui se rattache à lui.

Mais, après tout, quel vide comble-t-il, lui, de son côté? Il suffit qu'ils se soient retrouvés autour d'une commune passion pour les anges humains, ces êtres généreux qui s'offrent en sacrifice à l'humanité et ne demandent rien en échange.

À peine a-t-elle décroché qu'il lui a demandé:

— Françoise, c'était quoi, le prénom de la femme de Saint-Exupéry?

— Consuelo. Mais pourquoi me demandes-tu ça?

— Ils ont retrouvé une gourmette lui appartenant! Dans la mer! Avec Antoine de Saint-Exupéry et Consuelo gravés dessus!

— Tu plaisantes?

— Non! Je t'assure!

À l'autre bout du fil, la jeune femme s'est reprise avec peine — son cœur bat fort.

— Je le savais, Philippe! Ça n'était pas possible qu'il disparaisse ainsi, alors qu'on avait tant besoin de lui. Une gourmette, dis-tu? Qui? Qui l'a trouvée?

— Jean-Claude Bianco, le patron de *L'Horizon*!

— Notre Jean-Claude? Celui de La Ciotat?

– Lui-même!

– Il l'a trouvée comment?

– En remontant son filet! Tout près de Marseille!

– Tout près de Marseille!

Elle en aurait pleuré.

– Alors, il est là-bas? Antoine est là-bas? Pas loin d'Agay!

– À cinq minutes de vol.

Ils pensaient tous les deux la même chose: Antoine volait peut-être vers Agay. Il devait vouloir survoler le château, saluer sa mère et sa sœur d'un balancement d'aile, avant de piquer sur la Corse. J'arrive, la Libération est bientôt là, attendez-moi, ma chère maman, attends-moi Gabrielle, bientôt je vous serrerai dans mes bras…

Ils sont très émus l'un et l'autre.

– Écoute, Françoise, Becker a parlé de moi au président Delauze, le patron de la Comex. Tu connais la Comex?

– Bien sûr!

– Ils vont chercher l'avion. Ils ont tout ce qu'il faut. Bianco a signé un contrat avec Delauze.

– Ils te mettent dans le coup?

– Je serai leur consultant en aviation.

– Oh, Philippe, c'est merveilleux! Alors, tu vas voir la gourmette?

– J'ai rendez-vous avec Becker et Bianco, chez Delauze.

– Je t'envie! Tu me raconteras?

– Bien sûr!

Il y est. Le taxi vient de s'arrêter devant le Sofitel.

1942

Pilote de guerre paraît au début de février 1942.

Ce n'est qu'un livre, mais c'est un choc. Rien de ce qui a paru depuis ne l'égale, ni ce qu'il dit ni la façon dont il le dit. La guerre, quand on la racontait, était une chanson de geste. Avec Saint-Exupéry, elle devient une méditation au-dessus des hommes, et sur les hommes. La hauteur de vue est en tout point renversante.

Que dit le livre d'Antoine ? À l'Amérique qui jette maintenant ses enfants dans la bataille, il dit que le sacrifice individuel est à l'humanité ce que la pierre est à la cathédrale : la partie d'un ensemble qui l'élève et la transcende. Antoine dit et répète que nous sommes, tous ensemble, un équipage, et que seul l'équipage peut nous sauver au-dessus des terres obscures. Il dit la fraternité, le sens de l'effort, il dit – superbement – une vérité bonne à entendre, et qui paie chacune et chacun des efforts consentis pour vaincre la tyrannie : que le sens de nos efforts naît de l'effort même.

Pilote de guerre rencontre immédiatement son public, c'est-à-dire qu'il rencontre l'Amérique tout entière. Car chaque famille a l'un des siens qui se bat ou travaille pour la guerre, et tandis que les usines dégorgent d'immenses quantités de matériel, les camps entraînent des milliers de jeunes gens, les ports expédient d'interminables convois qui traversent l'Atlantique sous le feu des sous-marins allemands. Pendant ce temps-là, le Japon avale l'Asie, île après île, pays après pays, les Anglais bombardent Berlin, un combat de géants se livre en mer de Corail…

L'hiver russe va bientôt briser la Wehrmacht. En septembre commencera le siège de Stalingrad, qui va sceller le sort de l'Allemagne.

À New York, Antoine continue de collectionner les maîtresses. Mais – et c'est nouveau – il dessine aussi tout le temps, et toujours un petit garçon blond avec une longue écharpe. En le voyant, Curtice Hitchcock lui suggère d'écrire un conte d'enfants pour adultes; c'est une drôle d'idée, mais elle plaît à Saint-Exupéry, car qui mieux qu'un enfant peut porter la bonne parole dans ce monde en charpie?

Le Petit Prince, puisqu'il s'agit de lui, sera perdu dans le désert – on aura reconnu l'auteur – et dialoguera avec une rose «unique au monde», capricieuse et pleine de mauvaise foi – on aura reconnu Consuelo.

Celle-ci, quand vient l'été, loue une maison en bois au bord de la mer, pour que «Tonio» puisse travailler tranquillement. Mais de retour à New York, Antoine s'ennuie; il tourne et retourne, il est odieux. Il veut se battre à nouveau, il ne rêve plus que de cela. Le monde entier se bat, sauf lui.

Le 8 novembre, les Alliés débarquent en Afrique du Nord; généraux et amiraux de Vichy les accueillent à coups de canon avant d'être balayés. La reconquête continue, elle a déjà commencé à Stalingrad et à El-Alamein...

À New York, on reproche de plus en plus à Saint-Exupéry son angélisme, quand ce n'est pas une complaisance suspecte envers le régime honni de Vichy. Les gaullistes le traitent de fasciste, le bien-aimé Jacques Maritain lui fait une querelle épuisante.

Il est seul, raidi dans son absence de convictions partisanes, mais désavoué par les faits : la France, c'est maintenant et ce sera de Gaulle. Celui-ci a réussi à incarner son pays face à Roosevelt, à Churchill et à Staline.

Antoine veut quitter les États-Unis, retourner en France pour se battre, et mourir.

– Qu'il y reste! décrète de Gaulle, cinglant. Il est juste bon à faire des tours de cartes.

Samedi 19 septembre 1998, 9 h 30

Quand Philippe Castellano entre au bar du Sofitel, Pierre Becker est seul à une table, devant sa tasse de cáfé. Bianco n'est pas encore arrivé.

Les deux hommes se saluent avec effusion, ils sont contents de se voir, difficile pourtant de trouver plus dissemblables que ces deux-là. Rien ne les rapproche, ni leurs métiers, ni leur statut social, ni leurs convictions, mais tous deux partagent bien davantage : une passion, celle des épaves et de leur histoire.

Carré, le physique d'un baroudeur, le patron de Géocéan voit parfois arriver dans ses ateliers des morceaux de métal, des pièces de bois rongées par plusieurs décennies d'immersion, voire de pathétiques objets qui témoignent d'un drame oublié. À lui de les traiter, de les préserver de la corrosion accélérée par un retour à l'air libre, et de les faire parler… Quand il s'agit d'un avion de la Seconde Guerre mondiale, allié comme allemand, il s'adresse souvent à Castellano, dont les connaissances encyclopédiques et la curiosité dévorante sont d'un appui précieux.

Si le PDG de Géocéan aime les épaves et les trésors, elles ne sont pourtant pas la vocation première de la holding. Installée à Aubagne, celle-ci est spécialisée dans les travaux maritimes extrêmes. Elle conduit aux quatre coins du monde des chantiers aussi divers que la pose de conduites de pétrole, les installations off-shore, le nettoyage des côtes ou la prospection d'eau douce. Géocéan a ainsi travaillé au tunnel sous la Manche et colmaté les brèches du *Prestige*, au large de La Corogne, afin de récupérer son pétrole.

Becker rentre d'Indonésie, demain il repartira pour le golfe du Mexique, c'est un homme très occupé qui a bien réussi dans la vie et qui en est fier. Castellano, lui, est un modeste autodidacte aux valeurs de justice bien ancrées, qui se dispense sans compter pour un idéal et jamais pour son bénéfice personnel. Ce matin-là, ils ne sont plus que des gamins impatients qui trépignent devant leurs cafés : enfin, ils vont voir la fameuse gourmette qui les fait rêver depuis dix jours !

Un peu plus tard, Jean-Claude les rejoint. Les trois hommes ne se sont pas revus depuis mai 1997, et les retrouvailles sont chaleureuses. Le pêcheur s'amuse de voir les deux hommes si excités : décidément, sa petite découverte a le don d'enflammer les imaginations !

– Formidable ! C'est formidable que ce soit toi qui l'aies trouvée ! exulte Castellano. Le monde est petit, tout de même !

– Cette fois-ci, on devrait réussir, rêve Becker en mordillant les branches de ses fines lunettes. Le matériel de la Comex plus notre expérience…

– On prend les mêmes et on recommence ! rigole Jean-Claude.

On le prie de raconter une nouvelle fois comment il a trouvé la gourmette et il s'exécute bien volontiers.

Castellano est abasourdi.

– Saint-Exupéry serait donc devant les calanques ? Mais personne n'a jamais rien vu tomber là-bas !

– Bah ! Des avions, il y en a plein, devant Pomègues, le Planier...

– Mais pas des P-38 ! J'ai répertorié tous ceux tombés en Méditerranée entre 1943 et 1944, il y en a dix en tout : Riley à La Ciotat, Greenup aux Lecques, Fischer en Corse, Maloney tombé devant Fos, Meredith descendu entre la Corse et le continent, Henry Ray disparu vers Toulon, Cole repêché au large de Menton, Mailley devant le cap Camarat...

– Il en manque deux.

– Raoul Agliany disparu au large d'Istres, et Saint-Exupéry, bien sûr...

Il continuerait comme ça jusqu'au soir, mais Becker jette un coup d'œil à sa montre et l'interrompt :

– Henri va nous attendre. Allez, on y va !

Ils n'ont qu'à descendre une centaine de mètres pour se retrouver devant le portail de Saint-Nicolas – c'est ainsi que l'on désigne la maison de Delauze, à la Comex. Passé le visiophone, le portail de bois, et descendu une large allée bordée de rosiers et de lauriers, on découvre une enfilade de toits en cuivre verdi, de grands murs en verre, des pilotis en bois tropical et un long appontement : c'est la maison du président de la Comex.

Elle donne sur l'entrée du Vieux Port, et le fort Saint-Nicolas la surplombe de toute sa masse. Lumineuse, chaleureuse et sans manières, avec les pieds dans l'eau, elle n'a pas d'équivalent parmi les riches demeures bourgeoises qui regardent la mer de haut depuis leur promontoire. En fait, l'architecture générale, l'emploi des matériaux et jusqu'à l'emplacement de ce qui fut un petit chantier naval jusqu'en 1981, tout cela rappelle les années californiennes d'Henri-Germain Delauze. Invité par l'université de Berkeley à suivre un master de géologie marine, celui qui n'était encore qu'un jeune ingénieur a côtoyé là-bas la génération hippie – et sa contre-culture –, qui avait fait de Sausalito, un petit port sur la côte nord de San Francisco, son fief ; Henri-Germain et sa jeune épouse Philbée ont passé là des moments de pur bonheur, dans des maisons ou sur des bateaux ouverts à tous les vents. Le maître des lieux accueille les trois amis sur le pas de la porte. Les voilà dans un vaste bureau encombré de maquettes de bateaux et de trophées, dont de très belles pièces fondues à partir de vieux lingots de cuivre romains repêchés sur une épave. Becker présente Castellano à Delauze. Sans plus les faire attendre, leur hôte sort du coffre l'écrin de serpent rouge et en extrait la gourmette.

Silence.

C'est comme si la foudre était tombée au milieu d'eux.

Delauze échange un petit sourire avec Bianco.

« Un des moments les plus émouvants de ma vie », avouera plus tard Philippe Castellano.

Il a toutes les peines du monde à ne pas trembler en prenant la relique.

– Elle est drôlement esquintée…

Il épouse du doigt les lettres, les reliefs, le métal, il fait jouer les maillons…

– Dire qu'il l'avait sur lui ! Saint-Exupéry.

C'est comme si la stature du géant apparaissait soudain dans le bureau plein de lumière, familière et tremblante, mais sitôt retournée à l'ombre…

Becker ne décoche pas un mot quand Castellano lui tend le bijou, mais son expression en dit plus qu'un long discours. Il fait jouer les maillons, lui aussi, secoue la tête et soupire. Son émotion est palpable.

À contrecœur, il repasse le bijou à Bianco.

Pour Jean-Claude, c'est différent, bien sûr. Différent, mais pas comme il l'aurait cru : le petit lingot qu'il y a douze jours encore il mettait dans sa poche sans y penser a acquis avec le temps une sorte de poids, d'épaisseur. D'étrangeté, surtout : il sent autour de lui comme une espèce d'onde de choc permanente – il ne saurait dire les choses autrement.

Comme si tous ceux qui la touchaient en étaient transformés.

– Je vais vous chercher les morceaux qu'a repêchés Jean-Claude, propose Delauze. Vous me direz si ça vient bien d'un avion.

Et là se produit un incident que les protagonistes raconteront ensuite de façons différentes. Becker sort de sa poche un appareil photo : il lui paraît impossible de ne pas garder au moins un souvenir de ce moment-là, alors il cadre en cachette la gourmette et appuie sur le déclencheur.

Et Delauze le surprend. Delauze sait ce que vaut une photo, si mal faite soit-elle, dans un monde où l'image fait loi. Il sait ce qu'on peut en faire ou ne pas en faire, comment on peut la manipuler, lui faire dire la vérité ou n'importe quoi. Il sait surtout que, si elle sort de ce bureau, c'en est fini du pacte qui les unit tous. Il exige que Becker lui remette l'appareil.

Becker se défend, bien sûr. Ce n'est qu'une image, pour lui, pour eux ! Mais Delauze insiste :

– Donne-moi cet appareil!

Leur querelle flambe, puis s'apaise. Becker promet de ne rien montrer et garde l'appareil – il tiendra sa promesse et nul ne verra jamais la photo. Pourtant, Delauze avait raison, de toute évidence : si la moindre photo était sortie de Saint-Nicolas à ce moment-là, il n'y aurait plus eu de secret.

Quand ils se quittent, le président de la Comex a proposé à Castellano de suivre toutes les recherches sur le *Minibex*. Il aura sa place comme expert en aviation, il dormira et prendra ses repas sur le bateau.

Castellano rayonne.

Bianco pourra embarquer chaque fois qu'il le voudra, et surtout quand il le pourra – *L'Horizon* ne peut se passer de lui très longtemps. Quant à Becker, qui repart le lendemain à l'autre bout du monde, il sera parmi les premiers informés dès que l'on remontera l'avion.

Parce qu'on va le remonter, bien sûr. Personne n'en doute.

Un trésor n'est rien sans les hommes qui le convoitent – rien qu'un peu de métal, ou son équivalent, caché dans un repli du temps. Ce temps, lourd d'Histoire et de secrets, c'est ce qui réunit les comploteurs qui se quittent ce jour-là sur le trottoir du boulevard Charles-Livon. Ce qui les rassemble, les soude.

Car, si différents soient-ils, ces quatre hommes entretiennent tous avec le passé, leurs racines, la mémoire et l'Histoire un rapport d'une exigence peu commune.

Jean-Claude Bianco, le pêcheur, est l'un de ces immigrés italiens de la troisième génération devenus plus français que les Français. Il est profondément, viscéralement enraciné à Marseille et à ses chères calanques, mais son humus premier est ailleurs, loin. À cet homme qui a deux histoires, on doit d'en avoir exhumé une troisième, celle de Saint-Exupéry, une histoire qui est un peu celle de tous les hommes.

Le président Delauze est un *self-made-man*. Il a dû se battre dès l'enfance pour sortir du monde agricole de ses ancêtres, survivre à la ruine paternelle, à la solitude de la pension, et enfin percer dans un métier dangereux. Il a fait son chemin, durement, en prenant tous les risques. Le temps lui est compté, comme à chacun, mais il sait l'utiliser pleinement. Il va mettre ses énormes moyens à la disposition d'une aventure hors du commun.

Pierre Becker est le fédérateur. Il est aussi, et surtout, un chef d'entreprise ambitieux, toujours entre deux cieux, deux terres, deux eaux : le temps, pour lui, est un capital qu'il entend rentabiliser. Il n'a pas trouvé la gourmette, mais c'est chez lui que l'avion échouera, si on le trouve, pour qu'il le nettoie et l'examine.

Un pêcheur, un président, un fédérateur… il manquait un passeur. C'est Castellano. On l'a dit, ce romantique s'est donné pour mission de faire revenir parmi les vivants l'âme perdue des morts. À l'hôpital qui l'emploie, il imprime tous les documents, les circulaires, ce qui deviendra des archives : pour lui, le temps a l'odeur du papier et l'éternité de l'Esprit. Il faut qu'un illuminé comme lui soit là quand viendra l'heure de reconnaître Antoine de Saint-Exupéry parmi les ombres…

Il se trouve, bien sûr, que le pêcheur est aussi quelque part un passeur, le passeur un fédérateur, le fédérateur un président, et le président un pêcheur. Outre cela, et sans doute aussi pour cela, ces hommes aiment tous Antoine de Saint-Exupéry. Le président parce qu'il l'a lu.

Le fédérateur parce qu'il l'a lu.

Le passeur parce qu'il l'a lu.

Il n'y a que le pêcheur qui ne l'a pas encore lu, mais il y a deux jours, il a acheté à Marseille la biographie d'Antoine de Saint-Exupéry écrite par le journaliste et écrivain Éric Deschodt, *Le Petit Prince*, et, en livres de poche, *Courrier Sud*, *Vol de nuit* et *Terre des hommes*.

Et lui aussi a commencé à lire Antoine de Saint-Exupéry. Dans les semaines qui suivront, il découvrira peu à peu le personnage stupéfiant qu'il vient de ressusciter.

Plus qu'un pilote, un aventurier.

Plus qu'un aventurier, un écrivain.

Plus qu'un écrivain, un penseur.

Plus qu'un penseur, un homme.

Et plus qu'un homme, un fragment d'humanité relié à toute l'humanité, c'est-à-dire aussi à lui, Jean-Claude Bianco.

C'est là qu'interviendra Françoise Bastide. Elle aidera le pêcheur à peser cette filiation secrète, souterraine mais essentielle.

Elle sera la lectrice.

1943

L'année qui commence sera le tournant de la guerre, tout le monde le sait. À Berlin, on fourbit de nouvelles armes. La Gestapo et les SS poursuivent l'extermination des Juifs et des Tziganes, tandis que les prisonniers russes, les opposants intérieurs et les résistants capturés travaillent jusqu'à la mort dans des usines d'armement bombardées, encore et encore, par les Alliés.

La férocité japonaise se déchaîne en Chine, en Corée, en Birmanie, en Indonésie… Chaque parcelle d'île arrachée par les Américains aux soldats fanatisés de Tokyo se paie d'un bain de sang. Dans le Pacifique, d'immenses batailles envoient par le fond des flottes entières, tandis qu'à Los Alamos, dans le plus grand secret, les savants atomistes travaillent à la bombe.

Depuis plusieurs semaines, Antoine de Saint-Exupéry persécute un général français venu à New York chercher des armes pour l'armée d'Afrique : il s'appelle Béthouart, c'est l'envoyé de Giraud, il cède devant la pression impétueuse du géant.

Antoine reçoit sa feuille de route le 10 avril. Le revoilà soldat.

Il a quarante-trois ans, mais en paraît dix de plus. Il est l'un des plus importants écrivains et penseurs français du XXe siècle et il vient de publier *Le Petit Prince*, qui deviendra le deuxième ouvrage le plus traduit dans le monde, après la Bible. Mais usé, amer, en plein désarroi, il s'en va.

Il retraverse l'Atlantique en trois semaines, parmi cinquante mille soldats, et débarque à Alger le 4 mai. Son ami le Dr Pélissier l'héberge de nouveau. C'est là que le retrouve Gavoille, le cher compagnon de l'escadrille 2/33, laquelle existe toujours, du moins sur le papier.

Antoine est chez Icare, parmi les siens.

Il va voir Giraud, le rival de De Gaulle. Giraud lui promet de remonter jusqu'à Eisenhower pour qu'on donne une dernière chance au malchanceux et qu'on fournisse une monture au cavalier seul.

C'est fait. Antoine pilotera un P-38, le fameux monoplace bimoteur bipoutre Lightning, ultrarapide, capricieux, épuisant : deux cents instruments à surveiller sur le tableau de bord, des contrôleurs de vol qui ne parlent que l'anglais alors qu'il est incapable d'en aligner dix mots, une cabine sans pressurisation alors qu'il devra monter à dix mille mètres... L'état-major américain est furieux : ces pur-sang coûtent une fortune, que vient faire ici ce vieux jockey perclus de douleurs ?

Il doit tout réapprendre, après l'interminable interlude américain.

Il s'entraîne donc. Durement.

Son vieux copain Gavoille le surveille de près : n'est-il pas aussi le parrain de son garçon ? Antoine n'a pas piloté depuis deux ans, mais la magie opère – il l'a chevillée au corps depuis son adolescence. La magie, mais pas le bonheur. La gravité l'a rattrapé, il le sent, il le sait. Il vient toujours un moment où l'homme songe à mourir, et il n'a pas d'enfant pour le retenir.

Le 21 juin, pourtant, il est promu commandant. Le 28, il perd un complice admirable, Hochedé, le Hochedé de *Pilote de guerre*. Disparu en mer.

Le 21 juillet, première mission de guerre, depuis la Tunisie. Aller-retour au-dessus du Rhône, six heures de vol. Le «vieux» se tient bien.

Mais le 1er août, il rate son atterrissage et casse le pur-sang sous lui.

Les Américains sautent sur l'occasion et l'interdisent de vol. On le mute à Alger dans l'attente d'une autre affectation.

Il va l'attendre dix longs mois, alors que tous les autres se battent. Désespoir, humiliation, révolte : il n'est plus pilote, il n'est qu'un écrivain. Un écrivain qui travaille depuis huit ans à *Citadelle*, un livre qui est comme son malheur : il n'en finit pas.

Churchill, Roosevelt et Staline se rencontrent à Téhéran. Les Alliés libèrent la Corse et débarquent en Italie. Dans six mois, ils seront en France. À la fin de l'année 1943, l'espoir est là.

26 septembre 1998, 19 heures

Depuis trois jours, le *Minibex* est sur zone, traînant son poisson-sonar au bout de son ombilic. Le temps est redevenu infect. Jean-Claude s'en est retourné pêcher. C'est son métier, il faut bien faire bouillir la marmite. Il croise tous les jours le bateau de la Comex et appelle régulièrement Delauze.

– Alors, président?

– Alors, rien, monsieur Bianco.

Becker, lui aussi, appelle tous les jours, depuis le Mexique. Delauze lui fait la même réponse.

Des dizaines et des dizaines d'avions ont été abattus en 1944. La côte est pleine d'anges foudroyés, leurs os reposent dans des cimetières, leurs âmes dans les mémoires. Parfois, souvent, il ne reste plus rien. Un amiral a repêché une sacoche dans le golfe de Giens, avec un échiquier dedans – Saint-Exupéry était imbattable aux échecs. À Carqueiranne, on vous montre une tombe, dite «de l'aviateur». Des indices, il n'y a eu que ça pendant toutes ces années, mais là, il n'y a rien…

Il faut avouer que le bilan des premiers jours de «*survey*» n'est guère brillant. Le valeureux petit sonar a promené son œil avide de Riou à Cassidaigne sur soixante kilomètres carrés, mais pour pas grand-chose. Quelques monticules suspects – on a noté leur position –, mais rien qui ressemble à un «deux queues», fût-il en morceaux.

Au total, des dizaines d'heures à parcourir inlassablement la mer par bandes de trois cents mètres de large, en les recoupant... Aller-retour, aller-retour, un travail fastidieux, fatiguant – et puis, le *Minibex* coûte tout de même cinquante mille francs par jour à la Comex!

«On n'en est qu'au début des recherches», se rassure Delauze. N'empêche, il espérait bien trouver quelque chose.

Un soir, il a une longue discussion avec Philippe Castellano autour des débris remontés par Bianco. Le passeur et le président se tutoient, ce sont des plongeurs tous les deux... Ce bout de métal, plus long que les autres, qu'a trouvé Bianco, ne serait-ce pas l'antenne radio d'un Lightning?

Le Cannois est venu avec ses dossiers, il sort des photos, les étale: des P-38 modèles 122, 222, 322, 422, 522... Et parmi tous ces modèles, plusieurs versions différentes, avec des équipements différents, ayant servi sur des théâtres d'opérations différents.

– Au total, résume Castellano d'un ton docte, Lockheed a fabriqué près de dix mille Lightning, employés pour l'essentiel comme chasseurs ou comme appareils d'escorte de bombardiers, et ce, sur tous les fronts. L'appareil a subi au cours de sa carrière pas moins de sept cents modifications majeures et vingt mille modifications mineures: en temps de guerre, on a perfectionné les modèles au feu. Sur les neuf mille et quelque appareils construits, il y a eu deux cents Lightning en version F-5B livrés en dotation aux unités aériennes du front occidental qui nous intéressent, dont les avions affectés à l'escadrille 2/33 basée en Tunisie, puis à Borgo. Le F-5B n° 42-68223, c'est celui qu'a pris Saint-Exupéry, le matin du 31 juillet 1944. Voilà à quoi il ressemblait...

Il sort une photo que Delauze connaît déjà, car elle a été publiée un peu partout: prise par un photographe de *Life*, John Phillips, elle montre l'avion au point fixe, hélices tournant, sur le terrain de Borgo. On voit clairement les grandes ouvertures en losange de part et d'autre du nez, pour les objectifs des appareils photo. Au premier plan, un homme va donner le départ: c'est René Gavoille.

Saint-Exupéry est bien visible dans le poste de pilotage. Visage comprimé par le casque de cuir, gros yeux un peu saillants... Dans deux mois, jour pour jour, cet homme mourra.

Il y a une antenne, toute droite, sur le capot. Delauze et Castellano comparent avec leur morceau d'aluminium. Difficile de se prononcer: un Lightning était composé de plusieurs centaines de pièces. Ce qui est sûr, en revanche, c'est que les deux autres débris proviennent bien d'un appareil américain: les rivets sont effectivement du type «aviation». Pour le reste...

– Bianco est formel? Il les a bien pêchés au sud-est de Riou?

– C'est bien ça l'embêtant. Les pêcheurs se débarrassent là-bas de tout ce qui les gêne: les vieilles coques, les débris de filet, même des réfrigérateurs! Au plus près de la falaise. C'est un dépotoir, quoi...

– S'ils avaient accroché une carlingue d'avion, ou un moteur, on le saurait, avec le temps, non?

– Ils l'ont peut-être fait, mais sans le savoir; là-haut, tu avais deux moulins de mille cinq cents chevaux qui tiraient! L'avion a eu le temps de se démantibuler, les filets l'auront éparpillé en morceaux de plus en plus petits...

– Ah, merde, fait Castellano.

– Oui. Ça veut dire qu'il faut chercher des débris, et pas un avion.

– Je croyais qu'on aurait une touche, avoue Castellano, dépité. C'est vraiment comme s'il s'était volatilisé…

– Ne te décourage pas, tempère Delauze. Même quand on a l'endroit exact d'un naufrage, le journal de bord du bateau et les récits de l'époque, on tombe rarement dessus du premier coup.

– Je sais. La mer brasse tout, les témoins se trompent… C'est un peu comme si on cherchait une aiguille dans une botte de foin…

– À cela près qu'on a un bel aimant. Bon, la semaine prochaine, on reprend les recherches, mais en haute résolution sonar. Tu verras, on arrive à distinguer un pneu d'un hublot.

– Mais si ce sont maintenant des débris, les courants sous-marins ont pu les pousser plus loin que Cassidaigne, non?

– Non. Il y a là-bas une conduite de l'usine Pechiney de Gardanne – un gros tuyau de cinq kilomètres de long qui rejette les boues d'alumine dans la fosse, à plus de mille mètres de profondeur. Ça fait barrage.

– Alors, les débris de l'avion se sont peut-être accumulés contre cette conduite…

– Possible. On ira voir.

– On doit retrouver Saint-Exupéry, Henri! On le doit absolument.

– On fera l'impossible, Philippe.

Le président sourit; il pense au célèbre aphorisme de Saint-Exupéry, qui pourrait tout à fait convenir au passeur: « *Faites que le rêve dévore votre vie pour que la vie ne dévore pas votre rêve.* »

1944

En Europe, la guerre va sur sa fin.

Antoine est un proscrit, un exilé. Désœuvré, oublié, malade d'injustice et d'incompréhension, il erre. À Casablanca, chez son ami le Dr Henri Comte, le jeune Jean-François – onze ans – l'entendra se plaindre : « *Ils ne veulent plus que je pilote. Je ne sers plus à rien.* »

En ce début d'année, le voilà à Tunis. De retour à Alger, on lui propose enfin de l'affecter dans une escadre de bombardement, sur un B-26, en Sicile. Il se rapprochera ainsi de sa chère 2/33 basée pour le moment à Naples.

Là-dessus, il apprend que la première ligne de ses adversaires n'existe plus – les officiers américains qui ne voulaient pas de lui ont été mutés. Il lance donc son fou contre le roi – en l'occurrence, l'état-major du général Eaker. Le fou, c'est John Phillips, un sympathique admirateur qui travaille comme correspondant de guerre à *Life*.

Phillips va voir le colonel Tex McCrary. Tex intervient. Fin avril, Eaker autorise enfin le « damné français » à rejoindre l'escadrille 2/33.

Enfin !

Côté français, un grand résistant, Henri Frenay, aplanira les choses, avec l'aide de Pierre de Bénouville, gaulliste, et de Fernand Grenier, communiste.

Le 8 mai, Antoine débarque en Sardaigne, où vient d'arriver la 2/33. Il est accompagné de John Phillips, à qui il a promis un article en échange de son intervention. Les deux hommes donnent un banquet de retrouvailles, pantagruélique. L'escadrille, formée de gamins de vingt ans endurcis par la proximité quotidienne avec la mort, retrouve avec joie cet aîné singulier qui pense comme un enfant et réfléchit avec la fraîcheur et l'exigence d'une âme neuve. Personne n'a oublié ses tours de cartes, ses inventions stupéfiantes, ses improvisations torrentielles, et surtout pas le cher Gavoille.

Antoine reprend donc l'entraînement, toujours aussi distrait et talentueux : sur terre, il n'éteint jamais les lumières et laisse l'eau couler dans les lavabos ; en l'air, il oublie de sortir son train d'atterrissage à temps ou d'activer son transpondeur. Gavoille s'inquiète de plus en plus.

Missions de guerre le 8 juin (feu de moteur), le 14, puis le 15 (panne d'inhalateur, retour à la base), le 23, le 24 (incident de réservoir), enfin le 29 (il atterrit avec un seul moteur). C'est ce jour-là qu'il rentre par les Alpes, la plaine du Pô, Gênes… Une folie, brillamment conduite jusqu'au bout. Les photos sont excellentes.

En juillet, la 2/33 s'installe à Borgo. Les préparatifs du débarquement de Provence s'accélèrent, il faut toujours plus de photos de la France occupée. C'est là qu'Antoine écrit sa *Lettre à un Américain*, bouleversante et prémonitoire. L'ouvrage d'un voyant : « *Si même un jour vos techniciens de la paix lèsent quelque chose de la France, au nom de leurs intérêts politiques et matériels, ils trahiront votre véritable visage. Comment oublierais-je pour quelle grande cause le peuple des États-Unis a combattu ?* »

Et puis, un soir, Gavoille le voit dans sa chambre, triste et désabusé. Antoine lui confie qu'il ne reverra pas le continent et lui demande de garder la mallette où il serre le manuscrit de *Citadelle* pour le remettre à qui de droit, après…

Après quoi ? Qui sait ce qui se passe dans la tête d'un homme ?

Antoine écrit à Sylvia Hamilton, qui fut plus qu'une amie, à New York : « *Je me déteste bien trop pour souhaiter de revenir.* » Il écrit à Pierre Dalloz, l'ami du Vercors : « *Si je suis descendu, je ne regretterai absolument rien.* » Il écrit à un correspondant dont on ne sait rien : « *La vertu [...] c'est d'accepter d'être tué en simple charpentier.* »

Sans doute pense-t-il, écrit-il ou téléphone-t-il à Nelly de Vogüé, le grand amour de ses dernières années sur terre. Et sans doute écrit-il à sa mère, Marie de Saint-Exupéry, qui ne recevra sa lettre qu'un an plus tard.

À Consuelo, un peu avant, il a envoyé une lettre d'amour très grave. Consuelo, qui est restée en Amérique : « *Ah, Tonio, mon bien-aimé, c'est terrible d'être la femme d'un guerrier !* »

Le 31 juillet 1944 est un lundi. Antoine passe la soirée de la veille au restaurant, enchaînant tour de cartes sur tour de cartes. Il ne dort pas dans sa chambre.

Il réapparaît à l'aube, fusille du regard le pilote qui allait partir à sa place, déjeune, consulte son plan de vol et monte dans la Jeep qui l'emmène à son avion.

Le 223.

Il décolle à 8 h 45 du matin.

Pour toujours.

5 octobre 1998

— Alors ? demande tous les jours Jean-Claude au téléphone.

— Toujours rien, répond le président.

Les recherches ont repris. Il fait toujours mauvais temps. Ce jour-là, le pêcheur est à bord du *Minibex*. Delauze lui explique ce qu'ils ont fait les jours précédents.

– On a vérifié les points suspects relevés au sonar la semaine dernière, on les avait classés par ordre d'importance, des plus gros aux plus petits. Il n'y a rien.

– J'ai repensé à quelque chose, président, hasarde le pêcheur, penché sur la carte des fonds. Il y a deux ans, j'ai perdu un filet par là

Il montre un point sur la carte, à deux milles au sud du Planier.

– On a bien essayé de le remonter, il n'y a pas eu moyen, alors j'ai dû couper les câbles.

– Et vous pensez à quoi ?

– Je crois me souvenir que mon père a remonté par là un cockpit d'avion, je ne sais plus en quelle année. Il est allé le jeter au pied du talus du Planier.

– Bon, eh bien, on va aller voir.

Vingt minutes plus tard, ils sont à l'endroit indiqué. Le *Minibex* s'immobilise, le capitaine saisit les coordonnées GPS dans l'ordinateur de bord, et le système de positionnement dynamique entre en action. Reste à espérer que la mer ne se creuse pas davantage, car le bateau prendrait alors un roulis qui risquerait de compromettre les opérations.

Vite, on descend le «poisson». Deux minutes plus tard, un écho apparaît. Une masse fuselée, noire, presque en dessous du bateau.

– C'est du gros! confirme Nicolas Vincent, le chef océanographe. Moins cent vingt mètres.

– Envoyons le ROV! décide Delauze.

D'un seul coup, la tension devient palpable. On a quitté la phase un du simple repérage, on entre dans la phase deux. La phase trois, ce sera le *Remora 2000,* quand deux hommes descendront confirmer *de visu.*

Bianco et Delauze sortent pour regarder la manœuvre.

On descend une cage au-dessus de l'endroit visé; de cette cage sort un robot télécommandé, assemblage cubique de moteurs, d'hélices, de bras hydrauliques, de pinces et de phares, avec un sonar devant et un cordon ombilical d'une bonne centaine de mètres derrière, qui le relie à la cage.

Le treuil ronronne. La cage disparaît.

Delauze et son invité rentrent se mettre à l'abri : le grain vient d'arriver.

Les minutes passent. Les vagues ont forci et claquent sur la coque.

Un haut-parleur égrène :

– Moins cent! Moins cent dix! Moins cent vingt…

Puis :

– On y est.

Carré «*survey*». C'est Nicolas qui pilote l'engin. Loin sous eux, dans les ténèbres glacées, le robot sort de sa cage.

Un écran s'allume sur la paroi, et l'on voit ce que voit le ROV.

Une obscurité de charbon zébrée de trajectoires blanches. Des crevettes, des poissons, du plancton. Du verre liquide et du vide, mais aussi une vie minuscule, vibrionnante.

Une surface grise, duveteuse, plate, apparaît. Le fond.

Les fauteuils grincent, tout le monde se penche. Bianco retient son souffle.

Il n'y a pas grand-chose à voir. Les fonds de la Méditerranée sont généralement pauvres, surtout aux abords des grands ports.

Nicolas donne une impulsion. Le ROV se déplace, ses projecteurs poussant dans le noir deux faisceaux bleus qui tremblent.

Pas un bruit. Tout semble suspendu.

– Voilà mon chalut! lâche soudain Bianco.

Il se mord les lèvres : le seul qui a le droit de parler, en ce moment, c'est l'opérateur.

– Exact! confirme Nicolas.

Ça ressemble à un treillage hérissé de mousses et d'algues, ou à un filet de camouflage de l'armée avec ses feuilles artificielles. L'image n'est pas très nette : les hélices du ROV soulèvent le sable, un nuage pulvérulent trouble l'eau.

Un poisson passe devant la caméra ; un sabre.

Le ROV est au point fixe. On attend que le nuage se redépose. Enfin, on voit.

C'est bien un grand filet entortillé autour de ce qui ressemble à une épave culée sur un éperon rocheux. Un avion? Un bateau? Impossible de le dire. Le filet est étroitement serré autour de l'objet mystérieux, un peu comme un poulpe géant qui étoufferait un cachalot. Algues et gorgones forment un manteau ondulant qui empêche de distinguer les détails.

Nicolas déplace le robot. À gauche, puis à droite. L'épave emmaillotée se refuse toujours aux investigations.

– Je ne sais pas si on va pouvoir rester longtemps, s'inquiète Nicolas. La cage bouge.

Dehors, le mauvais temps s'aggrave et l'on a déjà des creux de trois mètres. En soi, ça ne gêne en rien le travail du ROV, sinon qu'il va falloir le faire rentrer dans sa cage et que celle-ci commence à suivre les mouvements d'amplitude du bateau, puisqu'elle lui est directement reliée.

– On va à la casse, président!

Et Delauze capitule.

– OK. On remonte!

Le soleil a plongé vers l'horizon quand le *Minibex* s'en retourne à Saint-Nicolas.

Les voilà à quai.

– Qu'est-ce que vous en pensez, président? demande Jean-Claude.

Delauze fait la moue:

– Peut-être que c'est ça…

Le pêcheur rentre chez lui, la tête bouillonnante d'images, de questions, d'espoirs. Il ne peut résister à l'envie de téléphoner à Becker, mais Pierre, une fois encore, est absent: il est à Sarajevo, pour signer au nom de Géocéan un colossal contrat de déminage. La cité martyrisée par trois années de siège est encore pleine d'obus et d'explosifs intacts, on ne peut y faire un pas sans risquer de perdre un bras, une jambe, ou la vie.

Folie de la guerre, folie des hommes… Comment s'étonner que le pêcheur, le fédérateur, le passeur et le président aiment tant la paix des profondeurs?

Le soir même, Becker rappelle Jean-Claude. Celui-ci lui apprend qu'ils ont «peut-être» retrouvé l'avion. C'est un «peut-être» qui vaut tous les «sûrement». D'ailleurs, sa compagne Michèle y croit.

Au travail, elle a le plus grand mal à garder ses rêves pour elle. Le soir, dans leur appartement du boulevard Rey, il leur arrive de faire des plans sur la comète. Jean-Claude a mis sa maman dans le secret, et c'est tout. La vieille dame n'a pas paru plus bouleversée que l'est son frère Robert : il a repêché un bijou, il n'y a pas de quoi en faire toute une affaire !

Le lendemain, Becker appelle Castellano – c'est ainsi que ça se passera désormais : le fédérateur, le passeur, le pêcheur et le président resteront branchés en permanence sur une ligne connue d'eux seuls, tout le temps que la belle aventure durera. Une aventure à l'image de celles de l'enfance, peut-être, avec ses joies, ses espoirs, ses illusions et ses brouilles, aussi…

Et le surlendemain, Castellano appelle Delauze, qui douche brutalement leurs illusions ! Il vient de se faire projeter le film pris par le ROV, ses techniciens ont repris les relevés du sonar, conclusion : ce n'est pas un avion, c'est un bateau. Une coque de voilier, plus précisément.

– On reprend les recherches aujourd'hui.

Il en faut plus que ça pour décourager le président.

Le passeur apprend la mauvaise nouvelle au pêcheur.

Jean-Claude encaisse.

Un trésor, ça se mérite. Tout se mérite, dans la vie. Rien n'est facile.

17 octobre 1998

La deuxième campagne de « *survey* » du *Minibex* va durer dix jours. Pendant ces dix jours, le bateau ratissera deux cents kilomètres carrés de plus. Une expertise a montré que le bout de ferraille dont Delauze et Castellano pensaient que, peut-être, c'était l'antenne radio d'un P-38 n'est en fait que de la tête de mât d'un voilier – sans doute celui entortillé dans le chalut au large du Planier.

Tous les jours, Jean-Claude Bianco croise le *Minibex* qui va sur zone ou qui en revient. Il le suit d'un regard dubitatif. Il y a eu un miracle, il n'y en aura peut-être pas deux.

Le 17, debriefing. Le pêcheur, le président, le fédérateur et le passeur se réunissent au téléphone. Sont également invités Nicolas Vincent et Popoff, le plus ancien des pilotes de sous-marin de la Comex. Les routes habituelles des chaluts ont été balayées en totalité, il n'y a que deux explications à l'absence de débris : soit ils ont été poussés dans la fosse des mille mètres, soit ils ont été ramenés près de la côte, en eaux peu profondes.

Jean-Claude penche pour cette solution : les petits fonds permettent de récupérer les filets quand ils se sont pris dans de la ferraille, et si ferraille il y a, elle y est sans doute encore.

Le président décide d'étendre la zone des recherches jusqu'à Cassis, puisqu'il y a un bimoteur inconnu devant Cassis, en plus des deux P-38 identifiés à La Ciotat.

Et l'on se quitte, plein d'optimisme.

Le 22, le *Minibex* rallie Cassis ; à l'entrée de la baie, pas de bimoteur, mais un mystérieux tumulus sous-marin, par moins cent dix mètres.

On descend le ROV. Il tombe sur une épave romaine bourrée d'amphores. Elle a deux mille ans, elle est magnifique. Nicolas Hulot, qui plongera dessus, la baptisera le « *Titanic* romain ».

Par la suite, le *Minibex* en trouvera sept autres. Mais cela est une autre histoire, à moins que ce ne soit la même histoire, celle d'une découverte incroyable. Comme quoi, l'incroyable n'est pas l'impossible.

Le 26, Jean-Claude part en vacances avec Michèle. En Tunisie, à Bekalta, où son second, Habib, leur prête sa maison. Et tout explose.

Le secret aura duré un peu moins de deux mois.

Chapitre 4

Jean Claude Bianco a remonté la gourmette le 7 septembre. Le *Minibex* cherche l'avion depuis le 23. Le secret jalousement préservé du pêcheur et du président est éventé un peu plus d'un mois plus tard, le 28 octobre.

Il y a deux théories sur le secret : la première dit qu'il est une souffrance, et que cette souffrance-là doit rester cachée pour ne pas en apporter d'autres. On range dans cette catégorie les secrets de famille, ceux qui relèvent de la sexualité, du meurtre et du suicide, ou des trois ensemble.

La seconde théorie dit qu'un secret n'a de réelle existence que s'il est promis à la révélation : petits secrets entre amis, secrets diplomatiques, secrets historiques, industriels ou d'alcôve… Sitôt levés, ils apparaissent pour ce qu'ils étaient en réalité : une information réservée à quelques-uns, avec une date de péremption.

Le secret de Bianco et Delauze était de ceux-là. Les deux compères n'ont caché leur découverte que pour trouver l'avion qui leur permettrait de dire : « Voyez, c'était vraiment la gourmette de Saint-Exupéry, nous savons maintenant où et quand est mort le grand homme ! »

Mais quelqu'un a fini par parler. Ça n'est pas un drame, mais tout de même, c'est embêtant.

Jean-Claude vient d'arriver à Bekalta avec Michèle, un couple d'ami, Paul et Monique, et leur enfant, Thomas. Ils sont en train de boire frais au crépuscule, Michèle est très en beauté, les amis sont charmants, la mer est d'un bleu très particulier qu'on ne trouve que là-bas… Le portable de Jean-Claude sonne, c'est son frère Robert :

— Jean-Claude, c'est le bordel, ici! Il y a des journalistes partout, ils veulent te parler!

Le pêcheur ne s'en doute pas encore, mais il est en train de recevoir le ciel sur la tête.

— Ho! qu'est-ce que tu racontes? Quels journalistes?

— La gourmette! C'est paru dans le journal, que vous l'avez trouvée! En première page! Du coup, la Une, la Deux, la Trois, la Cinq, ils sont tous à la maison, sur le port, ils te cherchent! Regarde à la télé ce soir, regarde!

— Qu'est-ce qu'il y a, Jean-Claude? interroge Michèle, qui l'a vu se rembrunir.

— Quelqu'un a raconté que j'avais trouvé la gourmette! Et ils sont tous devenus fous!

— Ah! tu vois, je le sentais! C'est pour ça que je ne voulais pas partir.

C'est vrai, Michèle est partie en vacances à reculons. Cela étant, elle est plutôt contente que ça arrive: cette gourmette dont elle ne pouvait parler à personne, c'était comme s'il n'y avait pas de gourmette du tout.

— Qu'est-ce que c'est que cette histoire de gourmette? demandent les amis.

Jean-Claude la leur explique.

– Non?! La gourmette de Saint-Exupéry? Mais tu vas devenir célèbre!

– Oh! célèbre…

Il ne sait plus trop quoi en penser. Il est fier d'avoir retrouvé la trace d'un homme si connu; d'un autre côté, l'avion n'est toujours pas là. Mais bon, puisqu'il y a les journalistes, la télévision, ça montre que ce qu'il a remonté est important, tout de même…

Il consulte sa montre : 19 heures. Il n'y a pas de décalage horaire avec la France, ça leur laisse un peu de temps.

– Robert m'a dit que lui et Habib allaient passer dans le journal télévisé! Il ne faut pas les louper!

Comme il n'y a pas de poste de télévision sur place, tout le monde s'entasse dans la voiture du frère de Habib, et on file à Mahdia, la ville d'à côté. Là-bas, il y a plein d'hôtels.

Ils choisissent le premier venu, le *Mahdia Palace*. Jean-Claude demande à parler au directeur et lui explique son affaire.

La gentillesse est une qualité naturelle des Tunisiens. Les voilà installés dans un salon VIP, devant un énorme poste de télévision. Le directeur lui-même le branche sur TV5, qui reçoit en direct le journal télévisé de la deuxième chaîne française.

Ni Jean-Claude ni Michèle ne se souviennent qui le présentait ce soir-là. Ç'aurait pu être un extraterrestre, pour ce qu'ils en savent. Ce qui est sûr, c'est que le journal ouvre sur la découverte de Jean-Claude.

– Tu es en *prime time*! souffle l'ami Paul.

Robert puis Habib apparaissent sur l'écran. Ils sont interviewés sur le port de Saumaty par une horde de journalistes.

Ils répètent la même histoire, mais sans trop donner de détails.

Le correspondant local de la deuxième chaîne est filmé ensuite depuis le Vieux Port – ça fait couleur locale –, et il parle de Jean-Claude Bianco comme de l'homme le plus recherché de France.

– Et personne ne sait où il est! conclut-il.

À Mahdia, tout le monde rit:

– Ho! Jean-Claude, te voilà aussi célèbre que Michael Jackson!

Bien sûr, il est bon pour offrir l'apéritif. La gaieté aidant, ils dînent au restaurant du *Mahdia Palace*. Jean-Claude se souvient encore que ce n'était pas cher…

Ils rentrent à Bekalta plutôt éméchés. La batterie du portable est vide, il ne sonne plus. Un répit inespéré, mais ils ne le savent pas.

Cette nuit-là, le pêcheur dort bien. Il ne se doute absolument pas de ce qui est en train de se passer en France. Il ne sait pas comment fonctionnent les médias, il ne les a jamais approchés, n'a jamais été sous le feu des projecteurs. Il ne sait pas qu'il est devenu un scoop, et donc un spectacle. Un spectacle, et donc une caricature. Une caricature, et donc une cible.

Les médias ont toujours faim, il leur faut leur ration d'émotions, d'événements, de mystère chaque jour, chaque heure. Et s'ils ne l'ont pas, celui qui ne la leur donne pas parce qu'il est en vacances en Tunisie a tort. C'est qu'il se cache. C'est que son affaire n'est pas nette.

Ce n'est pas ce que diront les médias, au début. *A priori*, ils n'ont jamais de mauvaises intentions, et les journalistes font leur travail le plus honnêtement possible, qui est de relayer l'actualité, de la présenter aussi crue et vive que possible. Mais le temps leur manque, toujours. C'est la loi du genre, télévisions, radios et quotidiens marchent presque à l'instantané, et donc à l'émotion. À l'émotion, et donc jamais à la réflexion. Or, pour réfléchir, il faut du temps.

On se le donne après, quand on a grillé la concurrence, quand on a raflé le plus grand nombre de lecteurs, d'auditeurs, de téléspectateurs. Profit oblige, comme partout ailleurs : plus on vous lit, regarde, écoute, plus vos tarifs de publicité augmentent, plus l'argent rentre, et plus les actionnaires sont contents.

Delauze l'a compris tout de suite, car il pratique les médias depuis longtemps. C'est même pour cela qu'il voulait retrouver l'avion avant de parler de la gourmette : à l'ogre il faut donner sa ration, et pas un amuse-gueule.

Au public il faut du concret, pas des suppositions.

29 octobre 1998

Le président vient d'arriver en Égypte quand sa fille Michèle l'appelle. Elle lui apprend que *La Provence*, le grand journal de la région Paca, consacre sa une de la veille à la découverte de la gourmette. Il va la recevoir par Internet.

Surpris, Delauze ? Certainement pas. Il a donné lui-même tous les éléments de son article au journaliste ! Cela s'est fait si vite qu'il n'a pu en avertir Bianco, parti en vacances.

Pourquoi maintenant, et si tôt ?

Parce que l'information est sortie deux jours plus tôt dans une lettre confidentielle à vocation économique, *La Lettre Sud*

Infos, distribuée par abonnement. Dans le n° 243, daté du 26 octobre, son rédacteur en chef, Christian Apothéloz, écrivait : «Attendez-vous à savoir que [...] Henri-Germain Delauze aurait retrouvé la gourmette de Saint-Exupéry au large de Marseille. On croyait l'avion échoué près de Nice [...]. Le PDG de la Comex poursuit ses recherches...»

Comment Apothéloz a-t-il eu l'information ? Il ne le dira jamais, sinon qu'elle lui a été donnée «fortuitement» par un «contact dans le monde industriel», lequel la tenait lui-même de l'intérieur de la Comex. «Je ne me suis pas du tout rendu compte du bruit que ça allait faire. Je ne pensais pas trahir quiconque», s'amuse-t-il encore aujourd'hui.

Mais Delauze a tout de suite compris qu'il fallait s'engouffrer dans la brèche et bétonner. Il a vite appelé Hervé Vaudoit, un journaliste expérimenté qui a déjà plongé à bord du *Remora 2000* – un cadeau royal que le président réserve à ceux qu'il veut séduire ou récompenser – et à qui il a fait la promesse, quelques semaines plus tôt, de le tenir au courant de «quelque chose d'énorme». À Vaudoit ahuri, Delauze a confirmé que Jean-Claude Bianco a bien repêché la fameuse gourmette et que le *Minibex* passait, depuis un mois, la Méditerranée au peigne fin, entre Riou et Cassis. Non, ils n'ont encore rien trouvé. Oui, il pense que le Lightning P-38 de Saint-Exupéry est par là. Venez me voir, Vaudoit, et je vous la montrerai.

Vaudoit a donc raflé un photographe dans la salle de rédaction, a foncé à Saint-Nicolas et là, Delauze lui a mis la gourmette dans la main.

«Je me suis senti ému comme un communiant qui reçoit sa première hostie», écrira plus tard le journaliste dans son livre

Saint-Ex, la fin du mystère. Un titre un peu court, car tout redémarre, au contraire, mais comme tant d'autres, il parle de la gourmette comme d'un objet sacré.

Vaudoit écrit son article d'un jet. Il paraît le lendemain matin. Du beau travail de pro : on voit le président de la Comex poser au milieu de morceaux d'aluminium repêchés par Bianco, et, sur une autre photo, avec la gourmette à bout de bras. Pas de gros plan sur la gourmette.

En le lisant, Delauze soupire : « Il va falloir s'accrocher, maintenant ! »

Il sait qu'ils ont loupé leur coup, Bianco et lui. Ils n'ont pas d'épave à présenter, pas d'avion à montrer, rien qu'une gourmette qu'ils auraient dû depuis longtemps remettre aux autorités. Vieux routier des coups médiatiques, Delauze pressent que, une fois l'émotion retombée, les bonnes âmes commenceront à instruire le procès : pourquoi n'en ont-ils pas parlé plus tôt ? Est-ce bien la vraie gourmette ? Comment se fait-il qu'un bateau aussi perfectionné que le *Minibex* n'ait rien trouvé ?

Le seul moyen de clouer le bec aux suspicieux et aux détracteurs de tout poil, c'est, encore et toujours, de sortir le Lightning de l'eau. Et vite !

En attendant, il va falloir faire front commun.

Le président appelle le pêcheur sur son portable.

Il essaie dix fois, et dix fois il tombe sur sa boîte vocale.

30 octobre 1998

Tandis que les journalistes de la presse mondiale prennent l'avion pour Marignane par fournées entières et que d'autres assaillent la maison de Mazargues, le héros, sa compagne et ses amis filent sur Kairouan, en excursion.

– Rien ne presse, a décidé Jean-Claude.

Ils ont pris un billet «fermé», leur retour est dans une semaine, on rentrera donc dans une semaine. Au lieu de quoi, il faudrait acheter deux billets au prix fort et il ne resterait plus rien de leur budget de vacances.

Pour aller à Kairouan, il y a un désert à traverser, mais, auparavant, ils entrent dans une zone couverte par un relais GSM.

Le portable se met à sonner.

Il n'arrêtera plus.

Des journalistes de Lausanne demandent à rencontrer le pêcheur de toute urgence. Jean-Claude élude, promet d'être bientôt à Marseille, raccroche.

– Même les Suisses!

Et ça resonne.

Plutôt que de répondre, Jean-Claude consulte sa boîte vocale. Elle est déjà pleine à ras bord de messages. Toute la presse de France et d'Europe est à ses trousses. Toutes les chaînes de télévision, toutes les radios demandent qu'il les rappelle!

Il raccroche, ça resonne. Une télé, une radio, un journal…

Comme ça pendant une heure. Le temps de couvrir Berkhala-Kairouan, soit quarante-cinq kilomètres.

Jean-Claude ne répond plus. Une soude inquiétude le tenaille, qu'il s'efforce de ne pas montrer.

– Ces cons-là, ils attendront bien…

Michèle fait la moue.

À Kairouan, ils visitent. C'est là, à l'ombre d'un aqueduc romain du IIe siècle avant J.-C., que la réalité rattrape le pêcheur.

Une voix coupante, excédée (il a dû appeler dix fois, lui aussi) :

– Monsieur Bianco ?

– Oui.

– Vous êtes bien le patron pêcheur qui…

– A repêché la gourmette, oui. Si c'est pour une interv…

– Je ne suis pas journaliste, monsieur Bianco ! Je suis le directeur départemental des Affaires maritimes de Marseille !

– Ah !

– Nous nous étonnons que vous n'ayez pas déclaré votre découverte au Drassm, et ce, dans les quarante-huit heures, comme la loi vous en faisait l'obligation…

– Je…

– Vous voudrez donc bien remédier à cet oubli dans la journée, ce qui ne vous exonère en rien des poursuites judiciaires que nous allons être amenés à entreprendre à votre encontre. Nous attendons cette gourmette d'ici à ce soir !

– Mais je suis en Tunisie, monsieur !

– C'est regrettable. J'ai dit : d'ici à ce soir !

– À Berkala ! Je ne peux…

– Où est Berkala ?

– En Tunisie ! Je viens de vous le dire !

– Alors, après-demain, dernier délai !

– Écoutez, je vais essayer de faire mon possible, mais je ne suis pas certain…

– Votre découverte fait grand bruit ici, monsieur Bianco ! Ici, et à Paris ! Il semblerait que vous alliez au-devant de très gros ennuis, car elle ne vous appartient pas, comme vous êtes censé le savoir…

– Mais je n'ai jamais prétendu le contraire, bon sang! Ni M. Delauze…

– Vous êtes l'inventeur. Vous avez jusqu'à après-demain pour nous rendre la gourmette. Bonsoir, monsieur Bianco.

Et il n'y a plus que l'écho satellitaire de la liaison rompue.

Le pêcheur se laisse alors aller à l'une de ces colères qui l'emportent parfois, violentes et sèches comme un coup de mistral:

– Ces petits messieurs! Ces fonctionnaires, ces énarques! Ça a fait Sciences-Po, mais ça ne serait même pas foutu de distinguer un merlan d'une sardine! On nous les envoie de Paris, ça repartira dans trois ans pour aller emmerder le pauvre monde ailleurs, et ça me traite de voleur, eux qu'on engraisse avec nos impôts!

Etc.

Michèle laisse passer l'orage et lui suggère d'appeler Delauze.

Les amis approuvent; c'est le bon sens même.

Alors Jean-Claude appelle la Comex. Il tombe sur Michèle Fructus, elle est affolée.

– Papa est dans l'avion du Caire. On a jusqu'à après-demain pour leur rendre la gourmette, vous connaissez le règlement…

– Mais on ne l'a pas prise, cette gourmette! On la gardait juste…

– Je sais bien, monsieur Bianco, mais allez leur expliquer! Papa essaie de vous joindre depuis tout à l'heure, mais ça sonne toujours occupé.

– Eh! Ils sont enragés!

Il coupe. Le téléphone se remet à sonner. Cette fois-ci, c'est *France-Soir*.

– Il faut rentrer, insiste Michèle.

– Pas du tout! s'obstine Jean-Claude. Ce voyage, on le préparait depuis deux mois, et on vient juste d'arriver! Ce ne sont pas...

Les amis interviennent.

– Michèle a raison. On va croire que tu te caches!

– Je ne me cache pas! Je suis ici!

– Dans le désert tunisien.

– Dans le... Ah, oui!

Ils le regardent.

– Tu comprends? Tu devrais être à Marseille.

Vaincu, Jean-Claude hausse les épaules.

– Bon, vous avez raison, les amis. Je suis désolé...

Paul et Monique le rassurent, ils comprennent tout à fait.

– C'est la gourmette de Saint-Exupéry! Ils devraient t'être reconnaissants.

– Ça n'en prend pas le chemin! murmure le pêcheur pour lui-même, en composant le numéro figurant sur la pochette de son billet d'avion. En attendant, il faut qu'on se trouve deux billets pour rentrer!

2 novembre 1998

La suite tient du parcours du combattant.

Jean-Claude et Michèle refont leurs bagages défaits de la veille et se couchent tôt. Mais Jean-Claude est incapable de trouver le sommeil : au dîner, il a forcé sur le vin rouge local et les méchouias, de délicieuses boulettes de viande très épicées, autrement dit, il a avalé du feu.

Quel idiot il fait, tout de même! Mais il n'a jamais su se contraindre. Pareil pour le pastis (jusqu'à six par jour), le vin à midi et le soir, et tout ça depuis vingt-cinq ans… Il a beau être solide, il a cinquante-quatre ans, la machine commence à fatiguer et elle a déjà envoyé quelques signes inquiétants auxquels il n'a pas voulu accorder d'attention…

Le pêcheur se tourne et se retourne en repensant au coup de fil de son frère, à l'ultimatum des Affaires maritimes, à la tourmente médiatique qui se profile à l'horizon… Mais qu'est-ce qu'ils ont tous? Il n'a pourtant pas trouvé le *Titanic*!

Il n'a pas fermé l'œil de la nuit quand le frère de Habib vient les prendre au pied de la maison, à 2 heures du matin. Le garçon les emmène à l'aéroport de Tunis-Carthage à un train d'enfer, dans une 4L bringuebalante qui semble perdre ses roues ou son moteur à chaque cahot. La radio de bord hurle des chansons arabes.

De temps à autre, le portable sonne au fond de sa poche, mais Jean-Claude se garde bien de répondre. Il écoute ses messages après.

– Alors? chuchote Michèle dans le noir.

Toujours pareil.

Ils arrivent à l'aéroport à l'aube. Les guichets commencent à ouvrir, mais il n'y a plus une place de libre: les avions pour la France sont bondés. Jean-Claude a beau faire le tour de tous les comptoirs, pas moyen de rentrer, même en atterrissant à Lyon ou à Toulouse.

Comble de malheur: la contrariété ajoutée au piment des méchouias fait son office, et l'homme le plus recherché de France doit maintenant filer aux toilettes toutes les dix minutes!

C'est de là qu'il finit par appeler Pierre Becker, miraculeusement rentré de ses pérégrinations, et qui répond tout de suite. Il est au courant, bien sûr : il a lu les journaux et regardé la télé, et il a parlé à Delauze, rentré d'Égypte la veille.

– Bon Dieu, où tu es ? On te cherche partout !

– À Tunis ! Pierre, écoute-moi, il faut que tu me trouves deux places de retour pour Marseille ! Je ne peux rien faire d'ici !

Becker promet de faire ce qu'il pourra.

Et il fait des miracles ; à 11 heures du matin, il leur a trouvé deux passages sur Tunis-Lyon et Lyon-Marseille. L'hôtesse est déjà en train de faire les annonces d'embarquement quand Michèle et Jean-Claude se précipitent.

Vol sans histoire, mais que Jean-Claude, les tripes en feu, trouve long. À 15 heures, ils débarquent à Lyon-Satolas – qui deviendra deux ans plus tard Lyon-Saint-Exupéry. Ils réembarquent aussitôt dans un Airbus qui atterrit à Marignane à 17 heures.

Là, un taxi affrété par Géocéan les attend.

Ils s'enfoncent dans la circulation, intense à cette heure.

À 17 h 15, ils se retrouvent devant la direction départementale des Affaires maritimes, rue des Phocéens.

Mystérieusement avertis, les journalistes sont là. Une bonne trentaine, sur les dents. Ils n'ont jamais vu Bianco, mais des photos ont circulé.

– Monsieur Bianco, une photo ! Monsieur Bianco, quelques mots ! On peut vous voir où, monsieur Bianco ?

– Demain matin, à Saumaty ! a le temps de lâcher Jean-Claude avant que les gendarmes de garde ne l'arrachent à la petite foule.

151

On les emmène. L'épouse d'Henri-Germain Delauze et sa fille sont déjà dans le bureau du directeur, Michel Botalla-Gambetta. Le directeur adjoint, Jean-Pascal Devis, est là aussi.

– Eh bien, messieurs, cette fameuse gourmette?

Philbée Delauze sort la pochette en cuir de serpent de son sac et fait glisser le bijou en argent sur le bureau. Elle y ajoute les morceaux d'aluminium repêchés par Jean-Claude.

On lui rédige un reçu en date du 2 novembre 1998, sous le numéro 09/98 EPV: «Une gourmette portant le nom d'Antoine de Saint-Exupéry, et cinq fragments métalliques. Lieu: est de l'île de Riou.»

Jean-Claude remplit en outre un formulaire de déclaration, dont le chef du Département des recherches archéologiques subaquatiques et sous-marines, Patrick Grandjean, lui donne reçu. Sous le n° Drassm 49/98, le papier est curieusement daté de septembre 1993 – et non pas 1998.

La gourmette et les morceaux d'avion s'apprêtent à disparaître dans le grand coffre ouvert contre le mur quand Jean-Claude s'interpose:

– Minute! Je suis l'inventeur, c'est ça? C'est bien moi qui ai trouvé cette gourmette?

– Nul ne le conteste, monsieur Bianco.

– Et je n'aurais même pas de photo souvenir? Laissez-moi en faire au moins une!

– Pas ici, je regrette.

– Dans la cour, alors!

Michel Botalla-Gambetta hésite, puis:

– Dans la cour, d'accord. Mais vite.

Ils descendent, tous. Jean-Claude prend la pose, la gourmette au bout des doigts. C'est Michèle qui fait la photo. Sa main ne tremble pas, mais comme il s'agit d'un petit appareil jetable, le cliché ne sera pas très bon. C'est là que le pêcheur loupe le coche, financièrement parlant. Il aurait fait un gros plan de la gourmette, donné une interview à *Paris-Match*, on lui aurait acheté le tout six cent mille francs – un peu moins de cent mille euros. C'est ce que leur glissera une bouche charitable un peu plus tard.

Soixante millions anciens. De quoi, sinon changer, du moins transformer leur vie. Mais ça ne viendra pas à l'esprit de Jean-Claude, ni de sa compagne, ni – plus étonnant, car il est au fait des tarifs pratiqués – du président Delauze. Tous trois sont encore dans l'enchantement de leur aventure, même si elle est de train de tourner à l'aigre.

Ils s'en vont quand on annonce à Jean-Claude qu'il est convoqué à la gendarmerie maritime le lendemain, car le procureur de la République a ouvert une enquête.

– Mais qui j'ai tué ? s'étrangle le pêcheur.

– Personne, mais vous avez violé la loi Lang.

La loi Lang. Du nom d'un talentueux et omniprésent ministre de la Culture, de gauche – il ne l'est plus à l'époque, car la droite est revenue aux affaires. Lors de son séjour place de Valois, Jack Lang est parti en guerre contre le pillage du patrimoine culturel français et a pondu une loi en date du 1er décembre 1989 «relative aux biens culturels maritimes». Voici ce qu'elle prévoit, en substance.

Elle étend la protection de l'État aux «biens engloutis au fil des siècles par les caprices des flots, en particulier le long du littoral, qui [...] jusqu'à alors protégés par leur immersion courent désormais le risque d'être pillés, entraînant ainsi la disparition d'éléments fondamentaux pour la compréhension des civilisations passées…»

Elle rappelle que «le patrimoine archéologique et historique sous-marin était d'autant plus menacé qu'il excitait les convoitises des chercheurs de trésors tant professionnels en raison de la valeur élevée de certaines pièces […] qu'amateurs qui rêvaient à bon compte et en toute impunité de se constituer une collection personnelle…»

Elle précise la notion de biens culturels maritimes : «[Ce ne] sont pas seulement des épaves soumises à un régime particulier [mais] les gisements, épaves, vestiges et généralement tout bien…» Ces biens maritimes pouvant être «mobiliers ou immobiliers», mais aussi des «vestiges» qui «présentent un intérêt préhistorique, archéologique ou historique».

Reste que la loi ne parle pas de vestiges artistiques, auxquels, à la rigueur, la gourmette du pilote pourrait appartenir. Et où commence et où finit l'Histoire ? Suivent des arguties qui ne peuvent que régaler les amateurs et les professionnels du droit : la localisation des biens culturels maritimes, leur régime juridique, la propriété du bien découvert… Faisons court : celui qui trouve sous ou sur la mer un bien «culturel» n'a droit à rien, et surtout pas à le conserver. Il ne lui appartient pas. Il est tenu de le déclarer. Il est puni s'il ne le fait pas.

Avant cette loi, il existait une probabilité pour que l'inventeur en garde la propriété. Minime, certes. Maintenant, celui-ci «peut» obtenir une récompense, c'est tout – et encore, rien n'est moins sûr !

– Tout ce à quoi on a droit, quoi, c'est à deux pattes au cul ! grogne le pêcheur. Sans moi, on aurait jamais su où était Saint-Exupéry, non ?

Tard dans la soirée, Jean-Claude et Michèle regagnent leur domicile.

La boîte aux lettres déborde. Leur répondeur téléphonique est saturé.

Ils trouvent un télégramme de Jean-Claude Gaudin, le maire de Marseille, en date du 30 octobre.

Monsieur,

C'est avec beaucoup d'émotion et de fierté que j'ai appris la découverte historique que vous avez faite le 26 septembre dernier. J'ai été encore plus touché quand j'ai su que c'était dans le cadre de l'exercice de votre métier que vous aviez trouvé cette gourmette, et c'est grâce à votre perspicacité et à votre persévérance que pourrait être bientôt percée l'énigme de la mort de ce grand écrivain et de ce grand homme qu'était Antoine de Saint-Exupéry.

Aussi, j'ai tenu à vous féliciter au nom de la Ville de Marseille et de l'ensemble de sa population.

Jean-Claude Gaudin, maire de Marseille.

– Sacré Gaudin! sourit Jean-Claude, aux anges.

Le maire et lui se connaissent bien : ils habitaient à cent mètres l'un de l'autre quand ils étaient jeunes. Le futur maire de Marseille a même été son chef scout, dans les années 1953-1954! Nonobstant l'erreur de date – Jean-Claude a trouvé la gourmette le 7 et non le 26 –, c'est un beau geste d'amitié que lui fait là cet ancien camarade d'école devenu avec le temps un homme politique de première importance.

Mais ce qui lui fait le plus plaisir, à Jean-Claude, c'est cela : «au nom de la Ville de Marseille et de l'ensemble de sa population». Gaudin a su trouver les mots qu'il fallait pour le consoler de ses tracas. C'est tout Marseille qui, soudain, se presse dans la rue pour le remercier de sa découverte. Il en a la larme à l'œil, Jean-Claude, et pourtant elle ne lui vient pas facilement. Ce soir-là, vraiment, c'est comme s'il était deux fois marseillais.

Ils grignotent à la cuisine, puis Michèle va se coucher. Lui reste à fumer une dernière cigarette dans le noir, la fenêtre grande ouverte sur la rue silencieuse.

Il sait qu'il ne reverra plus jamais sa gourmette, sinon derrière une vitrine blindée dans quelque salle d'exposition. Elle dort aujourd'hui entre les parois d'acier d'un coffre des Affaires maritimes, elle montera demain à Paris pour être remise au ministère de la Défense, et de là, lui a-t-on expliqué, elle ira au laboratoire des Musées de France pour être expertisée par les meilleurs spécialistes. Nul doute alors qu'on conclura à sa véracité.

Quand la Comex aura remonté l'avion, le dernier chapitre d'une histoire jamais close pourra alors se refermer : le monde entier saura où et comment est mort Antoine de Saint-Exupéry, et que c'est à lui qu'on le doit, lui, Jean-Claude Bianco, le modeste patron pêcheur de Marseille.

Il y a de quoi vous faire tourner la tête, tout de même.

Minuit sonne à l'église de Mazargues quand il écrase sa dernière cigarette dans le cendrier. Il se lève et s'étire dans le noir. Demain, il va devoir affronter les médias et, bien sûr, il n'a ni l'aisance ni le vocabulaire du président de la Comex – «les mots lui collent à la bouche», comme disait son père. Bah ! il n'aura qu'à rester lui-même, un homme simple mais clair, qui dit les choses comme il les voit.

Et puis, ce sera amusant, ses filles verront sa tête à la télé, ça n'arrive pas à n'importe qui. Elles vont bien rire !

Plus on fera de battage autour de cette histoire, et moins les autorités oseront le poursuivre. Qu'est-ce qu'on peut lui reprocher, hein? D'avoir gardé pour lui un vieux bijou tout esquinté? On sait bien qu'il ne l'a pas volé! Il a le reçu de dépôt, il peut le montrer! Tout le monde conviendra qu'ils ont essayé de trouver cet avion, Delauze et lui – qui n'en aurait pas fait autant?

Voilà ce que se dit le pêcheur, ce soir-là, au terme d'une journée épuisante. Il va finir sa carrière sur un coup d'éclat et, quand il sera très vieux, il se retournera avec satisfaction sur une vie bien remplie. Là où il est aujourd'hui, Dieu ait son âme! Marcel Bianco peut se féliciter d'avoir eu un fils aussi rebelle: ce n'est pas un poissonnier qui aurait repêché la gourmette de Saint-Exupéry!

C'est donc un homme apaisé qui s'endort ce soir-là, épuisé mais apaisé. Nous sommes tous des enfants quand nous dormons, et le sommeil de Jean-Claude sera visité par les tendres figures de sa jeunesse: sa mère, bien sûr, son père, sa sœur, son frère et ses cousins, mais aussi tata Reynaud, la nourrice qui les gardait pendant que Rose-Marie vendait le poisson à la criée, et le père Bi, un vieux qui amusait les enfants avec des grimaces et des farces et pendait des sucettes vertes dans un acacia – le lendemain, elles étaient rouges, elles avaient mûri…

Il se voit allant chercher son copain Maurice, dit Momo, et embarquant avec lui sur une barcasse repeinte tant de fois que les écailles lui tombaient de la coque. Ils allaient taquiner le poisson, entre la digue et le pan incliné qui sert à mettre les bateaux à l'eau; l'appât, c'était du pain pétri avec des anchois et un peu d'huile. Le soleil leur mordait les épaules. Tata Reynaud, du rivage, leur criait de mettre les chapeaux…

Son cannillon s'incline, une fois, deux, ça mord là-dessous ! Les pitchouns se poussent du coude en riant : c'est une bavarelle, petite comme un gobie ! Sa première bavarelle ! Elle a fini dans la soupe de poissons de roche, après bien des discussions : il aurait voulu la garder toute sa vie !

Le bonheur a toujours été simple, dans la calanque de Sormiou. C'était et c'est encore un bijou, un ventre, un lit. Une eau plate aux reflets de pierre précieuse, de hautes falaises comme des draps de pierre… Quand le soleil monte, les plis deviennent bleus, puis violets. Quand il est au plus haut dans le ciel, les ombres sont du charbon. Quand il descend, la pierre passe du blanc au blond, et les sommets s'enflamment, on dirait du cuivre…

Autrefois, les pentes étaient couvertes de pins jusqu'au col – plus tard, un incendie criminel les brûlera presque jusqu'au dernier. La forêt soufflait une haleine de menthe. Autrefois, les pêcheurs hissaient le poisson à dos d'âne par le sentier des Escourtines, les gamins du voisinage poussaient les bêtes au cul pour les aider.

Leurs voix joyeuses, leurs rires et leurs cris s'élèvent dans l'air chaud…

Jean-Claude sourit dans son sommeil. Nous sommes tous des enfants quand nous dormons, des enfants et des Petits Princes.

3 novembre 1998

Le lendemain, il descend à Saumaty retrouver son frère et son équipage. Les journalistes sont là, encore plus nombreux que la veille. Le pêcheur leur raconte son histoire en quelques mots : il a rendez-vous à 10 heures à la gendarmerie maritime, mieux vaut ne pas être en retard.

À l'heure dite, il arrive au Pharo.

Les rapports entre pêcheurs et gendarmes maritimes sont à peu de chose près les mêmes qu'entre chasseurs et gendarmes à la campagne : ils se connaissent bien, ils s'estiment parfois, ils évoluent sur le même territoire, mais pas du même côté. Les uns sont des individualistes et détestent avoir à rendre des comptes, les autres les soupçonnent de tricher sur les zones de pêche ou la taille de leurs filets – c'est vrai que ça arrive souvent. Les uns font des trouvailles – amphores, objets perdus par des plaisanciers, sans compter quelques aubaines juteuses dont on se parle à mots couverts dans les bistrots du port… Les autres essaient de les leur arracher.

Éternel jeu du chat et de la souris, la différence étant que ça se passe sur l'eau. Les pêcheurs sont malins, les gendarmes ne leur font pas de cadeaux. Les amendes sont salées, la loi est sévère, mais c'est la loi.

– Tiens, tu leur donneras ça ! a plaisanté Robert en tendant à son frère un sac en plastique rempli d'une masse soyeuse.

La veille, le bateau est sorti, avec Habib à la barre, et ils ont trouvé quoi, flottant sur une vague ? Un sac rempli d'une délicate et coquine lingerie féminine, culottes, strings et soutiens-gorge.

– Entendu !

Et Jean-Claude de déballer sa trouvaille sous les yeux des gendarmes éberlués.

– Vous me donnez un reçu, bien sûr.

Ils viennent de lui signifier son inculpation pour recel de biens appartenant à l'État et il a dû raconter son histoire pour la centième fois, en long et en large, alors il se venge !

– Si, si ! Puisqu'il faut déclarer le moindre bout de métal sans savoir s'il est précieux ou non, alors enregistrez mes culottes ; c'est de la soie, ça doit bien faire vingt grammes, ça appartient à l'État, ça aussi !

Les gendarmes apprécient mollement.

– Si vous nous refaites ce coup-là, on vous colle un procès-verbal pour outrage à un représentant de l'État dans l'exercice de sa fonction !

L'humour n'est pas leur qualité première. Jean-Claude, riant sous cape, balance sa lingerie pour dames dans leur corbeille à papier.

L'après-midi, il donne sa première interview télévisée, à Saumaty, puis il répond aux questions de la presse, sur le Vieux Port.

Le Vieux Port, c'est la caisse de résonance de Marseille. Pendant des siècles, c'est là qu'on a discuté du pays et du monde, de là que sont parties les émeutes et les révoltes, là que se sont faites et défaites les réputations des modestes comme des puissants. Tout ce qui arrive au Vieux Port repart amplifié avec une malignité bonhomme, avec un sens naturel de l'emphase et du drame, une préférence pour le raccourci goguenard ou cruel. Le problème, c'est qu'année après année cette faconde populaire embellie par l'accent chantant a fini par forger aux Marseillais une réputation aimable mais douteuse.

Jean-Claude Bianco. *S'il fallait incarner le pêcheur marseillais, ce serait lui, l'essence même de ces hommes du sud qui ont fait de Marseille la New York de l'Europe cosmopolite.*

La pêche en mer. *Et accroupis sur le pont glissant, les doigts à vif et les reins douloureux, trier dans la masse frétillante le bon grain de l'ivraie…*

L'Horizon, *un robuste chalutier poli par toute une vie de travail.*

7 septembre 1998. L'argent apparaît, luisant et doux au toucher.
Trois lignes y sont gravées.
Une gravure aux contours adoucis, usés par le temps.

Avant la calomnie.
Le pêcheur pose avec la gourmette
comme il poserait avec ses filles
ou ses petits-fils. Fièrement.

La une de *La Provence*. Le lendemain, l'ensemble des médias suit le mouvement. Une nuée de journalistes s'abat sur Marseille et Mazargues.

Le numéro d'authentification l'avion de Saint-Exupéry. C'est un peu comme si Saint-Exupéry venait d'apparaître près d'eux. Un géant amical et triste arraché au royaume des ombres.

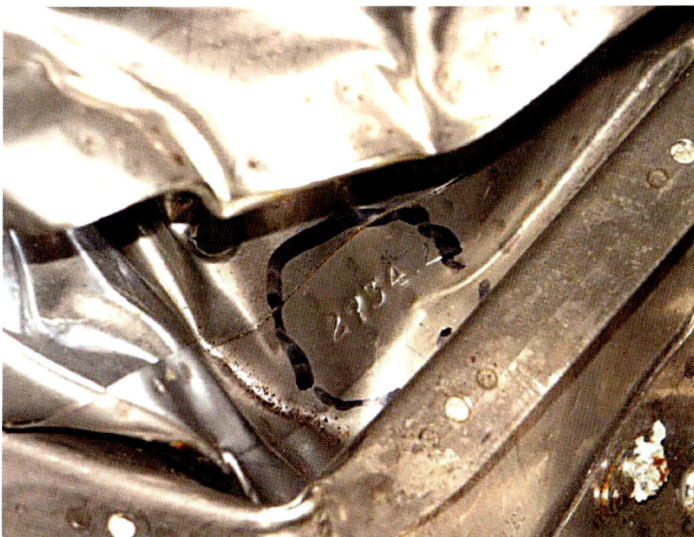

Antoine de Saint-Exupéry. *Oui, quel homme !*
Un homme vrai, guidé par une vraie mission :
passer le message entre les hommes.
Une espèce d'archange,
un ange-gardien de l'humanité en des temps où la haine l'emportait.

Le profil du Lightning P-38,
à bord duquel a disparu Antoine de Saint-Exupéry.

Le Lightning P-38.
Et après, que s'est-il passé, après ?
La syncope ? La panne de moteur ?
La fuite éperdue devant les tueurs ?
Ou la chute dans le désespoir consenti,
debout sur le palonnier ? On ne sait…

L'hommage à Antoine de Saint-Exupéry.
Chacun se recueille.
Cet homme s'est battu pour notre liberté.
Ce sont ses reliques mais aussi les idées
qu'il défendait
que nous sauvons de l'oubli.

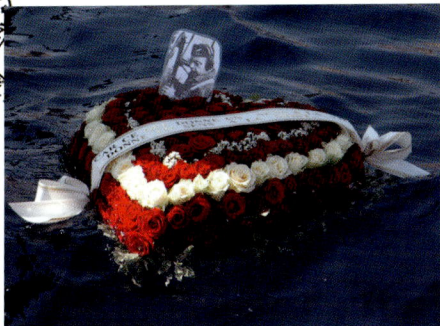

ESCADRE DE BOMBARDEMENT
ETAT-CIVIL

ACTE DE DISPARITION

Nous, soussigné MORTIER J.M., Capitaine, Officier d'Etat-Civil
de la 31e Escadre de Bombardement certifions que le nommé de
SAINT EXUPERY, Antoine, Jean, Baptiste, Marie, Roger, fils de
                                    et de
né le 29 Juin 1900 a LYON département du Rhône, Commandant
inscrit sous le N°   d'enregistre matricule, a disparu le
31 Juillet 1944 au cours d'une mission sur la France et que,
depuis cette époque, toutes les recherches auxquelles il a été
procédé pour découvrir son sort, sont demeurées infructueuses.

CIRCONSTANCES DE LA DISPARITION

Le Commandant A.de St.EXUPERY a décollé le 31.7.1944 a 8 H 35
sur le P.38 F.5.B. N° 223 pour effectuer une mission cartogra-
phique dans la Region de GRENOBLE ANNECY.
Les Radars n'ont entendu aucun appel et n'ont interceptés que
des avions reconnus et rentrés, jusqu'a ce que l'autonomie
maximum de l'avion soit atteinte. A la suite d'une demande
de renseignements adressée a tous les terrains du bassin Médi-
terranneen, le Cdt. A de St.EXUPERY a été porté disparu

                    fait a S.P.99031 le 8 SEP 1944

                    l'Officier d'Etat-Civil de
                    31e Escadre de Bombardement

                    Capt. Mortier

© Photo Comex

Henri-Germain Delauze. *Un petit-fils de paysans provençaux,
toujours resté fidèle à ses émerveillements de petit garçon découvrant la mer.*

Philippe Castellano. *Il a la passion d'Icare. Il honore ceux qui sont tombés du ciel.*

© Brian Cvost

Le plongeur Luc Vanrell.
*Trouver l'appareil
de Saint-Exupéry
serait vraiment comme
s'il contemplait la statue
du commandeur.*

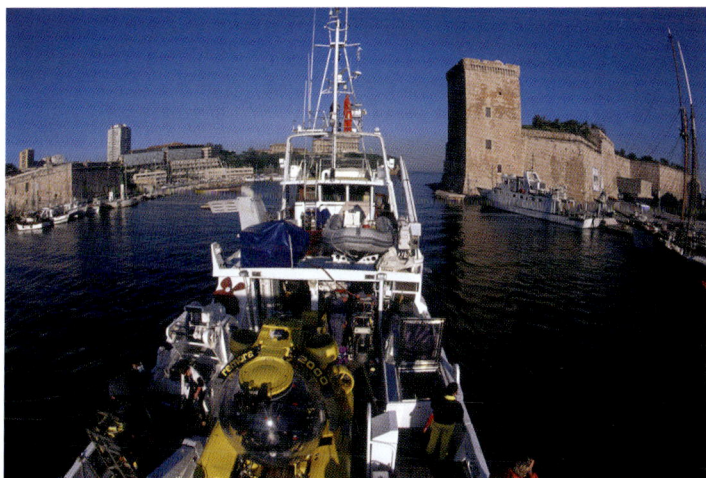

Le Minibex.
*Un beau bateau blanc
avec un sous-marin
de poche qui ressemble
à un insecte.*

*Gagné ! Luc Vanrell
vient de découvrir
un P-38 de la dernière
génération.
Un de ceux qui ont été
modifiés à la toute fin
de la guerre,
et que pilotait
Antoine de Saint-Exupéry.*

L'équipage de *L'Horizon*. *Antoine les aurait aimés*, prétend la lectrice. *Il aurait aimé ces hommes-là, car ils sont un peu son équipage d'outre-tombe.*

Ce qui se dit sur le Vieux Port, et par un pêcheur marseillais, sera donc *a priori* suspect dans le reste du pays – charmeur et charmant, certes, mais sujet à caution.

Et c'est ce qui va se passer tandis que Jean-Claude, au bar du Sofitel, raconte complaisamment son aventure : la vieille et éternelle querelle que l'on fait à Marseille va resurgir, attisée par les jalousies et les rancœurs intra-muros. Bianco a pêché un trésor ? On l'envie. Dans des conditions improbables ? On le soupçonne. Il est plus marseillais qu'un Marseillais – le mètre étalon du pêcheur marseillais, dit de lui, très joliment, Hervé Vaudoit. C'est trop, on ne le croit pas.

Enfin, pas tout à fait. On a des doutes. Ça paraît trop beau.

Dans les jours qui suivront, une rumeur va naître et s'amplifier : l'histoire de la gourmette, c'est rien que des galéjades, des embrouilles ! Le bijou, le pêcheur se l'est fabriqué sur l'établi de son bateau, avec un peu d'argent et trois coups de poinçon pour faire les lettres. Il a lu un livre sur Saint-Exupéry, il a recopié l'adresse de ses éditeurs américains, et voilà. Ce n'était pas bien difficile.

Jean-Claude n'a pas lu Saint-Exupéry, il s'y met juste.

Il ne se doute de rien, bien sûr. La rumeur commencera à filtrer, insidieuse, masquée, dans les jours à venir. L'esprit humain est fait aussi de boue, il est toujours prompt à rabaisser. Trois gouttes de fiel suffisent à gâcher un festin.

Elle court, elle court, la rumeur. Bientôt, elle bruissera dans son dos : tu es célèbre, Bianco, tu es devenu un monsieur. Ta femme fait la fière, mais on ne croit pas à ton histoire.

Jean-Claude Bianco, quand il ne parle pas aux journalistes, continue à s'échiner sur son bateau tout juste payé, les mains brûlées par le sel et le visage gelé par le mistral.

Entre-temps, les héritiers d'Antoine de Saint-Exupéry sont entrés en scène.

L'écrivain n'a pas eu d'enfants, lui qui les aimait tant. Il était marié à Consuelo sous le régime de la communauté des biens, et, dans un premier temps, après sa disparition, la jeune femme n'a rien touché jusqu'en 1946, date à laquelle il a été déclaré mort. À la mort de Consuelo, en 1979, c'est son secrétaire, José Martinez Fructuoso, qui deviendra son légataire universel mais les droits d'auteur générés par l'œuvre d'Antoine, eux, sont allés dans leur intégralité à la famille Saint-Exupéry.

Le frère cadet d'Antoine, François, est mort il y a bien longtemps, en 1917. Lui ont survécu sa mère et ses trois sœurs, Marie-Madeleine, Simone et Gabrielle. Gabrielle est la seule à avoir eu des enfants. Les trois femmes disparues, ce sont les deux neveux d'Antoine, Jean et François, qui gèrent maintenant l'image, le souvenir et les droits du grand homme devenu un mythe.

La veille du jour où doit sortir l'article de *La Provence,* le journaliste Hervé Vaudoit appelle l'une de ses collègues, Dominique Arnoult. Il lui annonce son scoop et il lui demande un service.

– Tu étais la condisciple de Frédéric d'Agay à Sciences-Po, non ? Il est bien le fils de Jean d'Agay, et donc le petit-neveu de Saint-Exupéry ? Est-ce que tu peux lui demander ce qu'il pense de cette découverte ? Il a son mot à dire, après tout…

Dominique Arnoult contacte donc son ami Frédéric, qui tombe des nues :

– Une gourmette ? Appartenant à Antoine ? Et on n'en savait rien ?

Le baron Frédéric d'Agay est en outre le secrétaire général de la toute récente (elle a dix mois) Fondation Antoine-de-Saint-Exupéry, laquelle entend sauvegarder et faire connaître la mémoire de l'écrivain et soutient des associations qui «œuvrent dans le cadre de la mémoire d'Antoine de Saint-Exupéry». Elle subventionne ou subventionnera ainsi par la suite des associations d'aide à l'enfance comme l'association Petits Princes, qui construit des projets de vie pour les enfants gravement malades, et l'association Dessine-moi un mouton, qui œuvre auprès des enfants atteints du Sida, des associations humanitaires comme Vol de nuit, qui aide matériellement les écoles et institutions d'enfants en Argentine, et Terre des hommes Alsace, qui, elle, vole au secours des enfants en détresse.

On trouvera aussi dans son giron des associations culturelles comme le prix Saint-Exupéry-Valeurs Jeunesse, qui promeut des œuvres littéraires méritantes pour la jeunesse, Artois-Saint-Exupéry, qui prépare la célébration du centenaire de la naissance d'Antoine, et Les Amis d'Antoine de Saint-Exupéry, qui, comme son nom l'indique, réunit les amis de Saint-Exupéry autour de bustes, statues et expositions…

La succession de Saint-Exupéry-d'Agay, via une société civile Château d'Agay, domiciliée à Agay, Saint-Raphaël, a par ailleurs constitué depuis une Société pour l'œuvre et la mémoire d'Antoine de Saint-Exupéry. Laquelle a déposé, via l'Institut national de la propriété industrielle, la marque Le Petit Prince et les dessins faits par Antoine, dans des secteurs aussi divers que les peignes et éponges, la paille de fer, les appareils et instruments scientifiques et, bien sûr, tous les produits culturels et pédagogiques. Cela pour la France comme pour l'étranger.

Moyennant quoi, la succession en question perçoit des droits sur des cendriers, des calendriers, des disques, des CD, des livres, des traductions partout dans le monde. Même du vin : il existe un château-malescot Saint-Exupéry. Et des cravates : les cravates Saint-Exupéry.

C'est ce qu'on appelle du « *merchandising* ». Et il y a aussi les droits engrangés chaque année qui, rien que pour *Le Petit Prince*, seraient colossaux.

Mais il n'est pas ici – pas encore – question d'argent. Il s'agit de bien plus. Pour les héritiers, le tombeau de l'écrivain est refermé pour toujours. Frédéric d'Agay a pu monter à bord du navire océanographique de l'Ifremer qui recherchait le grand homme en baie de Nice, il y six ans, le chapitre est clos et doit le rester.

Et voilà qu'un pêcheur marseillais et un chef d'entreprise se réclament d'une gourmette qui leur revient, si elle est authentique, de plein droit ! Les deux aventuriers l'ont en leur possession depuis un mois et ne les ont jamais appelés ?

Une gourmette. Mais Antoine avait-il une gourmette ?

On ne se souvient pas lui en avoir vu porter une. Pour plus de sûreté, après avoir raccroché d'avec Dominique Arnoult, le petit-neveu de l'écrivain compose le numéro de Nelly de Vogüé.

Antoine de Saint-Exupéry a rencontré Nelly de Vogüé en 1934. Elle l'accompagnera jusqu'à la fin, discrète et bienveillante. Consuelo, qui la connaissait, l'appelle « la belle E » dans ses mémoires[1].

---

1. *Mémoires de la rose, op. cit.*

Nelly est comtesse, elle est grande, blonde, fine, tout à fait le type de femme qu'aime Antoine. Elle est mariée, comme lui, mais ni lui ni elle ne songeront jamais à rompre un lien sanctifié par l'Église. Lui n'a que deux livres à son actif, *Courrier Sud* et *Vol de nuit*, il jouit d'une réputation flatteuse, mais patauge dans un océan de dettes.

Ce «pachyderme désolé», comme l'appelle Éric Deschodt, Nelly va l'aimer comme on peut aimer un autre homme que son mari, dans le milieu qui est le leur: en retrait, dans le secret presque total. Et elle le soutiendra, y compris matériellement. Sa générosité ne sera qu'une élégance de plus.

L'amie de cœur est donc déjà là, discrète mais présente, quand Antoine s'en va faire son grand reportage dans la Russie révolutionnaire pour le *Paris-Soir* de Pierre Lazareff.

Quand il tente son grand raid autour de la Méditerranée et s'échoue dans le désert de Libye: trois jours à l'attendre, alors que tout le monde le donnait pour mort.

Quand il rédige ses saisissants reportages sur la guerre civile espagnole et, enfin, quand il part pour un raid New York-Terre de Feu qui tourne à la tragédie lorsque son avion s'écrase en bout de piste, au Guatemala.

Leurs affinités électives permettent à la jeune femme d'entrer dans les circonvolutions de sa pensée et de décrypter les brillantes paraboles de son écriture, alors que Consuelo, toute en impulsions et expulsions, amuse l'écrivain quand elle ne le désespère pas. Pendant dix ans, Nelly assistera aux soubresauts du couple, à ses déchirements comme à ses retrouvailles. En 1942, elle fera même appel à ses relations pour permettre à Consuelo de rejoindre Antoine à New York.

165

En 1943, Nelly prendra le bateau pour rejoindre Antoine une dernière fois. À Alger, il lui fera lire *Citadelle* de bout en bout, trois fois.

Ils ne se reverront plus.

En 1954, cette muse secrète écrira sous le pseudonyme de Pierre Chevrier un livre de souvenirs, mais qui ne livre rien d'eux, ou si peu…

On imagine l'émotion qui s'empare de cette femme alors âgée quand le petit-neveu de l'homme qu'elle a aimé lui annonce que l'on a découvert dans la mer un objet lui ayant appartenu.

Ce jour-là, Nelly de Vogüé confirme à Frédéric d'Agay qu'Antoine portait bien une gourmette et qu'elle lui avait été offerte lors de son dernier séjour à New York.

5 novembre 1998

Dans le monde entier, et jusqu'au Japon, la découverte de la relique a fait l'effet d'un séisme : là-bas, Antoine de Saint-Exupéry est une icône. Tous les projecteurs de tous les médias de tous les pays se braquent sur Marseille. À la Comex, Michèle Fructus a dû embaucher dix intérimaires au standard, les cent lignes sonnent toutes en même temps, on gère l'urgence. Ce jour-là, le président est sur le *Minibex* avec Hervé Vaudoit, le journaliste de *La Provence*. Ils ont refait l'itinéraire du pêcheur, puis sont revenus s'ancrer au large de Riou ; une nuée de journalistes les assaille à bord de vedettes, de Zodiac, et même de voiliers.

On les a fait monter à bord par palanquées, et le président improvise des conférences de presse. Très détendu, il récapitule les faits, donne des détails, parle de l'avion que l'on va retrouver. On fait route pour déjeuner à Sormiou quand le portable de Vaudoit sonne. C'est sa collègue, Dominique Arnoult. Elle a Frédéric d'Agay en ligne, celui-ci voudrait parler à Delauze. On lui donne le numéro de GSM du *Minibex*, et Frédéric d'Agay rappelle.

– Monsieur Delauze ? Je suis le secrétaire général de la Fondation Antoine-de-Saint-Exupéry.

– Bonjour monsieur…

– Je m'étonne d'avoir appris par la presse que vous avez retrouvé, il y a un mois, une gourmette appartenant à mon grand-oncle, et surtout de n'en avoir pas été averti…

Delauze botte en touche, bien obligé.

– Je n'ai pas repêché la gourmette moi-même, monsieur d'Agay. Et nous ne serons sûrs qu'elle était bien à votre grand-oncle que quand nous aurons retrouvé son avion à proximité. Nous nous y employons.

– Il n'empêche, monsieur Delauze, puisque vous avez annoncé que c'était la gourmette de Saint-Exupéry, elle nous appartient de droit !

– C'est peut-être la gourmette de Saint-Exupéry. Nous le pensons, nous l'espérons, mais, encore une fois, ce ne sera prouvé que lorsque nous aurons trouvé l'avion…

– Nous l'expertiserons. Je viens à Marseille dimanche et compte repartir avec.

– À supposer que ce soit bien la gourmette de votre grand-oncle, je serai heureux de vous la remettre moi-même, répond calmement Delauze. Encore faudra-t-il, naturellement, que vous nous apportiez la preuve établie, devant notaire, qu'elle vous appartient bien en tant qu'héritier!

– Ce n'est pas possible d'ici à dimanche, vous le savez bien!

– Mais qu'est-ce qui vous presse donc tant? Elle a attendu un mois dans le coffre de la Comex, elle peut bien attendre une semaine de plus!

– …

– Nous n'avons jamais prétendu, ni le pêcheur, ni moi-même, qu'elle nous appartenait! Bianco l'a trouvée, ce dont vous pouvez vous féliciter, et la Comex ne fait que chercher l'avion de votre ancêtre, comme tant d'autres l'ont fait avant elle! Nous ne lésons en rien vos intérêts…

Frédéric d'Agay est bien élevé, de naissance, Henri-Germain Delauze a appris à être diplomate. La conversation prend alors un ton nettement plus détendu. Allons, entre gens de bonne volonté, tout devrait s'arranger!

Delauze propose à son interlocuteur de venir déjeuner à Saint-Nicolas:

– Dimanche, donc, 13 heures, cela vous convient-il? Ma femme et moi-même serons heureux de faire votre connaissance, ainsi que celle de votre épouse.

Rendez-vous est pris. Le président raccroche, pensif. Vaudoit n'a rien perdu de la scène.

À Saint-Nicolas, Philbée attend son grand homme. Elle lui remet un fax, réexpédié depuis la Comex: il est à en-tête de la Société pour l'œuvre et la mémoire d'Antoine de Saint-Exupéry, et signé Frédéric d'Agay.

Il y reprend ses doléances: «Nous aurions été sensibles à un coup de téléphone de votre part, ou à un courrier, pour nous avertir…»

Etc.

Mais la veuve Cousteau, pour ne parler que d'elle, sourit Delauze, ne procède pas autrement, à coups d'avocats et de papier bleu : c'est tout le système qui fonctionne comme ça, à l'américaine. L'argent d'abord, le rêve ensuite.

Certes, apprendre par la presse et la télévision qu'on a retrouvé quelque chose appartenant à votre famille et qu'on ne vous en a pas averti sur-le-champ est très déplaisant, et la mauvaise humeur des héritiers peut se comprendre. Mais tout de même, ce M. d'Agay aurait pu avoir un mot pour Bianco, non ? Le pêcheur lui fait un beau cadeau. A-t-il seulement tenté de le contacter ?

Le président l'a dit et répété à son interlocuteur : on doit d'abord être certain que le bijou appartient à Saint-Exupéry. Delauze sait, pour avoir repêché les lingots d'argent sur un vieux galion de la Compagnie des Indes, que l'on peut dater assez exactement un métal, et même savoir de quel gisement il vient. La forme de chaque lettre, aussi, sa « police » pour reprendre un terme de typographe, peut parler. Un passage au microscope électronique montrera si les entailles sont récentes ou anciennes, faites par l'outil d'un amateur ou par un orfèvre…

Tout cela prendra un peu de temps, évidemment, mais le jeu en vaut la chandelle.

— Et Saint-Exupéry, l'avez-vous lu, au moins ? demandent les journalistes à Jean-Claude.

— Je suis en train.

Le pêcheur a attaqué la biographie, c'est un gros livre, mais, dès les premières lignes, il a été apprivoisé par l'écrivain comme le renard l'est par le pilote perdu dans *Le Petit Prince.*

Il découvre ainsi que, jeune encore, Antoine a dû livrer des combats singulièrement plus difficiles que les siens. Orphelin de père à trois ans, il a été heureux, oui, gâté, oui, entouré, oui, mais si son siècle fut celui de l'aviation, des grandes découvertes scientifiques et médicales et des odyssées géographiques, il fut aussi celui de deux guerres mondiales, de grandes tyrannies et de génocides. Devenir un homme dans ce maelström tenait de la gageure, d'autant qu'il venait d'un milieu aristocratique, réactionnaire et catholique, qui pensa longtemps que rien ne changerait jamais.

Saint-Exupéry par son père – un Limousin qui avait derrière lui sept siècles de noblesse militaire –, et Fonscolombe par sa mère – laquelle descendait d'une lignée d'aristocrates provençaux riches en artistes et en savants –, le jeune aristocrate n'avait rien, *a priori*, qui puisse émouvoir Jean-Claude – qui, lui, est un pêcheur marseillais d'ascendance italienne, un «babi», comme on les appelait. Mais approche-t-on d'un homme, c'est toujours un enfant que l'on découvre : le colosse englouti le 31 juillet 1944, n'a en fait jamais grandi. «*Je suis de mon enfance comme d'un pays*», professait-il. Ce pays, c'était Saint-Maurice-de-Rémens, dans les monts du Bugey, près de Lyon.

Jean-Claude lit qu'Antoine vient vivre là en 1903, après que son père, jeune encore, a été foudroyé par une attaque cérébrale. Saint-Maurice est le fief d'une forte femme, la comtesse Gabrielle de Tricaud, qu'on appelle «tante» dans la famille. Elle recueille la veuve et les cinq enfants de son neveu dans son château situé au cœur d'un vaste parc et cerclé de monts boisés et de forteresses lointaines.

Cet horizon digne d'un conte de chevalerie s'imprimera puissamment dans l'imaginaire du jeune garçon, tout comme les couloirs austères et les armoires pleines de linge de l'immense demeure. Et comme les figures lointaines des adultes, leurs conversations mystérieuses autour des lampes à pétrole et le ballet silencieux de la domesticité...

Antoine est blond, on l'appelle « le Roi-Soleil », c'est un petit garçon robuste, autoritaire et tyrannique qui se bat souvent avec son jeune frère François. Il est tendre aussi, et infiniment sentimental. Les femmes lui apprennent la douceur de vivre, à commencer par sa mère, la délicieuse Marie de Saint-Exupéry, une dévote tolérante et coquette. Il y a aussi ses sœurs, Marie-Madeleine, douce et solitaire, surnommée « Biche », Simone la conteuse excentrique qui partira au Tonkin, et la joyeuse Gabrielle, dite « Didi », qui sera plus tard baronne d'Agay. L'enfant a une vieille bonne qu'on appelle « Moisy », ou « mademoiselle », il a des animaux apprivoisés ou pas, il a un précepteur original et cultivé, curé de son état, le père Montessuy. Plus tard, il ira dans une école de jésuites faire le dur apprentissage du monde viril, mais, avant, il aura pris son baptême de l'air, à douze ans, et sans le dire à personne.

Antoine trouve alors son monde à lui, celui des nuages et des étoiles, là où règne l'innocence préservée.

– Comme moi, la mer, pense Jean-Claude.

Il a saisi qu'on ne comprend rien à Saint-Exupéry si l'on ne sait pas d'où il vient ni ce que fut sa jeunesse enchantée. Plus tard, Antoine épousera une étrangère, il fera l'aventurier, le pilote d'essai et le journaliste, il écrira des poèmes, des nouvelles et des romans, autant dire qu'il ne fera rien, aux yeux de son milieu d'origine, qui vaille la peine d'être rapporté. Pis, il ne se souciera pas de perpétuer sa lignée, lui qui, comme fils aîné et bientôt unique, avait la charge du nom.

Qu'importe : on sait qu'il fit mieux que cela. Il n'a jamais cessé de nous dire que nous étions tous les enfants d'un même sang.

7 novembre 1998

Le scandale couve.

Henri-Germain Delauze se sent-il, sinon coupable, du moins en porte-à-faux, de ne pas avoir déclaré l'objet dans les temps ? En regard de la loi, sans doute. Il a bien demandé l'autorisation de garder la gourmette aux préfets, le temps de trouver l'avion, mais c'était *off record*, et il n'y a rien d'écrit, rien qu'il puisse montrer. Le *gentlemen's agreement* se retourne contre lui, maintenant que l'héritier d'Agay est là.

Reste à espérer que quelques heures de conversation entre gens bien élevés aplaniront les difficultés. Il fait confiance à la cuisine délicate de son épouse, au charme de la maison lacustre de Saint-Nicolas, si rafraîchissante avec ses beaux parquets d'okoumé, ses tourterelles roucoulantes et ses chiens – il y en a quatre, qui ne feraient pas de mal à un chat.

Et puis, si ça ne suffit pas, il dispose encore d'une arme secrète : si Frédéric d'Agay veut voir le *Minibex*, il se fera un plaisir de ne rien lui cacher. Antoine de Saint-Exupéry a toujours été amoureux de la science et de la technique, nul doute que son petit-neveu ait la même ouverture d'esprit…

Aussi, quelle n'est pas sa surprise, le lendemain matin, en voyage à Londres, quand il reçoit un coup de fil de sa secrétaire : il y a deux huissiers chez Michèle, des huissières plutôt !

– Elles nous apportent une sommation d'avoir à remettre la gourmette à M. Frédéric Giraud d'Agay. Qu'est-ce que je fais, président ? demande Joëlle.

– Vous signez leur papier, mais vous ne leur remettez rien du tout ! répond Delauze, indigné.

Il rentre à Marseille par l'avion du soir et rappelle Frédéric d'Agay :

– Quand on dîne chez des gens de bonne compagnie le dimanche, on attend au minimum le lundi pour leur envoyer du papier bleu, non ? Je croyais que nous étions d'accord pour parler de tout ça calmement ?

– Je fais ce que je veux ! répond son interlocuteur avec raideur.

– Eh bien, dans ce cas, je retire mon invitation !

– Comment ? Mais vous parlez à un baron de sang bleu ! s'emporte d'Agay.

« Un baron de sang bleu ! s'esclaffe encore aujourd'hui le président de la Comex. Je croyais qu'ils avaient tous reçu une bonne éducation ! »

La réponse à venir des héritiers d'Agay va se dérouler en trois temps, suivant un plan média parfaitement élaboré.

Premier temps : un tir de semonce et un raid éclair.

Le lendemain du déplaisant échange téléphonique, l'AFP reçoit un communiqué de la Société pour l'œuvre et la mémoire d'Antoine de Saint-Exupéry :

« La Comex a refusé de [nous] recevoir et de [nous] montrer la gourmette de Saint-Exupéry [...] La famille estime qu'aucune personne, aucune administration, organisation ou institution de nature culturelle, militaire ou historique ne peut prétendre s'approprier un bien qui est un objet intime et familial pourtant le nom de son propriétaire...»

En foi de quoi, elle demande à « M. Bianco [...] et au PDG de la Comex de lui restituer sans tarder cette gourmette».

– Elle a dormi sous l'eau pendant un demi-siècle, ils ne pouvaient pas attendre quelques semaines de plus? répète le président de la Comex.

Il téléphone au pêcheur, qui téléphone au fédérateur, qui téléphone au passeur. Tous les quatre savent maintenant qu'ils vont devoir rendre des comptes.

Leur cause était la même que celle des d'Agay, pourtant. Leur travail, s'ils peuvent l'achever, servira la mémoire d'Antoine de Saint-Exupéry comme la servent depuis cinquante ans ses héritiers. Si Delauze trouve l'avion, on pourra écrire le dernier chapitre de la prodigieuse histoire du pilote-écrivain, et d'ores et déjà la publicité faite autour de la gourmette a fait renaître la curiosité autour de l'œuvre. Un demi-siècle, c'est assez pour commencer à effacer le souvenir de ce qu'il fut et ce qu'il écrivit : grâce à Jean-Claude, grâce à l'avion – si on le retrouve –, les générations nouvelles découvriront la prodigieuse générosité de sa pensée et la simplicité amicale de son écriture...

N'était-ce pas là un motif suffisant pour passer sur quelques imperfections de forme et communier dans le même dessein? Être fidèle, en somme, au message d'Antoine? Eh bien, non. Les Marseillais et le Cannois voient se dresser face à eux l'une des plus vieilles familles de France. Elle active un puissant réseau pour s'approprier la gourmette afin, prétend-elle, de l'authentifier. Quel réseau ? On ne sait. Mais pour qu'elle arrive à ses fins en deux mois, c'est qu'il existe. On est en république, mais les aristocrates semblent avoir encore des privilèges.

Deux mois plus tard, donc, sur une mystérieuse intervention « venue de très haut », la gourmette va passer des coffres des Affaires maritimes à ceux de la Défense, puis de la Défense à l'armée de l'air, qui la restituera à la famille sans plus de cérémonie. Un général de la région aérienne Méditerranée, en l'absence du pêcheur et du président, se débarrassera, au bénéfice de simples particuliers, du fameux « bien culturel » censé appartenir à l'État.

Elle aurait dû aller à la Caisse des dépôts et consignations dans un premier temps, être expertisée, et, si elle était authentique, être enfin remise aux ayants droit, ce qui aurait évité toute polémique.

Deuxième temps de l'opération : le tir de barrage.

Objet : jeter le doute, discréditer l'inventeur, désamorcer la charge affective de la découverte et, somme toute, revenir au point de départ. Frédéric d'Agay, qui, trois mois plus tôt, la voulait avec insistance et reconnaissait dans *La Provence* qu'il « s'agi[ssai]t bien de la gourmette de Saint-Exupéry […] d'après une dizaine de témoignages », va faire machine arrière et déclarer que « l'entourage […] ainsi que les pilotes […] savaient bien qu'[il] n'avait pas de gourmette. »

Alors que, selon Hervé Vaudoit, Nelly de Vogüé l'a assuré du contraire !

Fin janvier 1999 entrera en lice un magazine censé incarner le fin du fin de l'objectivité scientifique. *Science et Vie* – puisqu'il s'agit de lui – dénoncera l'« imposture marseillaise » avec des formules qui font mouche et des démonstrations de jésuites. L'ennui est que, trois ans plus tôt, les mêmes plumitifs avaient déjà écrit que la grotte Cosquer était un faux... avant d'être cruellement démentis par les faits. Mais nul ne s'attardera à ce détail.

Troisième temps : le coup de grâce.

Le plus gros calibre disponible sur le théâtre des opérations – car il s'agit maintenant d'une bataille d'images – est sans conteste le journal télévisé de 20 heures, sur TF1. C'est lui que choisira le représentant de la Fondation Saint-Exupéry pour porter le coup de grâce au malheureux pêcheur, se fendant d'un de ces gestes théâtraux qui font ricaner les professionnels, mais arrachent des larmes au téléspectateur.

À l'issue de cette offensive parfaitement menée, l'indignation, légitime, encore qu'exagérée, des ayants droit de Saint-Exupéry aura rencontré l'opportunisme et la soif de sensationnel des uns, le scepticisme et l'arrogance des autres, et emporté l'adhésion générale : les Marseillais sont au tapis, et Marseille reste fidèle à sa fâcheuse réputation.

Tout sera rentré dans l'ordre, mais on n'en est pas encore là.

Si les d'Agay se sentent dépossédés, contournés, niés dans la tâche sacrée qui est la leur, il n'en reste pas moins qu'ils ont cédé à une tentation assez commune aux descendants d'une célébrité : celle de figer son histoire comme il leur convient.

Ils ne veulent pas, semble-t-il, qu'on explique la disparition inexpliquée et inexplicable d'Antoine de Saint-Exupéry. Ils tiennent au mystère, à l'inachevé. Un court article de Dominique Arnoult, paru dans *La Provence*, résume leur position :

« La famille souhaite que cette sépulture marine soit préservée, comme celle de ses camarades [Mermoz et Guillaumet, dont on n'a jamais retrouvé la trace], pour respecter le vœu de sa mère, Marie de Saint-Exupéry, et parce qu'il est écrit dans *Le Petit Prince* : "Maintenant, je suis un peu consolé. C'est-à-dire... pas tout à fait. Mais je sais bien qu'il est revenu sur sa planète..." »

Certes. Alors faut-il, comme le demande la journaliste, « laisser partir à jamais Saint-Exupéry, ou faut-il, au nom de la vérité historique, percer à tout prix le mystère de sa mort ? »

On se hasardera, tout de même, sur le terrain obscur et sensible de la psychologie pour tenter d'expliquer les réticences de la famille : succéder à une icône, c'est être jugé par rapport à elle, et donc être renvoyé à ce que l'on est. La souffrance commence là, dans cette ombre qui vous empêche de grandir et de l'égaler. Quand il le peut, et c'est humain, l'héritier fait donc entendre sa voix sous la grande voix. Le dépôt sacré est d'autant plus sacré qu'il ne lèse pas ses intérêts, financiers ou moraux : qui l'approche, le conteste ou l'enrichit est perçu par lui en profanateur.

Pourtant, l'Histoire, tôt ou tard, a le dernier mot. Elle dit ce qui s'est réellement passé, et elle le dit parfois par l'intermédiaire d'un simple patron pêcheur.

– Que j'aie fait revenir cette gourmette au jour, ça aurait dû les faire pleurer de joie, non ? tempête Jean-Claude devant les journalistes. Allez comprendre pourquoi ils font ça !

9 novembre 1998

Rien ne tout cela ne s'est passé encore, mais les choses se gâtent.

À la Comex, une lettre de Frédéric d'Agay arrive pour le président : « ... Je vous prie, si vous avez quelque chose à me dire, de bien vouloir m'en informer par écrit. »

C'est ce qu'on appelle couper les ponts.

Delauze n'écrira jamais : on ne le traite pas comme un manant.

Par voie de presse, les Affaires maritimes annoncent dans la foulée que le parquet de Marseille a ouvert une enquête sur les circonstances de la découverte, et elles précisent qu'elles n'ont délivré aucune autorisation de recherche concernant l'avion.

Stupéfaction générale : il gît là, quelque part devant Marseille, on dispose de tout l'équipement pour le repérer et le repêcher au grand jour, mais les autorités l'interdisent! Au nom de quoi?

Réponse de militaire : c'est un appareil militaire.

Delauze refuse de céder. Le *Minibex* est doté de toutes les autorisations nécessaires pour sonder les fonds marins, il continuera donc.

Et il continue. Jour après jour, chaque fois qu'il est libre, le *Minibex* tire son sonar devant les calanques. Et il ne trouve rien.

Les opérateurs ont beau s'user les yeux sur leurs écrans, le sonar passer et repasser dix fois sur tous les points de croche relevés par Bianco, il n'y a rien.

Le fond de la mer est vide.

Enfin, vide… Depuis la découverte du « *Titanic* romain », l'équipe en est à la septième découverte d'épave antique ! Une moisson impressionnante…

Mais elle n'a pas trouvé l'avion.

– C'est à devenir dingue ! soupire le pêcheur chaque fois qu'il a le président au téléphone. Mon père a repêché un cockpit d'avion, vous vous souvenez ? Et puis, cette gourmette, elle n'est pas venue à pied !

Six semaines qu'ils cherchent, sur un territoire qui n'excède pas mille kilomètres carrés.

Des heures et des heures de « *survey* », en vain, à écouter, à sonder, à ausculter les fonds, à contempler les flots. À espérer le miracle.

Qui n'a pas été saisi de vertige devant l'immensité marine ? Sa masse énorme, sa rumeur millénaire… Pour un peu, on tomberait à genoux devant elle, comme devant un dieu muet. Car elle reste obstinément muette, et le *Minibex* continue d'aller et venir sous un soleil pâle d'hiver, roulant de la quille, un œil sur la surface, l'autre sur les profondeurs…

Rien.

– Pas la moindre image ? s'enquiert le pêcheur par téléphone.

– Rien.

Philippe Castellano, lui aussi, s'impatiente. Delauze les cite, Becker et lui, chaque fois qu'il en a l'occasion, et il a ainsi reçu des dizaines de coups de fil sur son téléphone personnel, dont *Le Figaro magazine*, qui veut l'interroger avec Pierre.

Un passeur qui n'a encore fait passer personne, un fédérateur qui n'a pas découvert la source… Est-ce pour cela qu'ils essaient de forcer le destin ? Tous les deux vont faire un faux pas.

Depuis plusieurs jours, un doute terrible ronge Castellano, qui s'en est ouvert à Becker : puisqu'on ne trouve rien entre Riou et Cassidaigne, ne faut-il pas en tirer les conclusions qui s'imposent ? On a pensé qu'il y avait quelque chose parce qu'on y a retrouvé la gourmette, mais si cette gourmette, contre toute vraisemblance, venait d'ailleurs ?

À contrecœur, il en est venu à élaborer une hypothèse déchirante : et s'il n'y avait pas d'avion devant les calanques, tout simplement ?

D'où vient alors la gourmette, si ce n'est de l'un des P-38 déjà repérés à La Ciotat ?

Mais lequel ?

Il y en a deux. Celui attribué à Riley ou celui de Greenup.

Chez lui, le passeur empile revues, dossiers, livres, listings d'ordinateur, archives sonores et cinématographiques à la cave : il n'y a plus de place ailleurs. Sa directrice de crèche d'épouse et ses trois enfants ont le plus grand mal à endiguer cette marée ininterrompue de papier, sans compter les trophées, posters, photos et bibelots de toutes sortes se rattachant tous à l'histoire de l'aviation militaire entre 1930 et 1945.

Le passeur descend dans son sous-sol et se replonge dans ses trésors, exhume les classeurs consacrés à Riley, à Greenup. Il relit pour la dixième fois les dossiers techniques du Lightning P-38 et de ses innombrables versions. Dont la version 5B, reconnaissance à haute altitude.

Et le même doute terrible continue de faire son chemin en lui.

L'avion qu'il a visité comme étant celui du lieutenant Riley, il l'a identifié par déduction, et non pas par les numéros de fabrication poinçonnés sur le cockpit ou les moteurs. Les débris remontés ne portaient aucun numéro de série, aucune plaque en provenance du constructeur prouvant formellement que c'était bien celui de Riley ; il eût été facile alors de les comparer aux listings d'attribution des appareils du 27 janvier 1944 – jour où Riley s'est envolé – ou du 31 juillet 1944 – jour où Saint-Exupéry a disparu.

Le second avion – dans un état parfait – découvert aux Lecques par un certain Marcel Camilleri avait ses plaques, lui. Il a pu être formellement identifié comme étant celui du sous-lieutenant Greenup, et comme Greenup a été abattu en même temps que Riley (les rapports de vol de leurs coéquipiers l'attestent), en déduire que l'autre appareil – c'est-à-dire celui qui avait été abattu devant l'île Verte – était celui de Riley semblait logique.

Mais, si par extraordinaire, ce n'était pas le cas ? Si Riley avait, en fait, disparu corps et biens, ailleurs ? Alors, ce serait le Lightning de Saint-Exupéry qui reposerait à La Ciotat ! Funeste malice du sort, certes, mais la découverte de la gourmette ne montre-t-elle pas que tout est possible dans cette histoire ?

Becker a convaincu Castellano de recevoir un journaliste du *Figaro magazine* dans les locaux de Géocéan. Toujours pressé d'obtenir un résultat, le fédérateur, et tant pis pour la rigueur ! Les débris du P-38 repêché devant La Ciotat viendront opportunément en illustration à la nouvelle théorie.

– Jamais nous ne nous sommes sentis si près du but, déclare-t-il triomphalement.

Il pose en gilet, tenant un morceau de l'avion dans ses mains.

– Nous pensons de plus en plus fortement [...] qu'il s'agit de l'avion de Saint-Exupéry !

Castellano, très mal à l'aise, reste sur la réserve. Il s'est fait forcer la main et s'en veut.

– Disons, pour garder notre raison, qu'il y a une chance sur deux pour qu'il s'agisse bel et bien de l'avion de Saint-Exupéry! glisse-t-il.

L'article a paru le 7 novembre. Il est très bien illustré et, à l'aide d'un habile raccourci typographique, en accolant un titre («Lightning P-38 de La Ciotat: les pièces du dossier») et un sous-titre («Le P-38 de Saint-Exupéry»), il avalise la nouvelle thèse du passeur et du fédérateur. Reste que, pour identifier un avion de ce type, il faut *in fine* un numéro de fabrication, et les deux compères n'en ont pas trouvé.

On notera en outre qu'avancer une nouvelle hypothèse de travail alors même que la Comex continuait à ratisser les fonds n'est sans doute pas la meilleure idée qu'ils aient eue. Elle a introduit une ambiguïté gênante dans une histoire qui n'en manquait déjà pas.

À cela trois explications: le fédérateur a réagi en chef d'entreprise tout heureux de se faire de la publicité, le passeur s'est laissé emporter par ses scrupules, mais, surtout, la presse avait ses exigences – il lui fallait montrer des images, quand bien même ce n'était pas les bonnes. L'avion de Riley a fait l'affaire.

Chapitre 5

– Mon chéri, tu es dans *Paris-Match*!

Elle n'est pas peu fière, Michèle : *Paris-Match*, le plus grand magazine français, «le poids des mots, le choc des photos», pas moins de six cent mille exemplaires vendus toutes les semaines! Son Jean-Claude occupe trois pages, plus que n'importe quel «people»! Et la photo principale, c'est elle qui l'a faite avec son appareil jetable : le pêcheur et sa gourmette, devant le bâtiment des Affaires maritimes!

Un beau cadeau au journal. Les people négocient leurs photos, eux, contre espèces sonnantes et trébuchantes, quand ils ne s'en servent pas pour promouvoir leur image de marque. Mais le patron pêcheur de Marseille ne sait pas ce qu'est une image de marque : il pose avec la gourmette comme il poserait avec ses filles ou ses petits-fils.

Fièrement.

Comme l'a fait *Le Figaro magazine*, les autres photos montrent l'épave de l'avion de Jim Riley, à La Ciotat, puisqu'on n'a rien de mieux à se mettre sous la dent pour le moment. On mettra le paquet quand ils auront retrouvé l'avion, a dû se dire l'hebdomadaire.

Pour l'heure, Jean-Claude est content : il ne voit pas venir l'orage. *Paris-Match*, ç'aurait été mieux avec sa tête en couverture, mais ils ont choisi de montrer celle de Jean Marais, parce qu'il est mort la semaine précédente, et on ne va pas contre ça. Même les Japonais l'appellent. Ainsi, le *Sunkei*, le plus grand journal de Tokyo, publie une photo de lui où on le voit embrasser un poisson. Il le regrette, on dirait un fada qui a bu trop de pastis !

Les Américains ne sont pas en reste. Aux États-Unis, on aime bien Saint-Exupéry, et Jean-Claude vient de lire dans sa biographie que, là-bas, l'aviateur s'amusait à lancer des hélicoptères en papier du haut des gratte-ciel. Un grand enfant, Saint-Exupéry, mais avec un cœur gros comme ça. Et quelle vie que la sienne ! Il croyait, le pêcheur, que tous les écrivains restaient chez eux à noircir du papier, avec leur chat sur les genoux, mais celui-là était vraiment d'une autre trempe...

Là-dessus, la controverse qui couvait comme le feu sous la cendre éclate.

20 novembre 1998

Le premier à ouvrir le feu est un historien, un collègue de Castellano, lui aussi spécialisé dans l'aviation de guerre en France. Nous l'appellerons Monsieur X. Cet homme vit loin de Marseille et s'est fabriqué un dogme : le P-38 que Castellano prenait pour l'avion de Riley et qu'il attribue maintenant à Saint-Exupéry est l'avion d'Agliany, un autre pilote de la 2/33 qu'on donne à l'ordinaire perdu au large de Port-de-Bouc. Fermez le ban, je détiens la vérité.

Monsieur X écrit dans une petite revue spécialisée. Castellano et lui se connaissent depuis longtemps, ils ne s'aiment guère, mais ils ont fondé avec d'autres chercheurs la Fédération française pour la recherche de l'histoire de l'aviation. À ce titre, il leur arrive de partager leurs informations. Petites rivalités, affrontements feutrés, leurs discussions byzantines sur l'emplacement d'un phare latéral dans le bord d'attaque de l'aile ou la présence de points d'ancrage pour les lance-roquettes rempliraient un annuaire...

Il y a pourtant une différence, et de taille, entre les deux hommes : Monsieur X n'est jamais descendu sous l'eau, tandis que Castellano est un plongeur émérite de niveau III. Éternelle opposition entre les chercheurs «en chambre» et les chercheurs «sur le terrain» : Castellano a un rapport physique, presque charnel, avec les avions engloutis, et il est plus soucieux de la mémoire des pilotes disparus que de sa propre réputation. Ça en fait un garçon charmant qui, en quelques semaines, a su faire la conquête de Jean-Claude, d'Henri-Germain Delauze et de tout l'équipage du *Minibex*.

Outre cela, le passeur dispose d'un réseau d'informations tentaculaire : non seulement les amateurs d'avions de guerre anciens, les pilotes, tous ceux que fascine le ciel, mais aussi le peuple des plongeurs, ces fanatiques des profondeurs qui sont aussi bien souvent des esprits cultivés, curieux et informés. Et l'information circule vite entre ces gens-là : dans les mois qui suivront, c'est à une véritable pluie d'indices que Castellano devra faire face – décevants le plus souvent, il est vrai.

Qu'écrit Monsieur X dans sa revue confidentielle ? Il ne fait pas dans la nuance : il décrit le pêcheur et ceux qui l'entourent comme une «bande de Marseillais», des «nécrophages des temps modernes qui, armés de sonars et de cisailles, veulent violer le sublime reliquaire où repose l'auteur de nos rêves tombé en plein ciel d'azur».

On sourira du style et de l'emphase, mais tout cela est écrit pour faire mal. Le pêcheur, le président et le fédérateur rient jaune, le passeur ne rit pas du tout. Querelles d'experts, lui dit-on, petites aigreurs et jalousie de boutiquier déçu : Monsieur X n'a rien trouvé, il n'est pas dans le coup, il n'est pas dans les journaux, alors il se venge.

Soit, ce ne sont que des petitesses autour d'un grand homme, se dit Jean-Claude. Il vient de feuilleter *Courrier Sud*, et tout ce qu'écrit l'aviateur sur le monde vu du ciel aurait pu être dit par un pêcheur : « *les crêtes couronnées d'une chevelure d'éclairs bleus*», par exemple, et surtout cette phrase : « *On se sent pris, alors, dans une sorte d'accident cosmique.*»

Ça lui a toujours fait cet effet-là, à Jean-Claude, quand il y avait de l'orage en mer.

1926

Antoine a vingt-six ans quand il devient pilote de ligne.

Quatorze ans plus tôt, le gamin survolait Ambérieu et sa région pour la première fois, juché sur un échafaudage de toile et de tubes tiré par un moteur de soixante-dix chevaux : Antoine de Saint-Exupéry venait d'attraper le virus de l'aviation.

Puis il a eu dix-sept ans, il a échappé aux jésuites du Mans et il a suivi un enseignement éclairé chez des Maristes, en

Suisse. La Première Guerre mondiale saigne l'Europe à blanc. À Saint-Maurice, son frère cadet, François, va mourir dans ses bras d'un rhumatisme cardiaque et Antoine ne sera plus jamais le même. Il s'éloigne de la religion. C'est sa première rupture avec son milieu.

Il prépare l'École navale, mais échoue. La fin de la guerre le laisse sans projet d'avenir, alors il s'installe à Paris et fréquente le salon littéraire de sa cousine. À vingt ans, il se fait encore appeler « monsieur le comte » et il use de ses relations sans vergogne.

La famille attend patiemment qu'il ait jeté sa gourme et rentre dans le rang, mais il va tomber amoureux d'une aristocrate excentrique, la future poétesse et romancière Louise de Vilmorin (elle séduira Malraux plus tard). Leurs fiançailles ne tiennent pas longtemps, Louise s'éloigne. Antoine sera malheureux plusieurs années, mais c'est le prix à payer pour qu'il devienne enfin lui-même.

Il n'a plus que la ressource de s'envoler vraiment. L'albatros piétinera encore trois ans, d'abord employé par une tuilerie, puis représentant d'une fabrique de camions, mais il œuvre en secret à son premier livre, mûrit son propos, s'invente un style, affine son écriture. L'écrivain que nous connaissons naît dans ces années-là, entre 1924 et 1926.

Il a vingt-six ans quand il entre chez Latécoère. Il sera aux ordres de Didier Daurat, un ancien de 1914-1918 qu'il décrit sous les traits du fameux Rivière dans *Vol de nuit*. Il vient de se trouver un père, et un mentor.

Daurat est dur, exigeant, impitoyable, mais il lui fixe un idéal. Il apprend à Antoine ce que c'est qu'une mission, et que cette mission donne un sens à votre existence. Les avions de l'Aéropostale sont ouverts à tous les vents, ils n'ont pas de radio, les moteurs sont aussi fiables que des cornets à dés, mais bientôt le jeune Antoine de Saint-Exupéry ira livrer le courrier de l'Europe jusqu'en Afrique, puis, par-dessus l'Atlantique, jusqu'en Amérique du Sud.

Décembre 1998

L'année s'achève.

Le doyen des astronautes américains revient sur Terre avec la nouvelle navette spatiale. Les Russes mettent en orbite le premier élément d'une station dans l'espace. Des missiles Tomahawk tombent sur l'Irak.

Le monde a bien changé depuis qu'Antoine de Saint-Exupéry réparait son moteur dans un Sahara peuplé de tribus rebelles, une clé à molette dans une main et un pistolet dans l'autre – mais est-ce si sûr ?

Le monde, oui, mais pas les hommes. Cependant, on peut toujours espérer…

Frédéric d'Agay boude Henri-Germain Delauze, mais il se montre accessible à Castellano et à Becker. Les deux hommes le reçoivent courant décembre dans les bureaux de Géocéan. Patrick Grandjean, le directeur du Drassm, est de la partie.

Ça se passe plutôt bien. L'héritier est dans sa logique : il se plaint, raconte les pressions que subit la famille d'Agay depuis des années, rappelle le souci constant qu'elle a de protéger l'œuvre d'Antoine des exploiteurs, des margoulins et des copieurs de toutes sortes, et passe sous silence le fait que lui-même a participé à l'aventure Rocderer – ce fabricant de champagne qui espérait un mirifique retour sur investissement en retrouvant l'avion de Saint-Exupéry en baie de Nice avec le navire de l'Ifremer.

Personne n'a le mauvais goût de le lui rappeler.

La conversation, poursuivie à table, laissera au fédérateur comme au passeur un bon souvenir. Frédéric d'Agay ne manque pas de charme ni de bagout, il en arrive même à leur confier que le légataire universel de Consuclo de Saint-Exupéry, José Martinez Fructuoso, a vu la fameuse gourmette dans les mains de sa patronne (il était son secrétaire).

Stupéfaction de Becker et de Castellano, qui répercuteront le soir même l'information à Bianco et à Delauze. Mais elle ne sera jamais confirmée, car le descendant d'Antoine ne leur donnera plus jamais de nouvelles…

Au moins ont-ils appris que Frédéric d'Agay connaît Monsieur X, lui aussi, Monsieur X qui semble d'autant plus opposé à ce qu'on trouve l'avion de Saint-Exupéry qu'il n'a pas été mis dans le coup par Delauze.

C'est une coïncidence pour le moins troublante. Chacun en tirera les conclusions qu'il voudra.

Le lendemain, c'est au tour de Jean-Claude de rencontrer Jean et François d'Agay. Là, c'est un pur hasard : ni l'un ni les autres n'en avaient fait la demande, mais Jean-Claude, par l'intermédiaire de ses amis de Morgiou, Paul et Monique (ses accompagnateurs à Bekalta), a été joint quelque temps plus tôt par Jean-Yves Lepage. Celui-ci est pilote au port autonome de Marseille, et sa femme, Claude, s'occupe du Musée provençal de Château-Gombert avec… le baron Frédéric de Giraud d'Agay !

Les Lepage ont proposé de les réunir pour mettre fin au quiproquo. Jean-Claude a accepté immédiatement, l'autre partie aussi. Jean-Claude se rend au déjeuner avec Habib et Paul. Château-Gombert est dans la banlieue de Marseille, tout près. Sourires, poignées de main, civilités. Les Lepage se dépensent sans compter pour alléger l'atmosphère. Les deux neveux de Saint-Exupéry, Jean et François, de solides sexagénaires, habitent toujours sur les terres de leur mère Gabrielle – le château ayant été rasé par les Allemands en 1944, ils ont fait construire des maisons. Certes, Agay n'est pas Marseille, c'est même tout le contraire, mais tout le monde a l'air décidé à s'écouter, sinon à s'entendre.

Jean-Claude n'est pas homme à différer plus longtemps l'explication nécessaire :

– Dites-moi, messieurs, comment se fait-il que vous ayez envoyé un huissier à un simple pêcheur qui ne vous voulait pas de mal ? La gourmette de votre ancêtre, j'étais content de la ramener à la surface, moi ! On n'y a pas vu malice, avec Delauze...

Embarras des deux d'Agay ; l'homme qu'ils ont devant eux n'est visiblement pas celui qu'ils s'attendaient à affronter. Jean d'Agay explique avec chaleur :

– À Paris, on nous a dit beaucoup de mal de vous, monsieur Bianco. Que vous étiez un gangster, quelqu'un qui cherchait à faire une bonne affaire, quoi. Je vois que nous nous sommes trompés.

Jean-Claude s'étrangle : ils croyaient quoi ? Rencontrer Carbone, Spirito, Al Capone ?

– Bien sûr ! De Paris, on pense que je dirige un atelier de fonderie clandestin, c'est ça ? Que j'ai récupéré les bracelets de ma grand-mère pour fabriquer une fausse gourmette, que je l'ai gravée et laissée mariner quelques mois dans la flotte avant de vous la ressortir ? On vous a dit que Delauze était en train de labourer la mer pour vous faire avaler qu'elle était vraie, que l'avion était vraiment là, et qu'elle vaut donc très cher ? Mais si c'était le cas, messieurs, si je faisais partie de la Mafia, je ne serais pas là, chez nos amis Lepage ! J'aurais fait prendre contact avec vous discrètement, comme dans les films américains, et je vous aurais échangé la gourmette contre mon silence et un gros paquet d'argent ! Alors que là, je ne vous demande rien. Rien !

C'est en substance ce qu'il leur dit. Il est encore tout rouge et indigné. Du coup, comme Frédéric la veille, avec le passeur et le fédérateur, les frères d'Agay baissent la garde. Tout cela est stupide, on devrait s'entendre, maintenant, et puisqu'ils ont le bonheur de rencontrer un pêcheur marseillais, un vrai, Jean d'Agay l'informe que, justement, il cherche une barquette marseillaise : est-ce que Jean-Claude pourrait sonder ses connaissances ?

On nage en pleine euphorie.

Au moment de se quitter, Jean d'Agay offre à Jean-Claude et à Habib des porte-clés à l'effigie de l'avion de Saint-Exupéry.

– Je compte sur vous, monsieur Bianco, pour la barquette…

Rentré chez lui, Jean-Claude raconte le déjeuner à Michèle.

– Ça devrait aller, maintenant, conclut-il, soulagé.

– On va voir…, glisse Michèle, méfiante.

– Oh, toi, on te présenterait la Bonne Mère que tu croirais que c'est Michèle Morgan !

191

Fin décembre 1998

Castellano revient enfin sur son erreur, mais un peu tard. Il a relu la nomenclature technique du constructeur des Lightning, Lockheed, et il identifie un vérin hydraulique récupéré lors d'une plongée sur l'épave qui faisait problème, à La Ciotat. Pour faire court, ce vérin était monté sur une version du P-38 à laquelle n'appartient pas l'avion de Saint-Exupéry. Saint-Exupéry pilotait un P-38 de type F-5B dérivé du type J, le vérin va sur un type G.

Le dessin du capot, au-dessus des turbocompresseurs, conforte définitivement le passeur dans sa conclusion. Ce sont des GE B 13, l'avion de Saint-Exupéry était doté de GE B 33, plus puissants. Catellano a déclenché une levée de boucliers pour rien, et il n'a pas fini de s'en mordre les doigts.

Donc Saint-Exupéry n'est pas au large de La Ciotat. Et donc il s'agit bien du P-38 piloté par Riley, comme il le pensait à l'origine.

Et donc on en revient au point de départ : où est Saint-Exupéry ?

Là-haut, dans l'Est, Monsieur X en tient toujours pour les Alpes. Il a confié à Vaudoit qu'il partirait en expédition, cet été, pour retrouver l'avion de Saint-Exupéry !

Avec des nécrophages, sans doute.

Entre-temps, Jean-Claude a trouvé une belle barquette marseillaise pour Jean d'Agay. Il l'appelle. Jean d'Agay lui dit qu'il va réfléchir.

Il ne rappellera jamais.

Fin janvier 1999

Cette fois-ci, Michèle ne songe pas à montrer le magazine à ses amies : le *Science et Vie* du mois de février vient d'ouvrir le bal, sous un titre racoleur : « L'affaire de la fausse gourmette ». C'est un copain de Jean-Claude qui, le rencontrant, l'a pressé d'acheter le journal :

– Qu'est-ce qu'ils te mettent !

Science et Vie se veut le premier magazine européen de l'actualité scientifique, il tire à trois cent cinquante mille exemplaires et monte souvent au créneau contre les fausses vérités, proclame-t-il. C'est autre chose que le fanzine pour amateurs d'aéronautique, et ça fait plus mal.

Car à l'intérieur, il y a pas moins de sept pages consacrées à la « bonne affaire de la gourmette » (*sic*), sept pages qui témoignent, pour le moins, d'un scepticisme solidement ancré. L'article n'est pas signé, mais il a été écrit par un certain Franck Jubelin, journaliste et ancien nageur de combat, plongeur expérimenté, donc, et à ce titre parfaitement qualifié pour parler de ce qui concerne les fonds sous-marins.

Jubelin connaît Becker, ce qui n'est pas sans rapport avec ce qu'il pense de l'équipe. Il est bien descendu voir le président Delauze à Marseille, mais il n'a pas jugé bon de rencontrer le pêcheur.

« Vastes zones d'ombre »… « À qui profite le doute ? »… « cortège de suspicions »… « découverte en eau trouble », etc. Ses mots sont soigneusement choisis pour introduire le doute sur la véracité de la découverte. Jean-Claude, « omniprésent dans les affaires maritimes locales », est montré comme un « inventeur peu loquace » qui « reste évasif sur le lieu et les circonstances de sa découverte» et qui «gravite» autour d'un groupe «fasciné» par le mystère Saint-Exupéry.

Castellano et Becker, eux, sont cités sous l'aimable titre «Embrouille?»

Il est vrai que le journaliste a beau jeu de dénoncer ce qui va, avec le temps, se révéler de plus en plus comme une erreur fâcheuse: l'avion de La Ciotat n'est pas celui de Saint-Exupéry – *Science et Vie* l'attribue, lui aussi, à Raoul Agliany. Comme Monsieur X, qui, au détour d'une notule, est qualifié de «spécialiste de ces questions»!

Le revoilà, celui-là.

Le titre de couverture n'était pas de son fait, se défendra Jubelin plus tard. Ce sont le plus souvent le rédacteur en chef ou le secrétaire de rédaction qui s'en chargent, et il a émis par la suite les plus extrêmes réserves sur le tour polémique donné à son travail. Dont acte, mais il n'en reste pas moins vrai que la thèse globale développée est celle-ci – elle figure dans la légende, sous la photo d'Henri-Germain Delauze, en dernière page de l'article: «Il semble que la notoriété internationale de la Comex ait été utilisée dans le but de donner un certain crédit à la gourmette de Saint-Exupéry.»

Utilisée par qui? Jean-Claude Bianco? Philippe Castellano? Pierre Becker?

Ce n'est pas dit, mais c'est sous-entendu. Pour quel scénario? Il est clairement indiqué: un scénario semblable à celui qui envoya l'Ifremer, le puissant organisme scientifique français, sur les traces du *Titanic*, en 1985. L'expédition avait été initiée, dit-on, «par un scientifique et homme d'affaires avisé, nommé Robert Ballard, qui fit travailler pour lui le sous-marin de l'Ifremer et en profita – c'est ce que l'on croit comprendre – pour vendre une fortune les premières photos de l'épave».

Jean-Claude est atterré. Il appelle Delauze, qui a déjà lu le magazine (c'est un lecteur fervent depuis sa jeunesse).

– Oui, bon, Becker est le grand manipulateur, vous êtes son instrument, Castellano est une andouille et moi un imbécile, résume avec flegme le patron de la Comex. Ne vous en faites pas, Jean-Claude, les découvreurs sont toujours cloués au pilori. Dès qu'on aura trouvé l'avion, ils vous feront un trône !

Ça ne console pas vraiment Jean-Claude, d'autant qu'il n'y a toujours pas d'avion devant les calanques. À croire que la gourmette est tombée du ciel, comme une météorite !

Ce que les prétendus conjurés – le pêcheur, le président, le passeur et le fédérateur – ne savent pas, c'est que, du coup, la thèse de l'escroquerie prend de la consistance. Le doute existait bien avant que *Science et Vie* ne paraisse, il n'attendait qu'une caisse de résonance pour se faire entendre, c'est fait.

Car, en vérité, beaucoup de gens doutent. L'histoire leur a toujours paru un peu trop belle, et on peut les comprendre : dans une époque vouée au sensationnel, et alors que se multiplient les journaux navrants qui n'ont de journaux que le nom et cultivent le mensonge comme fonds de commerce, l'information est devenue un instrument de pouvoir et d'argent. Elle est manipulable à l'infini, vérifiable seulement par les professionnels dotés d'une éthique et d'une morale – autrement dit, des vertus qui ne rapportent rien. Du faux charnier de Timisoara à l'extraterrestre de Roswell, des statues qui saignent aux mystères ésotériques soigneusement orchestrés, la manipulation est constante. L'État français lui-même n'a-t-il pas prétendu que le nuage de Tchernobyl s'était arrêté à la frontière?

Alors, le public, échaudé, essaie de faire le tri dans le flot d'informations qui se déverse tous les jours sur lui. Alors, oui, beaucoup n'ont pas cru qu'une gourmette perdue il y a un demi-siècle soit arrivée «naturellement» dans les filets d'un pêcheur marseillais. Qui a égaré une bague ou de la monnaie sur une plage sait bien qu'il n'a qu'une chance sur un million de les retrouver, alors, pensez, trente grammes d'argent perdus sur des milliers de kilomètres carrés de sable! Et par cent mètres de fond, qui plus est!

L'article de Monsieur X n'était rien. Celui de *Science et Vie* est la première vague d'un raz de marée qui va aller en s'amplifiant.

Car, le soir même de sa parution, sur TF1, on enfonce le clou.

27 janvier 1999, 20 heures

Comme dix millions de Français, Jean-Claude et Michèle regardent le journal télévisé de TF1. Ils aiment bien le présentateur, Patrick Poivre d'Arvor, un grand professionnel qui présente aussi une émission littéraire, tard le soir: «Vol de nuit».

«Vol de nuit», comme le premier livre de Saint-Exupéry (prix Femina 1931). Pas de hasard ici: Poivre d'Arvor a une vénération pour Saint-Exupéry et il écrira plus tard, avec son frère Olivier, un livre sur les héros de l'Aéropostale.

C'est une star. C'est aussi un homme droit mais complexe qui sait «fendre l'armure» quand il faut, c'est-à-dire s'exposer et s'expliquer.

Il est l'homme le plus écouté de France.

Ce soir-là, il présente un reportage sur le pêcheur de Marseille. Trente secondes montées avec ce que Jean-Claude a confié au journaliste sur le port, l'avant-veille. Sur des images du pêcheur, les yeux cernés, le teint plombé, comme aux abois, le journaliste y va de son commentaire :

– Au jeu de la galéjade, Jean-Claude Bianco n'est jamais le dernier.

Autrement dit : pour ce qui est de monter des plaisanteries, adressez-vous à Bianco. Le procès est instruit, le verdict est avancé.

Vient ensuite Delauze – dix secondes –, qui expose son point de vue avec véhémence :

Bianco est bien incapable [...] de faire imprimer et graver une gourmette.

Et là, surprise : Frédéric d'Agay est l'invité de Patrick Poivre d'Arvor !

Les Bianco en laissent tomber leurs cuillères dans le potage.

Costume à gilet, barbe avantageuse, petites lunettes et rondeur bonhomme : l'héritier a un physique sympathique d'érudit, très télégénique. Ce qu'il dit sera crédible, bien plus que les protestations embrouillées du malheureux pêcheur filmé comme un voleur de poules à sa sortie de prison.

Le commentaire de d'Agay reste malgré tout prudent. Il trouve qu'il est «trop tôt» pour dire si la gourmette est vraie ou pas.

– Vous l'avez sur vous ? demande Poivre d'Arvor.

– Oui.

– Vous pouvez nous la montrer?

Et d'Agay la sort de sa poche, comme on sort son mouchoir, ou ses clés. Est-ce pour marquer qu'elle n'a, à ses yeux, pas grande valeur? En tout cas, la scénographie est bien réglée.

La caméra zoome. Quelques gros plans tremblants, mal cadrés, pendant que le journaliste demande à l'héritier:

– Vous n'y croyez pas?

– Ce n'est pas la question de croire ou de n'y pas croire. [...] Saint-Exupéry n'avait pas de gourmette, la famille, ses camarades, l'Américain Phillips n'en ont pas vu...

Poivre d'Arvor essaie de le pousser dans ses retranchements, en vain.

– Ils ne savent pas trop, au ministère de la Défense, et puis cette histoire m'a toujours paru bizarre. [...] Il y a deux solutions, ou elle est vraie ou elle est fausse, et alors, c'est une histoire misérable.

– En attendant, [...] vous la remettez au pêcheur?

– Non, désolé, monsieur Bianco! lance le baron Frédéric de Giraud d'Agay avec un sourire moqueur en rempochant la gourmette.

À Mazargues, Jean-Claude s'étouffe de rage.

1926-1930

Antoine de Saint-Exupéry a vingt-six ans, il vole sur des avions dont le moteur peut le lâcher n'importe où et n'importe quand, mais il est heureux. Il décolle de Toulouse-Montraudan en pleine nuit, franchit les Pyrénées, longe la côte d'Espagne et se pose à Alicante. Il redécolle pour le Sud, se glisse au-dessus du détroit de Gibraltar, longe la côte atlantique du Maroc et survole un pays dissident – le Sahara est encore tenu par des tribus hostiles à la colonisation française – jusqu'à Dakar. Ça fait cinq mille kilomètres, qu'il pleuve ou qu'il vente, sans radio, sans radar, sans pilote automatique, sans personne à qui parler sauf, parfois, un accompagnateur qui vous passe des petits bouts de papier par-dessus votre épaule.

Ses amis s'appellent Mermoz, Guillaumet, Riguelle ou Reine. Ces voyages terrifiants sont le prétexte à des prouesses devenues machinales pour ces hommes jeunes et insouciants. L'aristocrate qu'est Saint-Exupéry se débarrasse de ses oripeaux de naissance, il s'épure et se densifie. Il apprend la fraternité, il éprouve son courage, lequel, à ses yeux, n'est pas une vertu mais « *un peu de rage, un peu de vanité, beaucoup d'entêtement et un plaisir sportif vulgaire* ». Plus tard, nommé chef d'escale à Cap-Juby, il entrera en solitude comme en état de grâce : la pureté du désert le change des sociétés européennes promises à l'autodévoration.

On est en 1928. Dans sa baraque secouée par les vents du désert, il écrit et réécrit *Courrier Sud*. De temps à autre, il saute dans un avion pour aller sauver un aviateur perdu dans le désert. On répare le moteur au milieu des sables et on rentre. Pour cela et pour tout le reste, on lui donnera la Légion d'honneur.

Pour autant, était-ce un grand pilote ? La question reste posée. Trop tête en l'air, trop poète, trop confiant ou trop fataliste, il n'inspire pas une confiance démesurée à ses équipiers ni aux mécaniciens. N'empêche : c'est un excellent camarade et un très bon ambassadeur auprès des Espagnols et des rebelles. Et il ne rechigne jamais à faire plus que sa part de travail.

C'est à Cap-Juby qu'il apprivoise un fennec, ce renard à longues oreilles dont il fera l'un des personnages du *Petit Prince*. Mais il avait aussi une hyène, un caméléon et une gazelle.

Il rentre en France en 1929 et publie *Courrier Sud*, qui reçoit un accueil bienveillant, sans plus. L'année suivante, il repart pour l'Amérique du Sud, où Didier Daurat l'a nommé directeur du trafic dans l'hémisphère Sud.

Quel beau titre, et il n'a pas trente ans !

Février 1999

Le pêcheur est rentré de la mer avec une gourmette. Du coup, on s'écharpe sur terre.

A-t-il repêché une vraie ou une fausse gourmette ? Et si elle est vraie, pourquoi Saint-Exupéry ne la portait-il pas ?

À cette question Jean-Claude a déjà répondu, avec concision :

– Ma mère aussi m'a offert une gourmette, il y a trente ans. Je ne la porte pas, personne ne l'a vue, mais j'en ai une quand même !

Ce qu'on a vu du bijou au journal télévisé de TF1 montre qu'il est très abîmé, mais qu'il brille. Un métallurgiste et corrosionniste de l'université de technologie de Compiègne indique que l'argent « se comporte assez bien en milieu sous-marin » et que, après le platine et l'or, l'argent serait le métal qui se corrode le moins vite sous l'eau, car il produit un chlorure d'argent qui l'isole à la façon d'une gangue.

Science et Vie précise, lui, qu'elle a pu rester brillante, parce que, plongée dans l'eau, elle «aurait engendré un courant électrique qui aurait arraché des particules […]. À moins qu'il n'y ait eu dans les parages une autre différence de potentiel […] liée à la présence de pièces massives qui […] aurait joué le rôle d'anode soluble et protégé le reste de la structure».

Il est certes tout à fait regrettable que les concrétions qui l'entouraient aient disparu, surtout si elles enrobaient aussi un tissu : un petit sac dans lequel le pilote aurait enfermé la gourmette ? un mouchoir ? une écharpe ? L'analyse des fibres aurait donné des indications précieuses car, s'il est improbable que le pilote l'ait eue au poignet, rien ne l'empêchait de l'accrocher quelque part dans son cockpit : quel automobiliste n'en fait pas autant avec la photo de sa femme ou de ses enfants ?

Mais on ne peut faire grief à Habib de les avoir rejetées à l'eau.

Plus encore que le métal, c'est l'inscription qui milite le mieux pour l'authenticité : «Antoine de Saint-Exupéry (Consuelo)». Consuelo est entre parenthèses. Un geste entre époux, donc. Elle est à lui, mais c'est elle qui la lui a offerte. Personne ne l'a su parce que cela ne concernait qu'eux.

Certes, il était aisé de se renseigner pour savoir qui était la femme de Saint-Exupéry. Ses éditeurs américains, c'était déjà plus compliqué, mais soit… Ce qui interpelle, tout de même, c'est l'adresse de ces éditeurs, une adresse qui n'existe plus de nos jours ! La 4th Avenue est devenue la 5th.

Comment un pêcheur de Marseille pourrait-il connaître le nom des rues, dans Manhattan, en 1941 ?

Alors, miracle ou galéjade ? On pense à ces mythes qui parlent de bijoux jetés ou sortis de la mer : ainsi la légende de

Polycrate, rapportée par Hérodote, le grand chroniqueur de l'Antiquité grecque. Polycrate, tyran de l'île de Samos vers 530 avant J.-C., jeta son anneau d'or à la mer en sacrifice à la Fortune qui le comblait depuis toujours de ses bienfaits. Un peu plus tard, un pêcheur vint au palais lui offrir du poisson, et, dans l'estomac de l'un d'entre eux, Polycrate retrouva son anneau! La Fortune avait donc refusé son sacrifice. De fait commença pour lui une suite de calamités qui culmina jusqu'à sa mise en croix en 522 avant J.-C., par le satrape Oroetès.

Voilà qui augure bien des difficultés pour les protagonistes de l'affaire, et spécialement pour le malheureux pêcheur promu au rang de porteur de mauvaise nouvelle!

Chaque année, le doge de Venise, lui aussi, jetait dans les flots un anneau d'or en guise d'épousailles. Et l'on trouve bien d'autres exemples de ce genre dans les mythologies et l'histoire des peuples: le bijou qui va ou qui sort de la mer a toujours symbolisé la transmission du savoir – comme celui de la mère à l'enfant, justement.

Dans un autre ordre d'idées, une radiesthésiste, Suzanne Pistre, déclarera avoir vu l'avion de Saint-Exupéry se faire intercepter au-dessus de Brignoles par deux chasseurs allemands, puis s'éloigner vers la côte en perdant de l'altitude. C'était une enfant, à l'époque, mais, devenue grande, elle prétend avoir localisé l'endroit où est tombé l'écrivain. À trente kilomètres près, c'était ça.

L'étonnant aurait été que les voyantes et les visionnaires de tout poil ne s'y fussent pas mis, eux aussi.

Le journaliste de *La Provence* qui a lancé l'affaire, Hervé Vaudoit, entreprend d'enquêter.

En son for intérieur, il trouve grotesque l'hypothèse d'une supercherie qui serait montée par un pêcheur anonyme et par le président d'un groupe pesant quelques milliards de centimes. Ces deux-là n'ont rien à voir l'un avec l'autre, même si l'un et l'autre ont fait alliance. Et puis, Delauze aurait tout à perdre à tremper dans une manipulation aussi grossière : il a une réputation de corsaire, il est dur en affaires et il aime les feux de la rampe, mais, enfin, il a réussi au-delà de ses espérances, il dirige une entreprise prestigieuse, et une gourmette de plus ou de moins n'ajouterait rien à sa fortune ni à sa notoriété !

Quant aux autres… Vaudoit ne connaît ni Castellano ni Becker, il n'a interrogé que Bianco qui lui a fait l'effet d'être totalement dépassé par les événements.

Ses premiers articles, en février, ne sont pourtant pas franchement aimables pour les acteurs de la découverte, excepté à l'égard de Delauze, à qui il doit son scoop : on lit ainsi dans l'un de ses papiers que Castellano toucherait trente-trois pour cent des droits d'exploitation de l'événement après avoir signé une convention avec… l'association Louis-Roederer ! Or non seulement le passeur n'a jamais signé la convention en question, mais il s'agissait là d'un projet autour de la remontée de l'épave de La Ciotat !

On touche là aux limites du genre journalistique. Comment un professionnel aussi expérimenté que Vaudoit a-t-il pu publier une information aussi fantaisiste ? À cela, il y a deux explications évidentes : la première est que le temps lui a sans doute manqué pour croiser ses sources ; la seconde est que son informateur l'a manipulé.

Qui était cet informateur? Pas de réponse. Un journaliste protège toujours ses sources, même les plus douteuses.

Pourtant, piqué au vif, Vaudoit va, avec Delauze, se consacrer dans les semaines qui suivent à une enquête plus approfondie – il sera bien le seul à le faire.

Pour commencer, ils épluchent les photos de Saint-Exupéry postérieures à 1941 – date à laquelle l'écrivain a débarqué aux États-Unis. Aucune ne le représente avec une gourmette, mais l'une d'elles, quand il est dans le poste de pilotage de son avion, laisse planer un doute: ces points brillants, à la lisière de sa manche, là, ne serait-ce pas...?

– Ça n'est pas probant, juge Vaudoit. Par contre, celle-là...

Celle-là a été prise à Borgo, par John Phillips, et représente le pilote sous sa tente en train d'écrire *Lettre à un Américain* sur ses genoux. On perçoit quelque chose, à la lisière de sa manche, des reflets, de vagues pastilles de lumière...

Ils sont gênés par la trame du tirage.

– Il faudrait examiner les originaux, suggère Delauze.

Vaudoit s'envolera donc pour New York début mai et y passera trois jours, sur les traces de Saint-Exupéry.

Il se rend d'abord à la Fondation John-Phillips, à Manhattan. Le petit-fils du photographe a numérisé tous les travaux de son grand-père, Vaudoit les visionne sur écran d'ordinateur: pas de gourmette.

Puis il file à la bibliothèque de New York, demande à consulter les articles parlant de l'écrivain français. Aucune trace de la remise d'une quelconque gourmette – il est vrai que la chose a pu se faire entre amis, Antoine étant très lié avec ses éditeurs et leurs femmes, qui le couvaient.

Les éditeurs, justement : la maison d'édition Reynal et Hitchcock a disparu, son fonds d'images appartient à Harcourt Brace, qui n'a pas conservé les documents anciens – ils ont peut-être été donnés à une université, mais rien n'est moins sûr.

Vaudoit appelle le fils d'Eugène Reynal et lui explique son affaire. Celui-ci le renvoie à sa mère, remariée depuis la mort de son père et qui vit en Floride.

Elizabeth ne se souvient de rien.

– Il n'était pas dans nos habitudes d'offrir des bijoux aux hommes. Peut-être l'avons-nous offerte à Consuelo ? Je ne sais plus... Peut-être aussi est-ce lui qui la lui a offerte, pour que sa femme se souvienne de son adresse ?

Chou blanc, donc.

Mais par Hedda Stern, une galeriste liée à Sylvia Reinhardt, une des chères amies d'Antoine à New York, Hervé Vaudoit apprend alors que Sylvia a offert une gourmette à l'écrivain – pas celle repêchée par Bianco, qui est en argent, mais une gourmette en or, avec le nom et le groupe sanguin de l'écrivain gravés dessus. En échange, Antoine lui a donné le manuscrit original du *Petit Prince*, qu'elle revendra par la suite à la Pierpont Morgan Library de New York – fort cher.

C'est encourageant car, au moins, Antoine possédait une gourmette – laquelle a fini entre les mains de Consuelo, comme le confirme son légataire universel, José Martinez Fructuoso. C'est peut-être même celle-là dont Nelly de Vogüé a fait mention auprès de Frédéric d'Agay (lequel l'a répété au journaliste de *La Provence*).

Ou c'était l'autre, celle du pêcheur.

Le journaliste rentre à Marseille mi-content, mi-déçu. On avait peine à imaginer un pilote de guerre avec une gourmette,

205

et il rapporte la preuve du contraire. Qu'il l'ait portée ou non, Antoine de Saint-Exupéry en possédait au moins une, alors pourquoi pas deux? Puisqu'on (Sylvia) lui en a offert une, pourquoi n'en aurait-il pas fait graver une autre (pour Consuelo)?

À la fin de sa vie, Antoine souffrait de voir celle qu'il avait tant aimée, et si mal traitée, s'éloigner. Ses dernières lettres à Consuelo étaient des torrents de passion, mais elle n'y répondait que par quelques lignes.

Vaudoit est déçu, tout de même : ce bijou extraordinaire, rien ne prouve qu'il soit authentique. Dans la liste d'objets personnels emportés par le pilote lors de sa dernière mission, il est mentionné un stylo Parker 51, mais pas de gourmette : c'est troublant. Était-ce quelque chose de trop personnel pour qu'il en parlât à quiconque? A-t-il craint de devoir le laisser derrière lui?

Mais, renseignements pris, il y a des doutes, là aussi, sur l'authenticité de cette liste. Elle ne prouve donc rien.

Conclusion : seule la découverte de l'avion authentifiera la gourmette. Retour à la case départ.

À Marseille, Vaudoit va rencontrer Becker, puis Castellano. Les trois hommes s'expliqueront, les yeux dans les yeux. Par la suite, le journaliste sera étroitement associé aux recherches du petit groupe.

1930 -1935

Antoine de Saint-Exupéry est en Argentine. Il affronte l'immensité, les Andes, la Patagonie et des conditions météo exécrables.

La ligne de l'Aéropostale est démesurée, elle s'étend jusqu'à la Terre de Feu, mais Didier Daurat la fait fonctionner avec la régularité d'une horloge. Les vols durent parfois dix-huit heures d'affilée, souvent dans une obscurité totale, par des vents effroyables. Ce sont les premiers temps de l'aviation, on explore une terre figée encore aux premiers âges du monde, et ce sont de jeunes hommes qui s'en chargent. Ils s'écrasent au sol, souvent. Ils disparaissent, parfois. Guillaumet capote sur un glacier et marche cinq jours et quatre nuits sans dormir pour rejoindre la plaine. Il confiera à son retour, à Antoine : « *Ce que j'ai fait, je te le jure, aucune bête au monde ne l'aurait fait.* »

Ce sont des facteurs, et ce sont des aventuriers, des vrais, comme ceux de la Croisière jaune, comme Amundsen, comme les Piccard… Extraordinaire époque, extraordinaires gens…

Ayant fait son temps, Antoine va rentrer en France quand il croise la route de Consuelo Suncin Sandoval, la veuve d'un consul et écrivain guatémaltèque richissime.

Que voit Consuelo ? Un Français – nationalité exotique et chérie des Sud-Américains –, pilote à la réputation sulfureuse, noceur, buveur et toujours entouré d'admiratrices. Que voit Antoine ? Une beauté sud-américaine, fantasque, menteuse et drôle, qui prétend être née pendant un tremblement de terre. Ils engagent un flirt qui vire à la passion tumultueuse. Elle n'est pas son type, mais elle sait le rendre heureux et malheureux, comme le faisait Louise de Vilmorin. Il la demande en mariage à la Noël 1930, après avoir finalement vaincu les réticences de Marie de Saint-Exupéry.

Le « fou volant » et « Plume d'or » s'épouseront quatre mois plus tard en ayant légèrement anticipé sur leur voyage de noces.

L'Aéropostale est en faillite, et Antoine doit accepter un poste sur la ligne Casablanca-Port-Étienne. Isolée, sans rien à faire d'autre que l'attendre, Consuelo fait l'apprentissage de la dure vie de la femme de pilote. Sa désillusion est cruelle.

Antoine, lui, fait l'expérience de l'ingratitude et du scepticisme. Si *Vol de nuit*, son deuxième roman, a reçu un accueil enthousiaste, il est aussi désavoué par beaucoup de pilotes qui déclarent ne pas s'y reconnaître. En proie à des difficultés financières, il doit accepter un poste de pilote d'essai, mais manque de mourir noyé dans un hydravion Latécoère qu'il fait capoter à l'amerrissage. Décidément, le mariage ne porte pas chance au couple.

Embauché à Air France deux ans plus tard, il multiplie en parallèle travaux journalistiques et scénarios pour le cinéma afin de palier le manque d'argent. Le fisc le poursuit, on saisit ses biens, leur couple se déchire, et Consuelo déménage. Antoine achète un avion Simoun avec lequel il va tenter de décrocher un record de longue distance entre Paris et Saigon.

C'est déraisonnable et c'est improvisé. Le 30 décembre 1935, il percute le désert de Libye à deux cent soixante-dix kilomètres à l'heure, roule sur un lit de galets et finit par perdre une aile dans le sable. Trois jours durant, on le pense perdu ; trois jours durant, il marche en compagnie de son mécanicien Prévot, avec pour tout viatique deux oranges et un fond de thermos. Ils sont récupérés, morts aux trois quarts de soif, par un Bédouin qui passait là.

Comme l'ami Guillaumet un peu plus tôt, Antoine de Saint-Exupéry a fait ce qu'aucune bête au monde n'aurait fait : cent quatre-vingts kilomètres à pied dans le désert, sans boire et sans manger.

Il se vengera plus tard de son échec calamiteux par une impeccable démonstration aérienne : neuf mille kilomètres au-dessus du désert, de Casablanca à Tombouctou. Il en profite pour ramener un bébé lion à Paris, qui dévore à moitié son malheureux mécanicien.

Mars 1999

— Et voilà ! Ils emboîtent tous le pas à *Science et Vie* et à TF1 ! constate Jean-Claude, amer, devant Michèle.

Chaque soir, ils passent en revue les développements de l'affaire. Elle grossit, grossit, comme un fruit empoisonné. Ce qui était au départ une belle histoire est en train de leur gâcher l'existence.

Fin janvier, un peu avant que l'article de Jubelin paraisse, il a reçu trois appels téléphoniques, de TF1, d'Europe 1 et de France Info, lui demandant ses réactions à la nouvelle.

— Quelle nouvelle ?

— Que la gourmette est fausse.

Jean-Claude n'a rien trouvé à dire. Il est resté assis sur sa chaise, sonné.

Science et Vie est paru trois jours plus tard. Sur TF1, c'est le coup de grâce le soir même. Depuis, c'est l'hallali.

Non pas la chasse à courre, avec cors et piqueux, mais une mise à mort insidieuse, sournoise, par petites doses. Certes, tout le monde ne lit pas *Science et Vie*, et autres revues spécialisées, mais tout le monde, ou presque, regarde ou sait ce qui se passe sur TF1. Les journaux les plus sérieux se sentent obligés de se faire à leur tour l'écho de la rumeur, en marquant plus ou moins la distance. Le ton change.

En France, on regarde TF1, on s'amuse TF1, on pense TF1, on consomme TF1. Part habituelle de marché de TF1 : quarante pour cent. En quelques jours, l'opinion publique emboîte le pas à la chaîne.

Maintenant, il y a toujours quelqu'un pour lancer à Jean-Claude, dans un café ou sur le marché de Mazargues :

– Ho, Bianco, tu ne veux pas me fabriquer une gourmette pour ma petite fille, comme tu sais si bien faire ?

Un autre, dans la rue :

– Alors, Jean-Claude, te voilà fabricant de bijoux ?

Sa fille cadette, en vacances en Corse, se fait apostropher :

– Alors, c'est toi, la fille du faussaire ?

Jean-Claude n'ose plus faire un pas dans la rue. Il croyait qu'on l'aimait, il découvre qu'on le jalousait. Il était content de faire partager son secret, on le traite d'illusionniste, quand ce n'est pas d'escroc.

Clins d'œil lourdement appuyés dans le meilleur des cas, réflexions sournoises le plus souvent, gêne palpable des autres pêcheurs... Ça la fiche mal, pensent-ils, que le président du Comité local des pêches soit un contrefacteur ! On se réjouissait qu'il ait une grande gueule tant qu'il défendait les pêcheurs, on serait heureux qu'il la ferme maintenant.

On ne le lui dit pas en face, bien sûr. On attend d'être dans l'angle mort. Mais Jean-Claude le sent bien. Il décrypte les silences. Il compte les portes qui se ferment une à une devant lui.

Pour lui, c'est une catastrophe, une vraie.

Toute la famille Bianco se tait. Même sa mère. Ils souffrent, comme lui. Cette foutue gourmette, qu'est-ce qu'elle leur a rapporté, à tous?

– Tu te bats contre des montagnes, mon pauvre petit!

– C'est pot de fer contre pot de terre, oui!

On ne parlait que de ça aux repas du dimanche, on n'en parle plus du tout. Regards en coin et silences gênés.

Alors, de plus en plus souvent, Jean-Claude se réfugie à Sormiou. Comme chaque fois qu'il souffre, comme chaque fois que ça ne va pas. Michèle le laisse aller, elle n'essaie pas de le suivre. Tout homme a droit à son coin de solitude.

Le cabanon de Jean-Claude est un cabanon semblable à tous les autres cabanons, avec sa minuscule terrasse sous pergola, sa pièce unique qui fait office de cuisine-salle à manger-salon et une mezzanine en haut, pour dormir. En hiver, il n'y a personne, seul son copain Lolo Pagani passe de temps à autre avec une bonne bouteille. Le plus souvent, il est seul.

Il fait froid, il allume un feu dans la cheminée avec du bois ramassé dans le maquis, et il lit les journaux, tourné vers les bûches, un côté brûlant, un côté glacé.

Et son cœur est pareil, à la fois mort et vivant.

Il lit et relit les articles qui parlent de lui. Il rabâche. Il s'enfonce dans l'humiliation.

Tous ces imbéciles qui se moquent de lui! Ces soi-disant experts sans foi ni loi… On voit bien qu'ils vivent à Paris, dans leurs tours climatisées, ou alors dans les beaux quartiers de Marseille, entre gens du même monde! Des intellos, c'est tout ce que c'est. Ils ne sont jamais sortis en mer par vent de force sept, à en dégueuler tripes et boyaux – même les marins ont le mal de mer.

Il a mal partout, Bianco, il en devient injuste puisqu'on est injuste avec lui. Il se sert encore un verre, ce n'est pas le premier, ce ne sera pas le dernier. C'est sans fin, l'alcool, comme le chagrin.

Il se fait du mal. Il se fait des trous dans le ventre. Parfois, l'âme essaie de s'enfuir par là.

– Plutôt crever! lance-t-il dans le silence des longues après-midi.

La gourmette, elle est venue sur son bateau d'elle-même, il ne l'a pas invitée. Évidemment que Saint-Exupéry est dans le coin! Évidemment que l'avion est là, entre Cassis et Riou! Mais il ne sait plus trop bien, du coup: Cassis, Riou, La Ciotat, Cassidaigne… Le malheur, ça vous use la mémoire.

Sans lui, Habib, Chaabane et Abdou tournent au large avec son bateau. On lui donne sa part de patron, mais Jean-Claude en a honte, comme s'il la volait.

Car la pêche lui manque, bien sûr. L'odeur du gasoil, du fer chaud, de la graisse et du poisson. L'odeur de la vie. Il sort fumer une nouvelle cigarette – il en est à plus de deux paquets par jour, maintenant – et il fixe la mer qui scintille. Sa barcasse danse doucement à l'abri de la digue, il n'a même plus envie de monter dessus.

Pourtant, Dieu sait s'il a aimé ses bateaux! Comme son père, qui a toujours dessiné les siens car il voulait qu'ils aient des formes «comme les femmes». Il y a donc eu le *Rose-Marie*, du nom de son épouse, puis le *Josy-Jean-Robert*, du nom de ses enfants. Celui-là navigue toujours, et toujours sous ce nom-là – on ne débaptise pas un bateau, ça porte malheur.

Jean-Claude allume une nouvelle cigarette, il frappe du poing sur la table :
– Ah, les cons ! Les cons !

« Inventeur peu loquace », « pêcheur omniprésent », ça ne passe décidément pas. Lui, un marlou marseillais, un truqueur, un magouilleur, alors qu'il n'est qu'un pêcheur qui a passé sa vie à trimer ? Qu'est-ce qu'ils imaginent, ces idiots ? Que c'est facile de risquer sa vie jour après jour, dans le froid et l'humidité, au contact de câbles qui peuvent vous couper en deux, avec des vagues qui menacent de vous emporter d'une seconde à l'autre ?

Ils croient qu'il n'aime plus la mer ? Qu'il voulait devenir riche d'un coup, en trompant le monde entier ?

– Ah, les cons !

Il n'a jamais voulu que ça, aller en mer. Mais son grand-père avait vu son père à lui, le pépé Bianco, noyé après qu'un coup de mistral l'eut surpris et retourné juste en face du phare de la Désirade, alors ça n'a pas été facile. « Emmène-moi avec toi », suppliait le petit Jean-Claude chaque fois que Marcel partait en mer, mais tous les matins, Marcel filait sans lui. « Emmène-moi, papa, emmène-moi avec toi ! » a répété chaque soir Jean-Claude pendant des années, un peu comme le petit Marcel Pagnol suppliait son père de l'emmener à la chasse avec l'oncle Jules. Jusqu'à ce que Marcel – Bianco, pas Pagnol – finisse par céder…

Ce jour-là, le petit Jean-Claude s'est levé à 2 heures du matin, il a déjeuné dans la cuisine froide d'un grand bol de café et de tartines, il a enfilé ses bottes et ses pantalons huilés, un ciré clair et un bonnet, et il est sorti avec son père dans la nuit noire après avoir embrassé sa mère.

Ils sont descendus au Vieux Port. Le chalutier était ancré au quai de Rive-Neuve, devant la criée, les moteurs chauffaient, l'équipage chargeait les casiers, vérifiait les portiques et le câble du treuil. Des Napolitains au poil noir et à l'œil charbon, et comme c'était la première fois qu'il partait en mer avec eux, ce matin-là, ils lui ont paru des géants.

– On embarque le petit, a dit le patron Marcel, sans plus d'explications.

Le camion de la fabrique de glace venait de passer, il a fallu encore monter les pains de trente kilos qu'on casserait au poinçon pour garder le poisson au frais. Le garçon de douze ans a aidé à remonter les aussières qui retenaient le chalutier à quai, et quand ils ont passé devant la tour Saint-Jean, il s'est glissé à l'avant du bateau pour respirer l'haleine glacée de la mer…

Il n'a jamais été si heureux que ce jour-là.

Et il n'a jamais été aussi malheureux qu'aujourd'hui.

1936-1938

Antoine de Saint-Exupéry a maintenant dans sa vie Nelly de Vogüé, qui sera jusqu'au bout un astre, un appui et une confidente. La jeune femme mène sa propre vie, avec un mari de qualité. Consuelo connaît sa rivale, Consuelo souffre, mais Consuelo s'autorise des écarts de son côté.

Cette année-là, Antoine retrouve l'Espagne déchirée par la guerre civile. Il écrit trois articles remarquables sur Madrid en état de siège, le front de l'Èbre et les combattants anarchistes – c'est de l'Hemingway, sans l'habituelle forfanterie machiste chère à l'Américain, et c'est remarquable de lucidité. Il y développe une théorie qui deviendra récurrente chez lui : ce qui sépare les hommes, ce ne sont pas tant les idéologies que l'ignorance des faits. Regarder et œuvrer ensemble dans la même direction suffirait, selon lui, à réconcilier le genre humain avec lui-même. Il écrit cela trois ans avant la Seconde Guerre mondiale, alors que la France se déchire entre droite et Front populaire, que l'Espagne s'anéantit en fusillades fratricides, que l'Allemagne est d'ores et déjà fasciste, que l'Italie le devient et que la Russie plie sous le joug des soviets. On peut difficilement rêver mieux comme démenti, mais on peut aussi se dire que seule une pensée placée haut vous grandit et vous sauve.

Il donne l'exemple. Ainsi, le meilleur ami de cet aristocrate dépositaire lointain, certes, mais dépositaire tout de même des conservatismes, des rigidités et des traditions surannées de la vieille France est un juif d'extrême gauche, libre-penseur, anticonformiste et cultivé, Léon Werth. C'est à lui qu'Antoine dédiera *Le Petit Prince*.

Antoine voyage aussi en Russie. À un jour près, il aurait pu périr dans l'écrasement du *Léon Trotski*, un avion hexamoteur géant, puisqu'il était à son bord la veille de l'accident. Tentant une fois de plus de résoudre ses problèmes matériels et conjugaux en s'en éloignant, il inaugure en février 1938 une ligne aérienne New York-Patagonie.

À Guatemala-City, son appareil surchargé s'écrase en bout de piste et se désintègre.

Son mécanicien, Prévot, décidément abonné au pire, en réchappe, mais Antoine souffre de fractures multiples, d'une épaule déchiquetée et d'un choc si grand qu'il va délirer pendant six semaines. On annule *in extremis* l'amputation de sa main droite, mais il ne pourra plus jamais lever le bras gauche.

Consuelo revient le soigner, puis repart. Ils sont maintenant séparés de corps, mais pas d'esprit. Encore convalescent, quelques mois plus tard, à New York, Antoine attaque la rédaction de *Terre des hommes*, qui signera son entrée au panthéon des grands écrivains.

Mais c'en est fini des années de bonheur. 1939 s'annonce, qui verra, d'un bout à l'autre de la Terre, se creuser les tombes de quatorze millions de femmes et d'hommes.

Avril 1999

On ne parle que de la gourmette à Marseille. La gendarmerie maritime enquête. Elle rend visite à Becker, puis au plongeur Camilleri qui a trouvé l'épave du lieutenant Greenup (le second avion de La Ciotat). Au ministère de la Défense, on veut savoir ce qu'il en est exactement.

Delauze a écrit à Jean-René Germain, le rédacteur en chef de *Science et Vie*: «Si quelqu'un retire de l'argent dans cette affaire, ce n'est certainement pas la Comex», mais le Germain en question n'a pas répondu. Trois ans plus tard, le président enverra une nouvelle lettre à celui qui a succédé à Germain, un certain Matthieu Villiers; là aussi, silence.

Faut-il rappeler que ce parangon d'honnêteté journalistique – on parle du journal – a publié quelques années plus tôt un autre article, triomphant, sous le titre «L'escroquerie de la grotte Cosquer»?

Le pêcheur, le président, le passeur et le fédérateur se téléphonent pratiquement tous les jours pour se réconforter. Delauze, le plus visé avec Jean-Claude, essaie bien de maintenir le moral de l'inventeur devenu, en trois mois, faussaire patenté, mais lui n'est pas en première ligne, et quand il l'est, son cuir est suffisamment épais, il a une assez bonne opinion de lui-même pour ne pas se soucier des ragots.

– Le vent tournera tôt ou tard, professe-t-il. On verra ceux qui nous traînent dans la boue mendier des interviews!

Reste qu'on s'interroge : pourquoi ce coup de théâtre, alors que tout allait s'arranger? Quel mauvais génie conseille le petit-neveu en sous-main, et pourquoi son père et son oncle ne freinent-ils pas ses ardeurs belliqueuses? Ils ont la gourmette, mais ils n'ont toujours pas produit d'expertise, alors qu'ils avaient promis de le faire.

En ce début de printemps 1999, Delauze a cependant d'autres choses à faire que de se désoler. Si la Comex continue de lui prendre beaucoup de son temps, il n'a pas renoncé à trouver l'avion de Saint-Exupéry : c'est un défi, il le cherchera tant qu'il aura le *Minibex*.

D'autant qu'il vient de recevoir un coup de fil d'un ami Jean-Claude Cayol, inspecteur d'académie et plongeur expérimenté à ses heures perdues. Celui-ci s'est remémoré avoir vu, dans les années soixante-dix, un bout d'avion au pied du récif de Cassidaigne, par moins trente mètres.

– Un bout? Quel bout?

– Un morceau de queue, assez petit. Un peu comme celui d'un P-38; le saumon d'aile, ça s'appelle, je crois. Je le sais parce qu'il y avait un Lightning sur le terrain d'aviation où j'ai fait mon service militaire. Mais, tu sais, trente ans ont passé, je ne sais plus trop...

Le président n'hésite pas une seconde:

– Tu es libre quand?

Les deux hommes vont voir quelques jours plus tard et ils trouvent sans mal le morceau d'empennage. L'empennage, c'est la partie arrière d'un avion, et celle-là est très particulière, puisque le P-38 avait deux queues. Il reste l'amorce d'une des deux poutres.

Ça ressemble à un gros osselet en aluminium. Il fallait avoir de bons yeux pour comprendre ce que c'était.

Il n'y a plus de dérive non plus (c'est la partie verticale de l'empennage). La pièce a été traînée, concassée, cassée par un chalut, mais elle ne peut provenir en aucun cas des P-38 immergés au large de La Ciotat: les deux possèdent leur queue complète.

Ça provient donc d'un avion inconnu.

Chez Delauze, l'amertume cède toujours devant l'espoir.

– Il n'est pas loin...

Castellano a repris son lent et minutieux travail de vérification des Lightning P-38 tombés dans la région. Il consulte, il fouille, il compare. C'est à peine si l'appel en urgence de Delauze l'en distrait.

En retournant sur le lieu de l'empennage indiqué par Cayol, le président a trouvé au sonar, mille mètres plus loin, un avion sans hélices emmailloté dans de vieux filets!

– C'est celui-là, à coup sûr! En plus, l'endroit où Bianco dit avoir trouvé la gourmette n'est qu'à cinq kilomètres...

Il est tellement enthousiaste que le passeur est ébranlé. Dans l'après-midi, il prend le train pour Marseille. Et si c'était vraiment l'avion de Saint-Exupéry ?

Le passeur a bien entendu parler de l'épave d'un bimoteur dans le coin, et pourtant, une fois chez Delauze, le visionnage du film pris par le ROV ne le convainc pas. L'appareil est probablement un Junkers 88, bimoteur aux hélices en bois – ce qui explique leur disparition. Le Lightning les avait en aluminium, elles auraient résisté à la corrosion.

Tel est le quotidien des chercheurs d'épaves : une suite ininterrompue d'espoirs et de désillusions. Trois semaines plus tard, ils en vivront une autre : Jean-Claude est contacté par un de ses collègues, Mohamed Mzoughi, patron pêcheur de l'*Aigle,* qui vient de repêcher plusieurs débris à quelques milles de l'île de Riou.

Castellano se redéplace. Pierre Becker fait acheminer les débris à Géocéan. Son chef d'atelier, Kujundic, entreprend de les nettoyer.

Ce n'est pas un P-38.

Décidément, c'est à croire qu'ils ont mis le doigt sur un cimetière d'éléphants !

Ils s'interrogent : l'avion de Cassidaigne serait-il l'avion de Fischer ? Fischer a disparu en janvier 1944, mais son copilote américain rapporte que c'était au large de la Corse.

Si c'est bien un empennage de P-38 qui repose là, il ne reste plus qu'une seule hypothèse : c'est celui de l'avion de Saint-Exupéry !

Mai 1999

L'impayable Monsieur X annonce dans une nouvelle livraison de sa revue spécialisée avoir eu la gourmette en main – c'est donc que les d'Agay la lui ont montrée. Et il tranche : c'est une gourmette de femme.

– Et alors ? On n'a jamais dit le contraire ! grogne le pêcheur quand le passeur lui lit l'article au téléphone. Qu'est-ce que ça change ?

– Rien. Consuelo l'aura sans doute donnée à Antoine, un peu avant qu'il ne quitte New York pour retourner se battre en France. Pour lui, ce devait être une sorte de talisman.

– Voilà ! Comme moi avec ma statue de la Bonne Mère, sur *L'Horizon* !

– Il trompette aussi partout qu'il va chercher l'avion de Saint-Exupéry dans les Alpes. On a vu un P-38 tourner là-haut, à la fin de la guerre, mais ça, on l'a toujours su.

– Eh bien, qu'il fouille toutes les Alpes, puisque ça lui fait tant plaisir !

– Tu sais, l'important, pour lui, c'est surtout de marquer son territoire, et donc de nous contrer.

– Oui, eh bien, on s'en fout, de ce monsieur ! S'il veut montrer par là que je suis un faussaire, je monte lui casser la gueule !

Le pêcheur dit cela en termes beaucoup plus vifs, cela va sans dire. Il est à cran, car la rumeur court toujours.

« Cette putain de gourmette, j'aurais mieux fait de la refoutre à l'eau ! »

Qu'est-ce qui le fait tenir, face aux rumeurs, aux attaques, aux moqueries ? L'habitude du gros temps ? Des coups durs ? L'espoir en des jours meilleurs.? Non. C'est plus profond, plus subtil que ça… Jean-Claude a sans doute une recette secrète, quelque poudre de perlimpinpin versée dans son cœur trop grand par la toute petite main du destin. Tous les hommes ont recours à une magie pour ne pas pleurer, pour ne pas tuer, pour ne pas se tuer quand la vie est trop dure. Ils restent debout comme ça.

Mais là, soudain, c'en est trop.

Et dans la solitude de Sormiou, alors que l'été fait craquer les pierres, le pêcheur décide de contre-attaquer. Seul.

Les héritiers l'ont traité de faussaire, en public, à la télévision? Ils refusent de lui rendre un bijou dont ils laissent entendre par ailleurs qu'il est faux? Il va les attaquer en justice. Lui aussi leur enverra du papier bleu.

Et il prend rendez-vous avec Me Collard.

Juillet 1999

Pourquoi Gilbert Collard?

Parce qu'il est très connu. C'est l'avocat médiatique par excellence : l'«avocat cathodique», dit-il et dit-on de lui.

Jean-Claude se dit que, puisqu'il a le chic pour faire parler de lui à travers ceux qu'il défend, ça pourrait marcher dans l'autre sens.

Outre cela, Me Collard est marseillais. Son étude est rue Paradis – une plaque soigneusement astiquée. Jean-Claude est passé plusieurs fois devant.

Le pêcheur ne cherche donc pas plus loin : il n'a pas d'argent, aucun avocat ne voudra de son affaire, et Me Collard défend les pauvres. Enfin, c'est ce qu'on dit.

Personnalité brillante, ego colossal, libertaire qui n'aime rien tant que pourfendre les nantis: «Je porte la robe noire parce que je suis en deuil des illusions humaines», répète l'avocat à qui veut l'entendre. Ça tombe bien, Jean-Claude aussi.

Gilbert Collard reçoit le pêcheur. Tête de lion, épaules de lutteur, l'avocat a beaucoup d'or sur lui, une chevalière à la main gauche et douze collaborateurs. Il se montre chaleureux, charmeur. Il est au courant de l'histoire de la gourmette, il sait qu'on roule le pêcheur dans la farine, il a entendu parler des d'Agay.

Accessoirement, il a lu tout Saint-Exupéry.

– Je n'ai pas d'argent, maître, mais si on peut trouver un accord…

– Ce n'est pas un problème, monsieur Bianco. On va signer une convention pour me rétribuer si je gagne votre procès, sinon vous ne me devrez rien. Ça va comme ça? Je vous ferai une superbe plaidoirie, vous verrez…

Il ne dit pas – il le dira plus tard – que le pêcheur n'a pas l'ombre d'une chance de gagner. La loi Lang est formelle: la gourmette, vraie ou fausse, ne lui appartient pas. Mais un procès devrait mettre la pression, et il espère que les héritiers chercheront un arrangement pour éviter le scandale.

– Parce qu'il y a scandale! La manière dont ils vous ont traité est parfaitement indigne!

C'est ce que voulait entendre Jean-Claude. Me Collard ajoute:

– Il faut mettre la barre haut, réclamer cinq cent mille francs de dédommagement! Je sais bien que vous ne cherchez pas à vous enrichir, mais on ne peut évaluer votre honneur à moins! Je m'occupe de tout ça…

Le pêcheur ressort de l'étude gonflé à bloc. Comme tous ceux qui viennent de mettre le doigt dans un mauvais procès, il ne sait pas qu'il va perdre le bras, et le reste – en tout cas, ses illusions.

Août 1999

Les vacances vont permettre au pêcheur de souffler un peu et, surtout, de changer de vie. Car il a vendu son bien-aimé *L'Horizon*, il y a quelques semaines, à des pêcheurs de Port-de-Bouc, deux frères, et il se retrouve soudain privé de ce qui était le socle de son existence depuis quarante ans.

La mer. La pêche. Le compagnonnage quotidien avec un équipage d'hommes durs et silencieux comme lui. La compagnie des goélands, des mouettes, le parfum de la terre, le bruit des vagues. Tout cela est fini, enfui.

Le pêcheur est à quai. Le plancher ne roule plus sous lui, il ne monte ni ne descend, il est plat et immobile. Jean-Claude se cherche un appui, comme en terre étrangère.

Mais quoi, c'était le moment ou jamais de vendre, son bateau avait vingt-cinq ans et, si le diesel claquait, c'était soixante briques à sortir – qu'il n'avait pas. Casser, ces derniers temps, c'était devenu sa hantise. Il a donc cédé *L'Horizon* à des hommes plus jeunes que lui et bien contents de trouver un bateau fabriqué à l'ancienne – des six qui ont été fabriqués en même temps dans des chantiers espagnols, celui de Jean-Claude a été le dernier à être vendu. Habib, son fidèle second, l'ami si sûr, s'est associé avec un mareyeur, Chaabane et Abdou ont trouvé du travail sur d'autres bateaux.

C'est la faute à la mondialisation, aussi. Avant, il n'y avait que la Bretagne à concurrencer la Méditerranée, et quand les pêcheurs rentraient bredouilles à Quimper, le prix du poisson de Marseille grimpait, de sorte qu'on rattrapait le lendemain ce qu'on avait perdu la veille. Maintenant, le poisson vient de partout, et comme il fait toujours beau quelque part, les prix chutent tous les jours.

Mondialisation ou pas, reste qu'une journée en mer, c'était mille francs de charges sociales à payer, et qu'il fallait souvent aller chercher le poisson là où c'était interdit, c'est-à-dire dans la limite des trois milles de la côte. Les amendes pleuvaient dru, et, sa vie durant, le pêcheur aura fréquenté le tribunal correctionnel de Marseille, condamné une semaine à trois mille francs d'amende, la semaine suivante au double, la semaine d'après à la même chose, et ça tous les mois de l'année – il a un pedigree «long comme ça», mais il s'en moque: «Il faudrait dix trombones pour tenir les feuilles attachées ensemble!»

Le casse-cou qui n'avait peur ni des douaniers ni des gendarmes maritimes a donc mis sac à terre et pris sa retraite. Lui qui croyait que c'en était fini des tribunaux, voilà qu'il est obligé d'y retourner, et avec ses calomniateurs!

– Comment va-t-il? demande régulièrement Françoise Bastide au passeur.

– Pas trop bien, répond Castellano. Il dit qu'il croyait faire le bien avec cette gourmette et qu'il ne récolte que du mal…

Pour la jeune femme, c'est une vraie souffrance que d'entendre dire cela d'un objet ayant appartenu à Antoine. Elle est persuadée que l'objet n'est pas venu dans les filets du pêcheur tout seul.

– La gourmette, c'est un signe! Tôt ou tard, la vérité triomphera, crois-moi: le Petit Prince vous voit depuis son étoile!

– Espérons, soupire le passeur. Tu sais, Françoise, je n'ai jamais rien cherché de plus difficile que cet avion. On croit qu'il est partout, on ne le voit nulle part, et pourtant, je sais il est là, pas loin.

– Vous y arriverez!

– En attendant, notre ami est en train de craquer. Il a pris Collard pour attaquer les héritiers!

– En justice?

– Oui. Mais ce n'est pas ça qui m'inquiète: je l'ai vu il n'y a pas très longtemps, il avait une tête à faire peur…

Septembre 1999

Le *Minibex* travaille sous d'autres cieux. Le président a levé le pied provisoirement.

Alors, le fédérateur reprend le flambeau.

Pierre Becker a beau courir le monde de droite et de gauche pour ses affaires, il a toujours gardé un œil sur les recherches de son ancien patron. C'est un plongeur expérimenté, et l'avion mystérieux le rend littéralement enragé: depuis un an qu'on le cherche, on devrait au moins avoir trouvé un moteur, voire un train d'atterrissage!

Les scrupules de Castellano ont laissé un doute dans son esprit: il décide de chercher plus loin que la Comex. Entre La Ciotat et les Lecques, précisément, des fois que l'empennage récemment repéré à Cassidaigne appartienne bien à Saint-Exupéry.

Il loue un yacht sur ses fonds propres, puis l'équipe d'un sondeur et d'un sonar. Jean-Claude en prendra le commandement, avec son frère Robert comme marin. Thierry Carlin, de Géocéan, fera le travail que faisait Patrick sur le *Minibex*.

Ils vont et viennent pendant quinze jours.

Ils relèvent soixante-dix reliefs suspects.

Mais pas d'avion. Des bidons, des chaudières, des membrures, des vieux mâts, oui. Toulon n'est pas loin, les chantiers de La Ciotat non plus, des siècles d'activité ont laissé au fond de l'eau des strates de ferraille.

Mais pas de P-38.

L'hiver passe.

On ne parle plus de rien. La tension est retombée, les journaux parlent d'autre chose.

Pour des millions de gens, le pêcheur de Marseille a loupé son coup. Il a essayé de faire croire qu'il avait retrouvé Saint-Exupéry, mais Saint-Exupéry est et restera toujours invisible.

Chapitre 6

Les mois passent.

Quotidien oblige, les liens se distendent au sein de l'équipe : le président et le fédérateur courent le monde après de gros contrats d'ingénierie sous-marine, le passeur travaille à l'hôpital. On maintient le contact, par mails, mais on ne peut pas toujours vivre dans la magie et l'espoir d'un miracle.

En un sens, si Jean-Claude a été au départ le mieux loti, le miracle en question s'est retourné contre lui, et c'est lui maintenant le plus à plaindre.

Ça le ronge. Il est à terre, dans tous les sens du terme.

Aussi est-il soulagé d'apprendre que Delauze revient dans la danse et que le *Minibex* file sur La Ciotat, pour reprendre un à un tous les points relevés en septembre 1999 par Becker. Car Delauze n'abandonne pas. Ce n'est pas son genre, c'est vrai, mais à cinquante mille francs le coût de journée du *Minibex*, il viendra bien un jour où la Comex sera obligée de mettre les pouces.

Le président apprend au pêcheur qu'une équipe de tournage des productions Gédéon profitera du voyage pour tourner un film sur Saint-Exupéry. C'est bientôt le centenaire de la naissance du grand homme, le film est déjà programmé sur Arte.

– Ah, président, ce serait formidable si on le retrouvait avant!

Il rêve encore, Jean-Claude. Il rêve qu'on lui rende son honneur avec les honneurs, qu'on lui dise que, oui, l'avion de Saint-Exupéry est bien là, que la gourmette qu'il a repêchée était bien la sienne, qu'il avait donc raison et que l'on s'excuse devant le monde entier de lui avoir fait tant de misères...

Il veut voir la tête de Frédéric d'Agay quand il prononcera ces mots. Pas par vengeance, la vengeance n'est pas dans son caractère, il veut simplement que la vie redevienne douce et juste, comme avant.

Avril 2000

Sur le *Minibex*, il y a bien sûr Jean-Claude Cayol et Philippe Castellano.

Le 20 avril, ils sont au-dessus de l'empennage repéré par Cayol. L'enthousiasme du président est retombé, avec le temps, mais on envoie le ROV tout de même.

Les images arrivent. La réaction du passeur prend tout le monde de court :

– Ça provient bien d'un Lightning!

Il n'y a que lui qui peut avancer ça : ça ressemble plutôt à un embrouillamini de fer et de calcaire.

– Je suis formel : ça vient d'un Lightning que l'on n'a jamais vu dans le coin! C'est la partie gauche d'une queue de P-38, or les deux Lightning à proximité, celui de Riley et celui de Greenup, ont chacun la leur!

Il a presque gueulé ça, Castellano.

Soyons précis : il le gueule bel et bien !

Tête de l'inspecteur d'académie…

— Tu es sûr ?

— Sûr ! Ces débris proviennent d'un troisième avion. Vous comprenez ce que cela veut dire ? Un avion que personne n'a jamais vu, mais qui est là, tout près !

— Et si c'était l'appareil d'Agliany ? objecte Delauze.

— Le sergent Guth qui l'a abattu soutient qu'il est tombé à quatre-vingts kilomètres au large de Port-de-Bouc. C'est au diable ! Et c'était le 29 avril 1944, pas le 31 juillet !

— Mais *Science et Vie* et Monsieur X…

— Monsieur X nous tire dans les pattes depuis le début, Henri ! Il s'enferre dans l'erreur chaque jour un peu plus ! Déjà qu'il voit Saint-Exupéry dans les Alpes, tout en reconnaissant que sa gourmette était bien ici…

Mais le président de la Comex reste sceptique. Chat échaudé craint l'eau froide !

— Et il y a qui, dans le coin, à part Agliany ?

— Le lieutenant Ray. Descendu par la Flak en rade de Toulon. À cinquante kilomètres. Et la rade de Toulon n'a jamais été chalutée. Terrain militaire, ce qui est là-bas y est resté. Le 42-68223 est ici, sous nos pieds.

— Le 42-68223 ?

— L'avion de Saint-Exupéry. C'était son immatriculation Air Force. Mais tu as raison : il nous faut une pièce numérotée, sinon on ne nous croira pas.

Delauze appelle Vaudoit, qui publiera le 13 mai un article dans *La Provence* sous le titre «La queue de l'avion de Saint-Exupéry en rade de Marseille ?»

Le point d'interrogation s'impose : nul doute que la famille des héritiers leur opposera son démenti habituel. Mais, cette fois, ils sentent qu'ils sont tout près de trouver. Ce qu'ils ne savent pas, c'est que, depuis dix-huit mois, quelqu'un d'autre est sur la piste.

Mai 2000

Il s'appelle Luc Vanrell.

Luc, le fils de Tony, a quarante ans. Tous deux connaissent bien Raoul, le plongeur qui, enfant, a vu un corps flotter derrière le Grand Congloué, pendant l'été 1944. Luc dirige maintenant une école de plongée et tient un magasin, le *Comptoir des sports*. Il est aussi photographe des profondeurs et travaille pour l'agence d'Alexis Rosenfeld, l'homme qui a pris les premières photos de la gourmette remontée par Jean-Claude Bianco.

On le connaît à Marseille pour sa participation aux missions Drassm 1994 et suivantes, sur le site de la grotte Cosquer – il y travaille d'ailleurs encore sous la direction de Patrick Grandjean, le directeur du Drassm, l'homme à qui Bianco et Delauze ont fini par déclarer la gourmette, mais un peu tard.

L'avion que cherche Delauze, réfléchit Luc, son père, Tony, l'a peut-être vu il y a trente-cinq ans, plus à l'ouest, au pied de Riou, précisément, là où les pêcheurs se sont toujours débarrassés de débris encombrants qui risquaient d'endommager leurs filets. Tony a toujours prétendu qu'un avion inconnu gisait là, par quatre-vingts mètres de fond, dans un sale état.

En fait, c'est toute une histoire qui remonte à la surface, une légende urbaine plutôt, comme il s'en invente et il s'en raconte dans tous les bistrots : la « légende de la forteresse volante »...

Depuis des années, dans le milieu des plongeurs, il se dit et il se répète qu'une forteresse volante – un B-17 américain, le plus gros bombardier de la dernière guerre si l'on excepte son successeur, le B-29 – se serait écrasée tout près de Marseille. C'est une pure invention, mais elle met du piquant aux sorties en mer. On la cherche sans la chercher, on la voit partout, on ne la remonte nulle part. C'est le monstre du Loch Ness, façon Canebière.

Serait-ce elle que Tony a vue au fond, devant Riou ? Luc lui-même est descendu en 1982, et, la première fois, il a cru voir une « chose énorme » sur le fond. Ce n'était en fait qu'un affleurement rocheux en forme de croix. La seconde fois, il a trouvé de nombreux débris métalliques couverts de concrétions et éparpillés comme par une main géante. Les chaluts, évidemment...

Il y a donc bien un avion devant Riou, mais pas une forteresse volante. Un des copains de Luc l'a vu, lui aussi, et il en a noté minutieusement l'emplacement. C'est dire que l'épave en question n'était pas vraiment un mystère – on a même repêché un jour un réservoir de fabrication américaine à proximité –, mais très peu de gens s'y sont intéressés : à l'époque, un avion englouti n'avait pas de valeur particulière et il n'y avait aucune obligation à le déclarer comme « bien culturel ».

En plus, on cherchait plutôt Saint-Exupéry vers Cannes, ou Nice...

Luc a pris quelques photos des débris, puis n'y a plus pensé. Pas plus que Bianco et Cayol, il ne cherchait Saint-Exupéry.

N'empêche, Tony lui demande encore de temps à autre :

— Dis, tu es sûr que ce n'est pas l'avion de Saint-Exupéry ?

Et voilà qu'on aurait retrouvé une queue de P-38, pas loin, à dix kilomètres ?

Et si l'avion auquel appartenait cette queue était celui que Tony a trouvé, plus à l'ouest, au pied de Riou ? Ça expliquerait pourquoi, il y a un peu moins de deux ans – au cours de l'hiver 1998 –, alors qu'il photographiait les fresques de la grotte Cosquer, Luc a vu passer Delauze plusieurs fois, à bord de son *Minibex*. Le président et ses «Comex-*boys*» cherchaient visiblement quelque chose, d'ailleurs on les voyait mettre le ROV à l'eau pratiquement chaque jour.

Sur le moment, il n'a pas fait le rapprochement : peut-être cherchaient-ils des épaves romaines, comme celle repêchée par Cousteau cinquante ans plus tôt ? Mais un mois et demi plus tard, apprenant ce qu'avait trouvé Bianco, il a enfin percuté : c'est sûr, le *Minibex* cherchait bel et bien l'avion de Saint-Exupéry.

En ce mois de mai 2000, quand il lit *La Provence*, un signal s'allume dans sa tête : Delauze le recherche toujours, l'avion de l'écrivain ! C'est donc pour ça qu'on le voit de nouveau rôder dans le coin depuis plusieurs jours, entre le Planier et Cassidaigne…

Il cherche son épave. Celle qui est devant Riou. Il la cherche et il ne l'a pas encore trouvée.

Luc Vanrell replie pensivement le journal.

C'est ça. C'est évidemment ça.

Jean-Claude accuse la fatigue de ces longs mois de lutte, mais maintenant qu'il a un projet et qu'il n'en est plus réduit à prendre des coups, il a retrouvé sa combativité. Me Collard vient de lui donner lecture d'une assignation au fond devant le tribunal de grande instance de Draguignan – ils devraient passer en mars de l'année prochaine, ces choses-là sont toujours très longues.

Le texte comporte trois chapitres.

Le premier retrace l'attitude des d'Agay. Il rappelle la découverte d'une «gourmette d'une valeur inestimable» par le pêcheur, il relate l'article de *Science et Vie*, il mentionne le scepticisme initial des héritiers quant à l'authenticité du bijou, scepticisme qui rejoint celui du ministère de la Défense, lequel «engageait les héritiers à remettre le bijou au cas où il ne s'agirait pas de la gourmette de Saint-Exupéry».

Le deuxième porte sur «l'abstention fautive de la famille d'Agay dans l'aide apportée à la réhabilitation [du pêcheur]». Il souligne que «l'attitude de la famille consistant à garder jalousement la gourmette [...] tout en gardant secret le résultat des expertises qu'ils avaient diligentées a contribué à la campagne de dénigrement dont a été victime Monsieur Bianco». De même, «leur attitude qui consistait à nier depuis 1998 l'authenticité de ce bijou tout en refusant de le restituer à son inventeur a empêché Monsieur Bianco de se défendre». Il rappelle qu'«il résulte d'un principe général du droit que chacun est tenu d'apporter son concours à la manifestation de la vérité [...]. Il s'ensuit qu'une personne engage sa responsabilité – sur le fondement de l'article 1392 – dès lors que, par son abstention, il s'en est résulté pour un tiers un préjudice».

Me Collard entend bien faire remarquer au tribunal que, « si la famille d'Agay reconnaît aujourd'hui l'authenticité de ce bijou, elle n'a toujours pas jugé utile de réhabiliter l'honneur de Monsieur Bianco, malgré les nombreuses occasions médiatiques qui se sont présentées… ».

En foi de quoi – chapitre 3 –, « la découverte de la gourmette a été un appauvrissement pour Monsieur Bianco et un enrichissement pour la famille d'Agay [...] dont l'essentiel de ses revenus provient de l'œuvre de l'auteur du *Petit Prince* [...]. Cet acharnement médiatique a eu incontestablement un impact positif sur les ventes des livres et des produits dérivés ».

Suivant le principe de la théorie de l'enrichissement sans cause, Me Gilbert Collard réclamera pour Jean-Claude Bianco une « indemnité de la part de ceux qui ont profité de sa découverte ».

A-t-il été assez clair avec le pêcheur ? On sait que l'avocat a dans la tête de créer un événement judiciaire et médiatique autour du préjudice infligé à son client – une façon comme une autre d'en appeler au jugement populaire, en plus de celui de la justice. Il fera du harcèlement procédural jusqu'à ce que l'adversaire s'enferre dans ses contradictions. Il veut mettre à mal sa superbe.

Gilbert Collard est un flibustier, il aime monter à l'abordage, sabre au clair – plus tard, à Fréjus, il lancera ainsi à l'avocat de la partie adverse qu'il en est « resté à l'âge des scaphandriers à pieds de plomb alors que [lui et son client] en [sont] aux bouteilles ». Il veut jouer sur l'émotionnel, car il sent le dossier fragile, non pas sur le fond, mais sur la forme : jamais les d'Agay n'ont accusé formellement Bianco d'être un faussaire. Ils le laissent entendre, c'est différent. Les journaux se chargent de le dire pour eux.

Telle est la stratégie de l'avocat. Jean-Claude, lui, n'entend pas ce discours. Il s'est adressé à Me Collard avec une seule idée en tête : faire rétablir son honneur, et, pour cela, il attendait une expertise judicaire de la gourmette. Si la gourmette est fausse, qu'on la lui rende ! Si elle est vraie, les d'Agay devront reconnaître sa bonne foi ! Et comme elle est vraie – ça ne fait aucun doute dans son esprit –, eh bien, il attend que la justice lui rende justice !

Le pêcheur croit que la justice décide sur le fond, alors qu'elle décide d'abord sur la forme. La justice est lente, elle a peur de se tromper, alors elle pèse infiniment chaque chose avant d'en venir au cœur des choses, c'est-à-dire à la souffrance donnée ou reçue. C'est de sa souffrance que le pêcheur veut qu'on parle, alors que Me Collard et son confrère de la partie adverse vont ferrailler sur des arguties, c'est-à-dire du vent.

Mais cela, Jean-Claude ne le sait pas encore. Il a de la justice l'idée qu'en a tout justiciable quand il n'a pas encore eu affaire à elle : qu'elle sera juste et attentive à ses malheurs, comme le seraient une mère ou un père. Mais il aurait dû regarder attentivement la façon dont elle se représente : aveuglée par un bandeau, ce qui ne veut pas dire qu'elle ne pèse pas bien les arguments des uns et des autres.

Mais ce qu'elle pèse, dans un premier temps, ce sont des mots, rien de plus.

Luc Vanrell entre vraiment dans la danse.

Jusque-là, il avait pris son temps, mais puisque la Comex se rapproche, il accélère le tempo…

Depuis dix-huit mois, il travaille comme un acharné sur le site de la grotte sous-marine Cosquer sous la direction de Patrick Grandjean, le chef du Drassm. Cinq jours sous terre d'affilée, chaque journée faisant entre quatorze et seize heures, un jour de repos et on recommence... ça laisse peu de temps pour faire autre chose.

Luc va donc chercher la nuit. Outre qu'il peut toujours espérer une prime – on peut rêver! –, trouver l'appareil de Saint-Exupéry serait vraiment comme s'il contemplait la statue du Commandeur. Il y croit, maintenant.

Le temps presse, car une loi non écrite régente les activités du petit monde des plongeurs: ils se connaissent, ils s'estiment, il leur arrive de s'aider, mais, comme on dit, «ils se tirent une bourre d'enfer». Premier arrivé, premier servi, ou, plus exactement, le premier qui déclare une épave en est déclaré l'inventeur – et tant pis si une dizaine de plongeurs l'ont vue avant lui!

Luc est préhistorien, mais pas historien, il ne connaît pas grand-chose aux avions de guerre. Il se tourne tout naturellement vers Grandjean et, sous le sceau du secret, lui montre les photos qu'il a prises en 1982.

Grandjean est archéologue, mais il n'est pas spécialiste des avions: les photos ne lui disent rien.

Luc lance alors une recherche sur Internet et découvre quelques-uns de ces fanatiques de la Seconde Guerre mondiale qui constituent un inépuisable vivier de renseignements pour Castellano. Il leur envoie les photos et un appel:

– De quel avion proviennent ces pièces?

Sans dire où et quand il les a trouvées, naturellement. Il n'est ni innocent ni naïf.

Dans la foulée, il contacte Monsieur X, mais celui-ci ne répond pas.

Il finit par tomber, via le web, sur Jack T. Curtiss, le bien nommé.

Curtiss n'a rien à voir avec son homonyme, le célèbre constructeur aéronautique, mais il a volé sur un Lightning P-38 pendant la guerre, et, comme Castellano, il s'est donné une mission : retrouver les pilotes MIA – *missing in action.*

C'est un passeur, lui aussi.

Jack apprend à Vanrell que le Lockheed P-38 Lightning était propulsé par des moteurs Allison à douze cylindres en V. L'avion de Riou a-t-il des moteurs Allison ? Et d'abord, a-t-il deux moteurs ? Parce que sinon, ce n'est pas la peine de se donner du mal…

Le plongeur se souvient avoir vu un moteur au fond, dix-sept ans plus tôt. Un, mais pas deux. Alors, il prend son bateau Zodiac, longe les calanques et jette l'ancre au pied sud-est de Riou. Et il descend par moins quarante-cinq mètres.

L'eau est encore claire, à cette profondeur. On devine une sorte d'ébranlement sourd, pas très loin : les vagues qui s'écrasent sur les falaises de Riou. L'île est là, tout près.

Mais sur le sable coquillier il n'y a presque plus rien. Depuis dix-sept ans, les chalutiers passent et repassent, et chaque fois ils ont essaimé un peu plus ce qui a peut-être été l'avion de Saint-Exupéry.

Presque ? Pas tout à fait. Car le moteur qu'il a vu est encore là. C'est un douze cylindres en V. Sur le moteur, il trouve une plaque. Il la photographie et, une fois rentré chez lui, l'envoie par mail à Curtiss.

– Ce n'est pas un moteur américain, répond Curtiss.

Il est formel.

Loupé, se dit Vanrell. Il s'est fait des idées. C'est encore un de ses zincs inconnus, civils ou militaires, qui parsèment les fonds sur toute la côte.

Mais, par acquit de conscience, il appelle Jean-Pierre Joncheray, le père spirituel de beaucoup de chercheurs d'épaves. Et Joncheray l'aiguille sur Castellano :

– Rencontre-le, c'est le meilleur (spécialiste en aviation) que je connaisse.

La boucle est bouclée.

Castellano et Vanrell se rencontrent donc. Ils ne se connaissent pas, mais ils se découvrent proches. Tous les deux sont plongeurs, le premier regarde vers le haut, le second vers le bas, mais ils cherchent tous deux la même chose : une émotion. Une vérité.

– Ton moteur, il est allemand, apprend Castellano au plongeur.

Il n'a eu qu'à lire la plaque recopiée au fond : DB, ça veut dire Daimler Benz.

Là-dessus, Jack Curtiss rappelle Vanrell : sur d'autres photos de Luc, il vient de reconnaître un train d'atterrissage, un turbo-compresseur et une prise d'air qui, eux, sont bien américains et appartiennent à un Lightning !

Qu'est-ce que c'est que ce foutoir ?

Il y aurait deux avions ? Au même endroit, ou presque ?

Eh bien, oui. Si incroyable qu'il y paraisse, il a bien là un avion allemand et un avion américain !

Soit.

Reste la question : l'avion américain est bien un Lightning, mais est-ce le Lightning de l'écrivain ? Vanrell lit et relit sa documentation. Saint-Exupéry pilotait un modèle de la dernière génération. Plus puissant, car avec un turbo plus gros. Plus gros et plus lourd. On l'avait donc pourvu d'un train d'atterrissage plus résistant en remplaçant le tube creux, derrière la jambe qui porte la roue, par une pièce en magnésium de section carrée et pleine...

Les P-38 H1-LO sont alors devenus des P-38 H5-LO. Le détail a son importance.

Carrée ! Il sursaute. Les photos qu'il a prises au fond de l'eau montrent bien un renfort de section carrée !

Et donc, l'avion est en tout point semblable, techniquement, au F5-B n° 42-68223 que pilotait Sant-Exupéry en quittant Borgo, cinquante-six ans plus tôt !

Reste une hypothèse gênante, mais il faut bien l'envisager : le train en question a peut être été posé sur un avion d'un modèle ancien. Dans l'ardeur des combats et la précipitation, les mécaniciens ont peut-être réparé un appareil endommagé, d'un modèle ancien, lui. Tout est possible en temps de guerre.

Ce n'est donc pas une preuve suffisante.

La pièce qui prouverait le mieux qu'il s'agit bien d'un F5-B dernier modèle, c'est l'entrée d'air du turbocompresseur. Le turbocompresseur est une invention encore toute récente en 1944 : il est actionné par les gaz brûlés de la tuyère, comprime de l'air frais qui est injecté sous pression dans le moteur et qui donne un surcroît de puissance à l'appareil. Avec ça, le P-38 pouvait atteindre sept cents kilomètres à l'heure.

Il faut donc retourner là-bas, retrouver les débris et, la chance aidant, mettre la main sur une entrée d'air avec sa boîte à clapets.

À la mi-mai, Luc gagne discrètement Riou, bardé d'appareils photo, de caméras et de projecteurs, et il descend sur le site. Il est accompagné de son ami Jocelyn Collerie de Borelly, qui assure sa sécurité en surface lors des plongées les plus dangereuses. On ne dira jamais assez combien ce poste nécessite un homme – ou une femme – en qui le plongeur ait une absolue confiance. Car tout peut arriver à ces profondeurs – Vanrell va plonger jusqu'à cent mètres de fond –, et le moindre incident peut prendre des proportions dramatiques. Alors, ce sera à celui – ou à celle – qui est resté là-haut, en surface, de tout faire pour sauver la vie de son coéquipier.

C'est donc Joss qui est là-haut. Et Luc qui descend dans la pénombre, palmant doucement et laissant derrière un panache de bulles argentées…

Il ne cherche pas longtemps. Le champ du crash s'étend sur un bon kilomètre de long sur quatre cents mètres de large, il descend de moins cinquante-quatre à moins quatre-vingt-sept mètres. À vue d'œil, comme ça, il y a beaucoup moins de débris que la dernière fois, mais, en cherchant un peu, il trouve plusieurs pièces qui figurent toutes sous forme de photos dans la nomenclature envoyée par Curtiss.

Enfin, il tombe sur un grand fuseau de métal à demi enfoui dans le sable et presque entièrement recouvert d'un filet trémail. Une excroissance verticale le surmonte, il passe la main sous l'épais tapis d'algues et tâtonne : c'est la boîte à clapets !

Gagné! Il vient de tomber sur un P-38 de la dernière génération, un de ceux qui ont été modifiés à la toute fin de la guerre, et que pilotait Antoine de Saint-Exupéry! Les clapets sont en position grande ouverte, ce qui prouve que les turbos étaient à la puissance maximale. L'avion a dû percuter la surface presque à la vitesse du son.

Donc, c'est bien un Lightning de la dernière génération qui gît là, comme l'a affirmé Curtiss! Un Lightning dont l'extrémité de la carlingue gauche, avec son morceau d'empennage, a été chalutée jusqu'à Cassidaigne...

Les pièces du puzzle se mettent en place une à une.

Le lendemain, Luc et Joss redescendent ensemble – et là, personne ne les assure. Ils se photographient à tour de rôle au-dessus des débris, en un silencieux ballet. Leurs silhouettes harnachés de caoutchouc et de Nylon criblent la pénombre bleue d'éclairs de flashs... Derrière la vitre de leurs masques, les deux hommes échangent des regards de jubilation.

Il manque l'habitacle et les ailes de l'avion, mais, un peu plus loin, ils tombent sur un train d'atterrissage : le fameux train avec son renfort en acier, carré, que Vanrell a déjà photographié en 1992.

Celui-là, décide le plongeur, il reviendra le mettre à l'abri.

Luc est sous contrat avec Alexis Rosenfeld, l'homme qui a photographié la gourmette remontée par Jean-Claude Bianco. En bonne logique, c'est donc Rosenfeld qui commercialisera les images qu'il a prises au fond. Le plongeur l'amène sur le site le surlendemain, puis ils filent ensemble déclarer sa trouvaille aux Affaires maritimes.

En rentrant, Rosenfeld appelle Castellano pour le mettre au courant :

— Philippe, tu veux voir des photos fabuleuses de l'avion de Saint-Exupéry ?

Castellano se laisse tomber sur une chaise.

— Quoi ? Vous l'avez ?

Rosenfeld triomphe sans retenue.

— On l'a, Philippe !

Le passeur a depuis longtemps compris que Vanrell était sur la piste quand celui-ci lui a parlé d'un train d'atterrissage avec un renfort carré, plein. Mais il ne pensait pas qu'il était si près.

— Où est-il ?

— Au pied de Riou ! C'est bien l'appareil de Saint-Exupéry !

— Évidemment que c'est lui ! rétorque le passeur. On le savait, non ?

Car Luc et lui sont parvenus aux mêmes conclusions chacun de leur côté : des quarante-deux appareils abattus sur la côte pendant la guerre, ils sont arrivés à cinq, et enfin à celui-là, qui ne pouvait qu'être le bon. Un P-38 de reconnaissance photographique non armé, de la dernière génération, et donc avec un train d'atterrissage renforcé et un turbocompresseur.

Saint-Exupéry est bel et bien retrouvé.

Le passeur rapplique le lendemain à la Pointe rouge, et il est soufflé par la force des images.

Si sur terre, là-haut, tout est blanc, d'un blanc de calcaire, au fond de l'eau, c'est le royaume de la couleur. Le tombeau de Saint-Exupéry est un kaléidoscope, une palette de nuances infinies, des plus violentes aux plus tendres : l'eau est d'un bleu de diamant, le train d'atterrissage – une sorte de compas –

d'un vert vénéneux, la prise d'air du turbocompresseur, comme la boîte à clapets, d'un vermillon presque phosphorescent…
Le reste est violet, brun, vert.

– Ah, c'est superbe ! superbe !

Il est enthousiaste, d'autant que Vanrell lui demande dans la foulée de gérer la partie « historique » de sa découverte.

– Tu marches avec moi ?

– Tu parles !

Évidemment qu'il marche ! Il pourra suivre ainsi la fabuleuse aventure jusqu'au bout !

Le passeur reprend le train avec de beaux tirages fraîchement imprimés. Dire qu'Antoine est mort là, dans cet entrelacs misérable de tubes, de plaques et de cornières, loin de toutes celles et tous ceux qu'il aimait ! Et qu'il aura fallu cinquante-six ans pour trouver son tombeau !

Rentré chez lui, il appelle Henri-Germain Delauze.

– Henri, on a retrouvé l'avion ! Au pied de Riou !

C'est au tour de Delauze de s'asseoir.

– Quoi ? Au pied de Riou ? Par qui ?

– Vanrell !

– Celui du *Comptoir des sports* ? Le fils de Tony ?

Castellano confirme. Delauze reste muet.

Le coup est rude, très rude, pour le président de la Comex. Il n'a pas trouvé l'avion de Saint-Exupéry bien qu'il y travaille depuis vingt mois, investissant son temps et son argent sans compter ! C'est un déchirement en même temps qu'une perte sèche, et c'est d'autant plus inexplicable qu'il disposait de la technologie la plus pointue, d'une expérience hors du commun et d'un équipage ultraperformant.

Inexplicable? Oui et non. Ils n'ont pas cherché assez près de Riou et sont passés à côté du jackpot. C'est le jeu, simple, cruel et sans appel, il faut se faire une raison.

D'autant que le président sait aussi cela : on ne gagne jamais seul. Si Vanrell est l'inventeur, indiscutable, de l'avion, l'identité de celui-ci ne sera vraiment prouvée qu'avec leur appui à tous. Ce qui est vrai aussi, c'est que sans la découverte de Jean-Claude Bianco, l'avion continuerait à reposer dans l'anonymat le plus total au pied de Riou. Philippe Castellano n'aurait pas préparé le terrain, et Vanrell n'aurait pas repensé à ce que son père Tony avait trouvé trente-cinq ans plus tôt.

On en revient toujours là : il n'y a ni gagnant ni perdant dans cette découverte, il n'y a que des hommes unis dans la même aventure et qui, chacun à un moment précis de l'histoire, ont apporté leur savoir-faire et leur travail à l'œuvre commune. Une cathédrale, disait Saint-Exupéry, est bien plus qu'un ensemble de pierres ; elle est dans l'esprit qui naît de leur assemblage. Bianco a lancé la construction, lui, Delauze, a fait le plus gros du travail, Becker aura sans doute l'occasion d'intervenir bientôt, Castellano a les plans en main, et c'est Vanrell qui a posé la flèche, tout en haut.

Reste à donner un nom à cette cathédrale, c'est-à-dire à l'avion.

Delauze, grand seigneur, finit par applaudir l'heureux gagnant :

– Je crois qu'on peut tous remercier Vanrell. Pendant près de deux ans, on nous a accusés d'avoir monté une grossière manipulation. Maintenant que l'avion est là, tout ça va enfin cesser !

Le pêcheur sort de chez Me Collard, où il a réglé les ultimes détails du procès de Draguignan, quand le passeur l'appelle sur son portable.

– On a retrouvé l'avion de Saint-Exupéry!

– Non?

– À Riou!

– À Riou?

Jean-Claude en reste planté là, son téléphone à la main, comme un poulpe qui aurait trouvé une rascasse… Le passeur explique:

– Les débris s'étendent sur un kilomètre, à partir de la pointe nord-est. Il y a un train d'atterrissage, un turbocompresseur, des tôles…

Riou, là où il avait commencé son trait! Cette île sans rien ni personne, d'une blancheur d'os, à une heure de route de Marseille, où ne vivent que des goélands argentés, des rats et des lapins…

Soudain, un souvenir le traverse.

– Mais j'ai déjà repêché un train d'atterrissage là-bas, il y a des années! Je m'en souviens très bien!

– Quand?

– Quand… Je ne me souviens pas. Mais je le revois très bien. Je l'ai rebalancé à la flotte, malheur!

Comme les passants le bousculent, il est bien obligé de bouger. Heureusement, la rue Paradis descend et le mène droit à la Canebière sans qu'il ait à réfléchir.

– Raconte! En détail…

Et Castellano lui raconte ce qu'il sait. Jean-Claude n'en revient pas: ainsi donc, l'avion de Saint-Exupéry était là-bas, bien en évidence ! Tellement en évidence que personne n'a été le chercher là, à commencer par lui !

Un jour, on lui racontera *La Lettre volée*, cette nouvelle d'Edgar Allan Poe où une lettre se dérobe à toutes les recherches, car elle est simplement posée sur le dessus d'une cheminée, bien en évidence... Eh bien, là, c'est pareil. L'avion était là, sous leurs yeux, depuis le début !

– Ils seront bien obligés de me croire, maintenant ! La gourmette, je ne l'ai pas fabriquée, elle était vraie !

– Tu sais bien qu'on n'a pas le droit de toucher à l'avion sans un permis de recherche. Il nous faudra attendre encore un peu.

Jean-Claude éclate de rire.

– Oui, oui, mais il est là ! L'avion est là !

Le passeur serait devant lui, il le serrerait dans ses bras, à l'étouffer. Il a une pensée pour le président, aussi, qui en a tant fait : « Sacré Delauze ! Ah, la vie est belle ! »

Il arrive au Vieux Port, il passe sans les voir devant les matrones qui vendent la marée du jour et les touristes qui se pressent à la descente des navettes pour le Frioul, et il va s'attabler à la brasserie *Maître Kanter,* tenue par des cousins.

De là, il appelle Michèle, à Mazargues.

Sa voix blanche alarme la jeune femme.

– Qu'est-ce qu'il y a, Jean-Claude ? Un malheur ?

– Ils ont retrouvé l'avion de Saint-Exupéry, figure-toi ! Enfin, pas Delauze, mais Vanrell, le plongeur ! Cette fois-ci, on va me croire ! La gourmette, elle était vraie !

Fin mai 2000

C'est l'histoire qui recommence. Mais, cette fois, l'avion est au centre de toutes les interrogations.

Tout comme le passeur pour l'avion de La Ciotat, Vanrell n'a identifié l'avion de Riou que par déduction. Il n'a remonté aucune plaque, aucune immatriculation qui le prouve formellement.

– Oui, ça ne peut pas être autre chose que l'appareil d'Antoine, mais pour autant, rien ne prouve formellement qu'il le soit, explique en substance Castellano à Vanrell et à Rosenfeld. Il faudrait trouver soit le cockpit, soit les moteurs, soit le numéro qu'il portait inscrit sur la dérive.

Et il leur réexplique ce qu'il a déjà expliqué dix fois aux membres de l'autre équipe.

Un avion, c'est un peu comme une voiture. Il porte un numéro de sortie d'usine, alloué par le fabricant, qui correspond un peu à un numéro de châssis, et un numéro d'immatriculation, donné par l'utilisateur, en l'occurrence l'US Air Force. Ces deux numéros, le numéro d'usine et le numéro d'immatriculation, suivent l'avion toute sa vie. Le premier est gravé ou écrit au marqueur sur diverses pièces fixes de l'avion, l'autre figure dans les états de matériel et les archives de l'US Air Force. Les deux correspondent, tu comprends ?

– Je comprends, fait Vanrell.

– Le numéro Air Force de l'avion de Saint-Exupéry était le 42-68223. Il renvoie au numéro d'usine, qui était le 2734. Si on trouve 2734 quelque part sur l'épave, on a gagné.

– Et alors ? demande Rosenfeld.

– Alors, pour trouver ce fichu numéro, il va falloir le remonter ! Et, connaissant l'Administration et le contexte général de l'affaire, ça n'est pas pour tout de suite !

– Ils vous en ont vraiment fait baver ?

Le passeur soupire :

– Ça, oui ! Mais c'est surtout Bianco qui a trinqué !

Luc Vanrell ne faisait pas partie de l'équipe du début, il est donc libre de vendre les fruits de sa découverte pour son propre compte. Rosenfeld lui retiendra la moitié de ses gains au passage, un contrat est un contrat, le plongeur ne cherche pas à le renégocier, alors qu'il aurait pu.

Dans les jours qui suivent, Rosenfeld négocie les photos de l'avion de Saint-Exupéry avec le plus offrant. Sans doute Delauze aurait-il fait la même chose s'il avait retrouvé l'avion, pour son compte et celui du pêcheur.

TF1 puis *Le Figaro magazine* s'arrachent les clichés. La chaîne de télévision les leur aurait payés, dit-on, cent mille francs – quinze mille euros d'aujourd'hui.

C'est le premier vrai retour d'argent dans cette histoire – Jean-Claude y a plutôt été de sa poche jusque-là, si l'on excepte la photo de lui embrassant un poisson qu'il a vendue aux Japonais pour mille francs (!). Castellano, lui, finance toujours sur ses fonds propres les déplacements qu'il fait dans l'intérêt de tous. Il est vrai que Delauze et Becker sauront lui montrer leur gratitude à leur manière. Un jour, cependant, Jean-Claude prendra Rosenfeld à part.

– Écoute, Alexis, l'argent de l'avion, moi je m'en fous, mais Castellano, que vous faites travailler tant et plus et qui n'a que sa paye à l'hôpital pour vivre, vous pourriez lui donner quelque chose, tout de même!...

Mais Castellano ne verra jamais rien venir.

Ce sont là les prémices de quelques failles qui iront en se creusant entre tel ou tel membre de l'équipe, autour d'un projet de livre, d'une attitude à avoir dans telle ou telle circonstance, d'un secret à garder ou pas... Elles révéleront, au cours des mois, la nature profonde des uns et des autres, mettront à jour les non-dits, les petits calculs financiers comme les grandes qualités morales, le tout très inégalement partagé... Rien qui ne soit inhabituel, somme toute, à une petite communauté soudée autour d'une grande idée.

Certains étaient amis au début et ne le seront plus à l'arrivée, d'autres ne l'étaient pas et le deviendront. Mais on n'en est pas là: l'information vient de sortir sur France Info et, dans quelques heures, elle aura fait le tour du monde.

C'est Claire Chazal qui divulgue la nouvelle dans le journal télévisé de TF1. Elle emploie le conditionnel, mais personne ne s'y trompe: cette fois, c'est la bonne!

Delauze a prévenu Vaudoit qui, dès le lendemain, sort un article fracassant dans *La Provence*.

Auparavant, le journaliste a téléphoné à Frédéric d'Agay. La réaction de son interlocuteur tient dans ces quelques lignes empruntées au livre que publiera plus tard Vaudoit, cosigné avec Castellano et Rosenfeld et intitulé *Saint-Ex, la fin du mystère*: «Tout ça, c'est la même comédie qui continue, lâchet-il d'un ton monocorde. Et cette comédie, ça ne m'inspire rien du tout. Je n'ai rien à dire... De toute façon, cet avion, je suis persuadé qu'on ne le retrouvera jamais.»

Et Vaudoit de conclure: «Il n'ira pas plus loin. Ce sera notre dernier contact. Deux fois, dix fois, il refusera ensuite de me répondre. Et je cesserai de l'appeler.»

Le pêcheur, le président, le fédérateur, le passeur, aucun ne s'étonne vraiment de la réaction de la famille. Elle fait preuve depuis longtemps d'une telle obstination dans la gestion de cette aventure dont, eût-elle accepté de la partager avec d'autres, elle aurait tiré tous les fruits, moraux, intellectuels, médiatiques et financiers, qu'on ne peut pas vraiment la plaindre.

Ses motivations profondes à ne rien vouloir savoir du tombeau de leur illustre ancêtre resteront cachées, encore que, pour certains, elles soient sans mystère.

Reste que, mais on ne l'apprendra que plus tard, quand le représentant de la Fondation parlait de «comédie», il ne manquait pas d'aplomb, car cela faisait un mois qu'il avait entre les mains les résultats de l'expertise de la gourmette effectuée par le FBI américain lui-même! L'examen métallurgique du bijou ne permettait pas de le dater, mais il n'avait pas mis en évidence non plus de «vieillissement intentionnel». Et donc la gourmette pouvait être vraie.

Les experts du FBI précisaient – mais on le savait déjà, par Vaudoit et par d'autres – que l'adresse gravée dessus était bien la bonne: Reynal et Hitchcock avaient effectivement leurs bureaux sur la 4th Avenue, entre 1941 et 1943.

Cette expertise, la famille ne l'a toujours pas rendue publique.

Juin 2000

— Tiens, ils remettent ça!

Les héritiers viennent de rendre publique une lettre adressée aux «plus hautes autorités militaires et civiles de la République». Jean-Claude la lit tout haut dans sa cuisine, les coudes sur la table, pendant que Michèle prépare une daube aux olives: «Nous sommes scandalisés que de telles personnes puissent plonger, faire des déclarations, envisager de faire d'autres recherches autour de ce qu'ils considèrent, sans preuve, comme l'avion d'Antoine de Saint-Exupéry...»

Le pêcheur lève un œil, goguenard.

— Ils ne veulent pas que les plongeurs plongent et les chercheurs cherchent, alors pourquoi les héritiers hériteraient-ils, hein?

Soupir.

— Enfin!...Reprenons: «En effet, si cette épave est bien celle de son avion, elle est aussi sa sépulture, et le harcèlement qui va en découler – la presse ne manquera pas en effet de donner les coordonnées exactes de l'endroit où elle se trouve, ce qui amènera les plongeurs et les pilleurs de tous bords, lesquels s'ajouteront aux professionnels qui recherchent avec avidité depuis deux ans – relèvera de la profanation de sépulture, condamnée par la loi.»

Il relit, l'œil froncé.

— Tu as vu? Ils mettent les plongeurs, les pilleurs et les «professionnels avides» dans le même sac. Quels paranos!

— Remarque, on peut les comprendre, fait Michèle. Ça va être la ruée, là-bas!

– Mais si la mer, c'était une sépulture, tonne Jean-Claude, plus personne ne pourrait se baigner! Qu'est-ce que j'y peux, moi, si leur parent est venu s'abattre devant Marseille? C'est justement une bonne occasion de lui donner un vrai tombeau, non?

Il continue à lire.

– Tiens, d'ailleurs, ils y viennent! Écoute: «Nous venons donc vous demander [...] de faire retirer par la Marine nationale cette épave, qu'on ne peut ni surveiller ni garder au fond de l'eau, et de la déposer en sûreté, sur une base de l'armée de l'air, par exemple. Elle pourrait être ainsi examinée par des experts autorisés par les forces armées et la famille d'Antoine de Saint-Exupéry, loin de toute manipulation, et de toute urgence et de toute contrainte médiatique...»

– Toujours aussi aimable, ce M. d'Agay! constate Michèle. C'est étonnant, tout de même, comme ils ont peur qu'on la voie, cette épave!

– On pense tous qu'ils cachent quelque chose, mais quoi? En tout cas, ça a l'air de leur foutre une trouille d'enfer qu'elle soit vraie!

Sa compagne pose la daube sur la table et tire les chaises.

– Allez, mange, vas! Tu n'as pas bonne mine, tu sais, mon pauvre...

Elle ajoute, l'œil furieux:

– Les cérémonies pour les cent ans de Saint-Exupéry, c'est bien dans un mois, non? Moi, si j'étais eux, j'aurais sauté sur l'occasion de faire une grande fête avec tout le monde!

29 mars 2001

Tribunal de grande instance de Draguignan. Cette fois, il n'en mène pas large, l'ex-pêcheur de Marseille! La pompe des lieux, l'apparat des juges, la solennité de l'instant, tout l'impressionne. Sans compter qu'on n'a pas le droit de parler – son avocate qu'il a rencontrée un peu avant et qui, visiblement, vient juste de prendre connaissance de son dossier, le lui a rappelé avec insistance: la justice est aveugle, mais elle est sourde aussi. Elle n'entend que ceux qui ont la même robe et jouent la même comédie, laissez-moi parler, monsieur Bianco, Me Collard est malheureusement pris à Paris, mais n'ayez crainte, il m'a mise au courant...

Jean-Claude est consterné et furieux. Il comptait sur la faconde, le culot et l'expérience du maître, il va être défendu par une de ses collaboratrices à qui il a refilé le dossier entre deux portes! Il pressent qu'ils vont droit à la catastrophe, d'autant que l'affaire les oppose à deux adversaires de taille: les héritiers d'Agay et la direction départementale des Affaires maritimes!

En face, les avocats des héritiers ont beau jeu de brocarder la laborieuse requête de la jeune avocate et l'absence du lion du barreau: la vitrine est vide, on nous promettait un ténor et voilà une enfant de chœur! À son banc, Jean-Claude bout de colère: ces attaques perfides, ces formules tarabiscotées, c'est donc cela, la justice?

C'est cela même. Et quand il se dresse sur son siège pour rectifier une erreur de son avocate, le président Cabaret le rabroue sèchement. Une fois, deux fois, trois fois. Le *vulgum pecus* n'a pas droit à la parole. La justice, seule, parle, et se gargarise.

Les débats s'achèvent vers midi. Pas une seule fois on n'en est venu au fait : les résultats définitifs des expertises. On aurait pu juger sur cela, mais on n'a pas jugé : on a fait le procès du pêcheur.

Hervé Vaudoit, venu pour couvrir l'événement pour *La Provence*, ne s'y trompe pas. Il se tourne vers Bianco et lui glisse :

– Jean-Claude, tu es mort !

Le jugement est remis à deux mois.

Le 30 mai, le verdict tombera : le tribunal de grande instance de Draguignan a débouté le plaignant.

Jean-Claude avait demandé cinq cent mille francs de récompense en se fondant sur la loi Lang, mais le défaut de déclaration dans les quarante-huit heures lui a fait perdre tout droit à l'indemnité de sauvetage.

De toute façon, la gourmette «n'entre pas dans le champ d'application de la loi Lang», car elle est un «souvenir de famille» qui doit «être attribué aux héritiers de la veuve» (Consuelo) ou, celle-ci étant décédée et sans enfants, «aux héritiers».

Le plaignant est donc déclaré «non fondé à ses demandes par application des dispositions de la loi du 1er décembre 1989 et du décret du 3 août 1978 [...]. En conséquence, le débouter de toutes ses demandes, fins et conclusions [...]. Condamner Monsieur Bianco à verser à l'agent judiciaire du Trésor la somme de dix mille francs à titre de dommages et intérêts et à verser la somme de dix mille francs au titre de l'article 700 du nouveau Code de procédure civile, qui punit les procédures abusives. »

C'est une somme énorme pour le pêcheur. Il devra prendre un crédit pour les payer, ça va le mettre sur le flanc. Et, en prime, il hérite d'une épée de Damoclès : il ne sait toujours pas ce qu'il en est de la procédure pénale initiée à son encontre par le procureur de la République de Marseille.

« Gourmette de St-Ex, le pêcheur rentre bredouille », titrent les journaux en riant sous cape.

– Il a été jugé entre deux histoires de bidets bouchés ! s'égosille Me Collard, alors que l'affaire concernait un des plus grands écrivains du XXe siècle !

Ils font appel, auprès de la cour du même nom, à Aix-en-Provence.

22 juin 2001

En attendant, comme il semble avoir tout perdu, son honneur, son procès et son combat, le pêcheur tente un dernier coup de poker.

Il fait ce que font les gens modestes quand ils s'estiment floués et manipulés par des tireurs de ficelles invisibles : il s'adresse à la télévision.

Elle est si puissante, cette télévision, qu'elle trouve parfois son compte à défendre un misérable ; elle fait oublier ainsi son arrogance, les dérives et les facilités qu'entraîne inévitablement sa course effrénée à l'Audimat. Elle sait se faire chevalier blanc, Robin des bois, porte-voix des muets, il arrive d'ailleurs qu'elle fasse preuve d'une efficacité réelle tout en préservant ses indices d'écoute.

Jean-Claude choisit «Sans aucun doute», l'émission de Julien Courbet, sur TF1. Présentateur et producteur, Courbet traque l'escroc et le faisan, il endosse l'habit du procureur et de l'avocat, il rend la justice avec des appels téléphoniques, et ça marche. Bien sûr, c'est de la justice au chausse-pied, mais parfois les mauvaises consciences reculent d'un cran et les bonnes avancent d'un pas – quand on est désespéré, on n'y regarde pas de si près.

Jean-Claude écrit à Courbet, il est reçu, câliné, compris, convoqué. Il entre dans la fosse aux lions le soir du 22 juin, mort de trac, mais les épaules en avant.

Me Collard l'assiste, ravi. Une tribune, encore. Il passe bien à l'écran, et le pêcheur aussi passe bien à l'écran, comme tous les spoliés. Ils sont les bons, le méchant en face est Me Hawadier, qui représente les d'Agay.

S'ensuit un pugilat. Les deux avocats s'invectivent, Courbet tape sur son pupitre, personne ne s'entend, personne ne s'écoute, le public conspue le méchant, applaudit le bon – encore heureux! –, mais il ne comprend rien et s'en fiche, il est là pour voir une mise à mort.

L'audience a été bonne, merci.

Match nul. Jean-Claude en ressort essoré et déçu. Il a juste appris que les expertises étaient prêtes et se contredisaient, cependant l'avocat de la partie adverse s'est bien gardé de les produire.

Le vendredi suivant, le malheureux pêcheur sera oublié au profit d'une veuve roulée dans la farine ou d'une infirmière faussement accusée de non-assistance à personne en danger.

Le manège continue sans lui.

Chapitre 7

24 septembre 2001

Le monde entier est encore sous le coup du quadruple attentat contre le World Trade Center, le Pentagone et la Pennsylvanie : la première puissance du monde vacille sous les coups d'obscurs terroristes du Moyen-Orient ! Jean-Claude est resté rivé devant son poste de télévision, à regarder et regarder encore les tours mythiques s'écrouler.

La Quatrième Guerre mondiale vient d'éclater, et, comme la précédente, qu'on appelait « guerre froide », on sait déjà qu'elle va distiller son venin d'un bout à l'autre de la planète pendant des décennies.

Treize jours plus tard, Jean-Claude entre en clinique pour une opération fréquente chez beaucoup d'homme de cinquante ans : une coloscopie a révélé, il y a quelques semaines, trois polypes intestinaux dont l'un, précancéreux, exige qu'on l'enlève sans tarder.

L'opération elle-même se passe bien. Il s'agit d'un geste chirurgical éprouvé et le patient est solide, encore qu'il fasse de la tension, fruit, sans doute, du stress encaissé ces dernières années. Naturellement, lui a dit son médecin, il faudra qu'il change de style de vie : moins d'alcool, moins de tabac, moins de stress, du repos.

En fait, il a bien stipulé : « Plus d'alcool et plus de tabac si vous voulez profiter de votre retraite. Vous avez beaucoup tiré sur la corde, monsieur Bianco, il est temps de ménager votre organisme. »

Jean-Claude a eu tout loisir de méditer l'avertissement en attendant son entrée en clinique. Le tabac ? Il a fini par arriver à deux paquets et demi de cigarettes par jour. Et de la tueuse, de la vraie, des Gitanes sans filtre. Il a le souffle court, il ne peut pas monter un escalier sans s'arrêter pour souffler, et, quand il respire, ça fait un bruit de vieux soufflet.

Ça ne se voit pas, en mer. Le vent respire pour lui, il lui traverse la poitrine. Sur terre, c'est une autre affaire.

L'alcool ? Ça aussi, c'est une autre histoire.

Le pêcheur a toujours beaucoup bu. Sans alcool, en mer, on ne va que là où les autres vont, et s'ils y sont allés avant vous, vous ne ramassez rien. Les bonnes pêches se font là où peu s'aventurent, et, pour aller dans ces coins-là, il faut se donner du cœur au ventre : « Là où je suis passé, il n'y a pas grand monde qui y allait », a-t-il avoué un jour à Michèle.

Ainsi, la gourmette, il ne l'a trouvée que parce qu'il s'est approché très près de Riou, à moins de cent mètres, pour attaquer son trait. La falaise tombe à pic, là-bas, les vagues vous poussent entre ses dents, mais c'est là aussi que l'on ramasse les plus beaux poissons. L'équipage de *L'Horizon* n'aurait pas risqué sa peau s'il n'y avait pas eu les deux ou trois pastis et le litre de vin avec le casse-croûte de 11 heures, pareil à 3 heures de l'après-midi, et rebelote en rentrant au port.

Pareil le soir, au dîner.

On s'imagine qu'on brûle tout cet alcool au milieu de toute cette eau, mais à la vérité, il vous fait des trous et des bosses dans les boyaux, comme le chagrin.

25 septembre 2001

Jean-Claude a été opéré. Il se réveille en début d'après-midi. On le met sous morphine.

Trois jours plus tard, brutal pic de tension. Le cœur s'affole. Premiers signes de détresse respiratoire. Dans la nuit, on le redescend en réanimation. Il est lucide, il a très mal dans la poitrine, il respire de plus en plus mal et tousse.

Le dimanche, il délire. Dans le couloir, Michèle se tord les mains.

Il va délirer six jours. Le septième, il tombe dans le coma et on le place sous assistance respiratoire.

Affolement, perplexité. On lui ouvre la trachée artère et l'on pose une canule qui permet aux poumons de se remplir d'air.

Il est inconscient, bien sûr. Les infirmières passent et repassent autour du pêcheur endormi comme de grands goélands. Le soir, elles constatent une grosse fièvre : il démarre une infection respiratoire.

Il est transporté dans la nuit en ambulance du Samu à la clinique La Casamance, à Saint-Mitre-le-Vieux, un faubourg d'Aubagne. On soupçonnait un abcès à l'estomac, un scanner montre que non.

Il était entré à l'hôpital trois semaines plus tôt, il devait sortir sous huit jours. Le 15 octobre, un Doppler dépiste une phlébite sur le côté gauche – c'est un caillot de sang dans une veine, susceptible d'entraîner une embolie. Les deux bras sont très gonflés, il a toujours beaucoup de température.

À Marseille, sa compagne, sa famille et ses amis sont saturés de peur, de fatigue, de chagrin. Chaque coup de téléphone de la clinique leur apporte son lot d'horreurs. Ils savent que le pêcheur fait naufrage, là-bas, à Aubagne.

Le 17 octobre, les médecins, sombres, glissent à Michèle et à Robert que, si son état ne s'améliore pas avant trois jours, «on le perdra» : le pêcheur vient de faire une embolie pulmonaire.

Rose-Marie brûle des cierges tous les jours à l'église de Mazargues. Ce sont les mots qu'ont utilisés les docteurs qui l'affolent : «on le perdra». «Laissez-le-nous, prie la vieille dame avec ferveur, il a fait beaucoup de bêtises, mais il a beaucoup souffert aussi. Et puis, il a toujours cru en vous. »

À la clinique, on matraque son fils aux antibiotiques.

Sa sœur passe très souvent, la chère Josiane. Michèle, elle, est là du matin au soir. Elle ne travaille plus. Elle tient la main de son homme, avec «le cœur qui pleure et la peur au ventre ».

Elle l'a toujours vu debout, large, solide, rugueux et doux à la fois. Celui qui gît là, ce n'est pas lui. C'est un cauchemar.

18 octobre 2001

Presque un mois que le pêcheur est parti de la maison avec son baluchon, en lui faisant un petit baiser sur le front :

– À dans huit jours, ne t'inquiète pas, hein !

Son teint reste très jaune, mais sa respiration s'améliore peu à peu.

Il se réveille le 19. Il est resté quinze jours dans le coma.

Les bras désenflent, il peut communiquer enfin avec sa compagne : une pression des doigts pour « oui », deux pressions pour « non ». Impossible de parler tant qu'il aura la canule dans la gorge.

Son vieux copain le viticulteur Brando vient le voir, avec sa femme. Ils sont effondrés.

Jean-Claude est tiré d'affaire, mais ce sera très long pour résorber la phlébite, ont dit les médecins. Une énorme machine l'aide à respirer. De gigantesques escarres le font souffrir, aux fesses et aux talons.

– Vous êtes sauvé, lui dit-on.

Le 28, on le lève et on l'assoit quelques minutes. Pense-t-il alors à la phrase de Saint-Exupéry qui décrit « *cet aspect neuf du monde après l'étape difficile[1]* » ?

Il a failli mourir, il le sait, il n'arrive pas à y croire. Il y a en lui une distance nouvelle par rapport à tout.

On lui ôte la canule, on le panse, il peut enfin parler ; doucement, précautionneusement, mais il parle. Il est vivant. « Je suis vivant », répète-t-il.

Il sort de l'hôpital à la fin du mois, dans un triste état.

Il est vraiment passé tout près. On peut penser, à juste titre, qu'il vient de régler rubis sur l'ongle la facture d'une vie d'excès et de fatigues, mais aussi plusieurs mois d'humiliation, d'injustice, de rage et d'impuissance.

---

1. Antoine de Saint-Exupéry, *Terre des hommes.*

18 novembre 2001

– Jean-Claude est rentré chez lui! annonce Philippe
Castellano à Françoise Bastide.

La jeune femme a chez elle une table étonnante faite d'un
plateau de verre posée sur deux gigantesques porte-flambeaux
fabriqués à Venise au XVIIᵉ siècle. Elle y dispose tout ce qui a
rapport à son écrivain favori: photos, lettres, poèmes, livres,
jusqu'aux photos et aux articles de presse se rapportant à ce
cercle d'hommes qui cherchent son avion depuis trois ans
– trois longues années d'espoirs déçus.

Elle espère et désespère avec eux.

Enfin, Jean-Claude est sauf. Le cercle est de nouveau au
complet.

Pour elle, le pêcheur, le président, le passeur et le fédérateur
ne sont pas des chercheurs de trésors, mais des compagnons de
route du grand écrivain. Elle a toujours attribué à leur quête un
sens profond qu'elle résume en quelques mots: la fraternité,
l'œuvre commune, le besoin de se dépasser et de trouver un
sens à leur vie. Il y a chez ces hommes tout ce qu'elle aime et
tout ce qu'elle recherche depuis si longtemps: un absolu.

– Antoine les aurait aimés, prétend-t-elle. Il aurait aimé
ces hommes-là, car ils sont un peu son équipage d'outre-
tombe.

Quand elle parle de Saint-Exupéry, elle dit «Antoine»,
comme on le fait d'un ami ou d'un membre de sa famille.
Elle connaît un peu ses héritiers, aussi, pour leur avoir été
présentée par Christian Gavoille – le filleul de Saint-Exupéry et
le fils de celui qui fut son chef d'escadrille. Ils ont parlé de la
gourmette, mais elle n'a jamais pu leur faire entendre raison, ce

qu'elle trouve profondément injuste pour ces hommes qui se sont consacrés à la résurrection d'Antoine sans arrière-pensées. Elle a trouvé indigne, surtout, que le premier d'entre eux s'use jusqu'à l'os dans de stériles combats médiatiques et dans une interminable attente conclue par un procès bâclé. S'use à en mourir. Car ça ne fait pas l'ombre d'un doute pour elle : Jean-Claude a bien failli mourir de la défiance dont on l'accable.

Ce jour-là, le passeur l'invite à une réunion autour de la gourmette et de l'avion, quinze jours plus tard, à Cannes.

4 décembre 2001

Il y a maintenant dix-huit mois que Luc Vanrell a découvert ce qui, selon toute vraisemblance, est l'avion de Saint-Exupéry.

À la maison des associations de Cannes, Castellano s'est fait prêter une salle au nom d'Aéro-Relic. La réunion doit commencer à 2 heures de l'après-midi, il attend Jean-Claude pour aller déjeuner chez le père de Françoise, Émile Bastide.

Les d'Agay ont refusé de venir, pour ne pas avoir à rencontrer le pêcheur. Ils se vivent comme agressés, et l'indemnité demandée par Me Collard – soixante-seize mille euros – les a scandalisés.

Quand Jean-Claude débarque, soutenu par son frère et Habib, le passeur a peine à le reconnaître. Un homme au visage défait et à la peau grise s'extirpe de la voiture, dans laquelle il a voyagé couché sur le flanc. Il est en pantoufles, il a perdu vingt-cinq kilos et il se déplace comme un vieillard, une main sur les reins et l'autre cramponnée à une canne.

Habib et son frère ne le quittent pas de l'œil, prêts à le soutenir s'il s'effondre.

Retrouvailles chaleureuses. Ils font ensuite leur entrée chez Émile Bastide.

En voyant Jean-Claude, Françoise a un choc, elle aussi.

Elle n'a passé qu'une journée avec lui, sur *L'Horizon*, trois ans plus tôt, et elle se souvenait d'un homme en pleine forme, gros buveur et grand fumeur, la voix sonore et le rire facile. À voir son état, il est clair qu'il a vraiment failli mourir.

Mourir, elle sait ce que c'est. Elle-même a failli passer trois fois de l'autre côté : une hydrocution, un accident de voiture, une complication néonatale, tout cela de la dernière gravité, et chaque fois, elle en est revenue. Sans être croyante au sens strict du terme, elle pense que la mort n'est qu'un passage et qu'on peut parfois le prendre dans les deux sens.

À l'hôpital, lui raconte Jean-Claude, Michèle ne lui a jamais lâché la main. Elle a été là, tout le temps. Les médecins ont fait le reste, mais ils n'ont pas guéri les escarres grosses comme des assiettes, résultat d'une trop longue station couchée, qui rongent ses talons et ses reins.

– Le pire, c'est là.

Au sacrum. Le dernier os de la colonne, cinq vertèbres soudées, au-dessus des fesses.

– La chair a totalement disparu. Il me reste juste un trou comme le poing sous mon pansement !

– Tu es fou d'être venu !

Il hausse les épaules.

– Même mort, je voulais être là !

À 2 heures de l'après-midi, ils font leur entrée à la Maison des associations. Il y a déjà une bonne centaine de personnes, bien plus qu'espéré. Bientôt, la salle est comble.

– Jean-Claude, tu veux nous dire quelques mots?

Le pêcheur se penche sur le micro, sa chaise grince. Il y a un long silence, puis il se met à parler.

Il commence d'une voix sourde, mal assurée, celle d'un homme qui, il n'y a pas si longtemps, gisait sur son lit de douleurs, des perfusions plein les bras et assommé au Lexomil.

Il raconte sa vie en mer, la découverte de la gourmette, comment Saint-Exupéry «est venu» à lui – ce sont ses propres mots. Il raconte tout ce qui s'est ensuivi, les tracasseries, le doute, les accusations, les humiliations…

Au fur et à mesure qu'il avance dans son récit, sa voix s'enfle, s'assure. L'assistance, médusée, boit ses paroles.

– Les héritiers, l'Administration, de prétendus journalistes, tous ces gens-là ont essayé d'avoir ma peau. Ils m'ont traîné plus bas que terre, ils m'ont fait passer pour un faussaire! Les héritiers, je leur apportais la gourmette sur un plat d'argent, ils n'ont pas supporté que l'histoire d'Antoine devienne un peu la mienne! Pourquoi? Oui, pourquoi? Eh bien, je vais vous le dire, moi! Parce que je suis un pêcheur, un homme modeste! Et marseillais de surcroît! Les grandes familles, ça ne parle pas aux petites gens. Mais ça, je ne le savais pas. Je ne le savais pas parce que moi, Jean-Claude Bianco, quand j'emmène des gens en mer, je ne leur demande pas leur carte d'identité, ni combien ils gagnent, ou si leurs ancêtres sont sortis de la cuisse de Jupiter!

Et sa voix tonne:

– Moi, je vais en mer avec mes semblables!

Silence absolu. C'est un procès qui s'instruit là, celui de l'intolérance, du cynisme et de l'injustice, et personne ne s'y trompe : la victime est devenue procureur.

Le visage couvert de sueur, le pêcheur termine :

– Oh, je ne demandais pas aux d'Agay qu'on s'embrasse sur la bouche, ni même d'être copains ! Je voulais simplement qu'on se parle d'homme à homme ! La gourmette, si elle était fausse, ils devaient me la rendre ! Si elle était vraie, ils devaient me rendre mon honneur !

Il a frappé la table de la main, et la salle explose en applaudissements frénétiques.

Une fois le calme revenu, Castellano reprend la parole : oui, il pense que l'avion reposant à Riou est bien celui de Saint-Exupéry. Oui, Delauze et Becker continuent à draguer les fonds tout autour. Et évidemment que la gourmette est vraie, sinon les héritiers auraient été trop contents de produire une expertise montrant qu'elle était fausse ! Or ils gardent le silence.

« *Tu ne prends point mesure de l'homme avec une chaîne d'arpenteur. C'est au contraire quand j'entre dans la barque que tout devient immense*[1] », écrivait Antoine.

Décembre 2001

Jean-Claude se rétablit lentement. On l'entoure, on le soigne, on s'émerveille de le voir revenir à la vie si vite.

---

1. Antoine de Saint-Exupéry, *Citadelle*.

Quand il s'est senti un peu plus solide sur ses jambes, il est allé déjeuner chez Françoise Bastide, à Cannes, avec Michèle. Elle leur a donc présenté son père, un ancien de la 2ᵉ DB.

— Un homme magnifique! dit-elle avec des lumières dans les yeux.

Dans les mois qui suivent, le pêcheur et l'intellectuelle vont se croiser, se parler, au gré de réunions, de commémorations, de rendez-vous amicaux. Jean-Claude, un peu méfiant au début, regarde maintenant Françoise avec amitié. Sa générosité, sa disponibilité l'étonnent. Françoise aime, c'est un principe de vie. Elle aime le pêcheur comme elle aime sa compagne Michèle, elle aime le président, le passeur, le fédérateur, tout le monde, et tant pis si on ne lui rend pas cet amour avec la même prodigalité. Comme Antoine (lisez: Saint-Exupéry), elle n'attend pas qu'on lui rende ce qu'elle donne.

Elle ne s'est pas entichée de l'homme, elle s'est entichée de son destin. Pour elle, Jean-Claude est marqué du doigt par quelque chose de plus grand que lui. Elle lui explique, encore et sans cesse:

— Mourir, c'est aussi l'occasion de renaître. Les personnes qui sont là quand tu rouvres les yeux, c'est comme si tu naissais avec elles et qu'elles naissaient avec toi. Nous sommes tous liés les uns aux autres par un pacte invisible, je l'ai vérifié moi-même trois fois…

Elle sera la lectrice qui distillera mot à mot le message de l'écrivain dans le cœur de cet homme qui ne lit pas. Elle aidera Jean-Claude, espère-t-elle, à trouver un sens au chaos dans lequel il se débat depuis trois ans.

– D'une épreuve comme la tienne, Antoine disait qu'elle est envoyée à l'homme pour qu'il naisse enfin à lui-même. Tu n'es plus le Jean-Claude d'avant, celui qui buvait trop, fumait trop et tirait sur la corde comme un pendu…

Il la regarde, gentiment moqueur.

– Et je suis qui ?

– Tu es un autre. Cet autre, regarde-le : c'est toi.

Janvier 2002

Le pêcheur est encore trop fatigué pour faire autre chose, alors il termine la biographie de Saint-Exupéry à petites gorgées.

– Quel type !

Le pêcheur salue l'aviateur, il le reconnaît pour frère de vie. Leur vie durant, tous deux ont affronté les éléments naturels : Antoine, les typhons et les rabattants, les déserts et l'océan ; et Jean-Claude, les tempêtes, le mistral, le brouillard et les mouvements mystérieux de l'atmosphère, quand son bateau n'était plus qu'un îlot minuscule au milieu de nulle part…

Ça crée des liens.

Il découvre qu'Antoine démontait et remontait un moteur les yeux fermés et qu'il déposait des brevets à tour de bras. Et quel casse-cou ! Chef d'escale dans le désert à trente ans, parcourant les Andes dans des coucous de toile et d'aluminium, manquant mourir de soif en Libye et s'écrasant en bout de piste au Guatemala… sans compter sa noyade en hydravion et sa mission sur Arras, pendant la guerre – plusieurs impacts dans son avion !

Oui, quel homme ! Un homme vrai guidé par une vraie mission – passer le message entre les hommes comme lui-même passait le courrier, faire qu'ils se parlent, s'entendent et œuvrent en commun. Une espèce d'archange, un ange gardien de l'humanité en des temps où la haine l'emportait...

Jean-Claude est catholique. Il pense comme Saint-Exupéry qu'un homme peut sauver tous les hommes.

N'empêche, ce que le pêcheur apprécie le plus chez l'aviateur, c'est qu'il était aussi un grand buveur, un gros mangeur et un séducteur impénitent toujours prêt à chanter et à rire. Un jouisseur, comme lui, avec des problèmes de poids et de calvitie. Un homme avec ses forces et ses faiblesses.

Du coup, il est aussi tombé amoureux de l'épouse de Saint-Exupéry, Consuelo Suncin Sandoval, la fantasque Salvadorienne soudain propulsée dans la vieille famille française des Saint-Exupéry – laquelle avait ses vertus, certes, mais aussi ses duretés. Ils ne l'ont jamais aimée, sauf la mère d'Antoine, qui passait tout à son fils. Quelle histoire ! La première fois qu'il la voit, Antoine l'emmène en avion et lui fait du chantage : « *Embrassez-moi ou nous nous écrasons !* » Consuelo, le colibri trop bruyant, trop coloré, trop sexuel pour tout dire, Consuelo qui était aussi artiste, sculpteur, peintre et menteuse. Indestructible, quoi...

Jean-Claude compte sur ses doigts : leur mariage a duré treize ans, et dix fois ils se sont séparés. Antoine aimait aussi Nelly de Vogüé, Antoine séduisait à tour de bras les jolies femmes, blondes et grandes de préférence, mais Antoine revenait toujours vers son colibri.

Il lui écrit ces mots admirables : « *Alors si vous m'aimez un peu, protégez en moi la substance de l'homme que je suis parce que vous la croyez précieuse...* »

Elle lui dit un soir : « Vous avez un message à apporter aux autres hommes, rien ne doit vous arrêter, même pas moi. » Et il répond : « *Ce jour-là, je décidais de vous épouser pour toujours, pour toute la vie, et pour toutes les vies qu'il nous sera accordé de vivre au-delà des étoiles.* » Quel type, oui, et quelle femme !

Le pêcheur voit dans ces deux-là comme une réplique lointaine du couple qu'il forme avec Michèle : deux êtres entrés en collision, qui s'arrangent du mieux qu'ils peuvent du besoin qu'ils ont l'un de l'autre.

Mars 2002

Il lit *Courrier Sud*, il lit *Vol de nuit*, il lit *Terre des hommes*... *Citadelle*, c'est trop difficile.

Il en discute avec la lectrice. La lectrice lui parle de la place qu'avait choisie Saint-Exupéry dans son monde en guerre. Ce faisant, elle lui parle de la place que lui, Jean-Claude Bianco, occupe dans la société défaitiste qui est la nôtre.

– Antoine a été méprisé, honni, parce qu'il se déclarait responsable de la défaite du monde ancien, celui de 1940, lui qui s'est pourtant battu et a frôlé la mort dix fois face à la ruée allemande. Responsable au même titre que ceux qui avaient fui et s'étaient courbés devant l'envahisseur et, à ce titre, il réclamait d'être jugé et de se battre. En quoi cela te concerne-t-il, Jean-Claude, toi, moi, tous les autres ? Eh bien, c'est simple : notre société avilie par la soif de jouissances matérielles, abâtardie par le divertissement de masse, guidée par la violence et l'égoïsme, nous l'avons fabriquée, nous aussi, de toutes pièces ! Ou laissé fabriquer, par complaisance ou par lâcheté! Nous sommes donc et les victimes et les coupables de ce qui nous arrive...

Ils marchent doucement sur le petit chemin qui mène chez lui, à Sormiou. Les pêcheurs comme les aviateurs, pense Jean-Claude, n'ont jamais voulu de cette terre sans solidarité et sans fraternité, cette terre où l'on se sent profondément seul, même si l'honnêteté oblige à dire qu'ils ont laissé faire, comme tout le monde.

Et la lectrice insiste.

— Tout homme doit prendre en charge son destin, comme tu l'as fait toi-même, Jean-Claude. Prétendre qu'il y a une fatalité, c'est prétendre que la vie n'a pas de sens, puisque nous serions soumis à une loi générale venue d'on ne sait où. Or il n'y a de loi générale que celle de la collectivité! Tu appartiens à ton équipage, ton équipage t'appartient!

— Je n'ai jamais dit autre chose! approuve le pêcheur. Sans les autres, on n'est rien!

— Tu te rappelles qu'Antoine écrivait: « *Nous avons failli à cette tâche*[1] »? À l'époque, il parlait du fascisme, mais il parlait aussi — et avec quelle prescience! — du monde d'après-guerre soumis aux marchands et aux spéculateurs. Ce que dit Antoine, Jean-Claude, est aujourd'hui plus vrai que jamais: nous nous plions aux lois impitoyables du profit et de la consommation, nous nous gavons d'objets, de jeux et de spectacles, nous oublions nos devoirs au profit de nos droits et nous consentons, béats, à la corruption de nos esprits...

— Oui...

— On nous subventionne, on nous infantilise, on fait de nous des « carcasses sans âme », c'est toute notre civilisation qui

---

1. Antoine de Saint-Exupéry, *Écrits de guerre*.

est devenue, avec notre approbation tacite, un vaste bazar sans charité. Tu as des enfants, Jean-Claude, nous en avons tous, et que leur laisserons-nous? Une planète à feu et à sang, vaniteuse et obèse d'un côté, humiliée et mourant de faim de l'autre!

Où sont l'amour, la compassion, l'empathie et la tolérance qui devraient unir tous les êtres humains? Pourquoi nous haïssons-nous les uns les autres, de continent à continent, de pays à pays, de quartier à quartier, pourquoi nous haïssons-nous nous-mêmes, au point de n'être pas heureux? Toute vie croît pourtant avec l'amour, comme l'arbre croît de la terre, et qui a cassé cette chaîne dont chaque être humain est un maillon?

– Justement... hasarde-t-il.

– Justement?

– La gourmette, elle avait une chaîne, elle aussi...

– Voilà! N'est-il pas extraordinaire que ce soit justement une chaîne, avec ses maillons et sa plaque d'identité, qu'Antoine nous ait tendue, à travers toi? Une identité, Jean-Claude, voilà ce dont nous manquons tous, à une époque où on nous la réclame à tous les coins de rue! Nous exhibons nos cartes, nous déclinons nos noms, nos adresses, mais nous ne savons plus qui nous sommes vraiment...

«Moi, je le sais, pense Jean-Claude, les yeux perdus au loin. Je sais qui je suis; j'ai payé assez cher pour cela.»

Juin 2002

Point mort.

Jean-Claude va avoir cinquante-huit ans. Il a changé de vie, ses traits se sont remplis, il n'a plus le même regard non plus. Il y a moins de colère en lui, mais il n'a pas renoncé à l'idée de faire reconnaître son honnêteté. L'appel du procès de Draguignan, c'est dans dix mois, en avril de l'année prochaine! C'est long, affreusement long.

Heureusement, il a sa barquette, à Sormiou, et il sort tous les jours pour aller relever ses filets. À la surprise générale, il a aussi totalement cessé de fumer et de boire; c'était ça ou crever, dit-il, mais il se gave de bonbons. Il a grossi et, du coup, il a rajeuni de dix ans.

C'est Michèle qui est contente!

Le président, lui, n'a rien perdu de sa pugnacité, mais il ne va plus à la Comex que le matin. Le reste du temps, il se livre à ses passions: la plongée, la lecture, la course à pied, la musique – Bach et Vivaldi. À soixante-treize ans, lui aussi en paraît dix de moins, mais il est vrai que ça a toujours été le cas.

Tous les deux pensent à l'avion de Saint-Exupéry, tous les jours.

Castellano aussi, à Cannes. Pour lui, c'est un crève-cœur de ne pas l'avoir remonté. Pis: c'est un sacrilège. Une relique ne se laisse pas au fond de l'eau. Une relique, ça a été un homme avant d'être une idée. Le passeur qui est en lui garde les yeux fixés sur l'autre rive.

Vanrell, lui, est passé à autre chose, comme Cayol. Pour lui, l'affaire est close. L'inventeur a simplement mis le train d'atterrissage de l'avion à l'abri dans une grotte sous-marine, au pied de Riou, au cas où…

Le salut va venir de Becker. Géocéan tourne bien, on espère trouver de l'eau douce en Arabie Saoudite, mais le fédérateur n'a pas oublié que l'avion de Saint-Exupéry dort sous quatre-vingt-cinq mètres d'eau, à dix kilomètres à vol d'oiseau de chez lui.

Pendant plusieurs semaines, il va relancer Vanrell, méthodiquement, sans se lasser. Relever l'appareil de Saint-Exupéry ne peut passer que par le plongeur, mais Vanrell a repris ses activités, son magasin, il n'a, semble-t-il, nul besoin des feux de la rampe, ni de plus de reconnaissance médiatique. Son ego est satisfait.

Pas celui de Becker. Il s'en faut même de beaucoup! C'est à lui de reprendre le flambeau, pense-t-il, et cette fois-ci, il réussira. Il a les épaules pour ça. Et l'ambition, ça va sans dire. Ses ateliers sont les mieux placés pour nettoyer, explorer, authentifier un avion, fût-il broyé, méconnaissable. Il y a surtout cette énorme frustration qui ne le lâche pas.

On peut la comprendre. Il a participé pleinement à la belle aventure du P-38 de Riley, il s'est beaucoup démené aux côtés de Castellano, mais il a raté la gourmette, il a raté l'avion de Riou, et il est en réserve depuis le début de l'histoire. Tout s'est arrêté au moment où lui, ses chaudronniers et ses ouvriers allaient enfin entrer dans la lumière.

Il ne s'y fait pas.

On ne peut pas en rester là, avec cet avion qui se dissout lentement dans la mer, explique-t-il sans relâche à Vanrell. Comment se contenter d'une énigme non résolue, alors qu'il suffirait d'un dernier coup de rein, d'un ultime effort pour aboutir à la consécration? C'est un crime, vraiment!

Et Vanrell finit par se rendre à ses raisons. Becker rappelle Castellano, Bianco, Cayol, Rosenfeld… Et Delauze, évidemment. On aura toujours besoin de son beau bateau.

Tous répondent «présents» dans la seconde.

Sans Becker, tout s'arrêtait là, c'est vrai. Il est ce qu'il est, mais il faut voir ce qu'il a fait.

Arrive alors celui qu'on appellera le médiateur.

C'est Patrick Grandjean qui, quatre ans plus tôt, était le directeur du Drassm à Marseille. À ce titre, il a géré les premiers remous de l'histoire de la gourmette. Physique austère, humour corrosif, Grandjean est un esprit original. Il s'est indigné dans un premier temps de la désinvolture avec laquelle Delauze bafouait la règle, sinon la loi, qui lui donnait trois jours pour déclarer le bijou, mais il aurait aussi voulu donner toutes ses chances à la recherche de l'avion. Ses supérieurs ne l'entendaient pas de cette oreille, et son ministère de tutelle, comme tous les autres ministères concernés à un titre ou à un autre par l'affaire, a soigneusement mis l'éteignoir. Pas de vagues, surtout!

Budgets de fonctionnement trop serrés pour improviser un programme de recherche ambitieux, soucis des politiciens du cru de plaire en haut lieu, méfiance instinctive de Paris envers Marseille et des hauts fonctionnaires envers le petit peuple des pêcheurs et des plongeurs, tout cela a dû jouer à l'époque...

Désavoué par sa hiérarchie, Grandjean est redevenu conservateur depuis peu, et ce titre honorifique lui rend sa liberté d'agir à titre privé. Il en profite pour se rapprocher de la «bande», comme dit Monsieur X.

Elle accueille le transfuge à bras ouverts.

25 avril 2003

À Aix-en-Provence, pour défendre Jean-Claude, il n'y a qu'un collaborateur de Me Collard – pas l'avocate de Draguignan, un autre.

Jean-Claude a attendu son procès pendant deux ans, il est expédié en vingt minutes. Même Hervé Vaudoit ne s'est pas dérangé, car il était sûr du résultat : depuis cinq ans qu'il suit l'affaire Saint-Exupéry pour son journal, il a toujours pensé que le pêcheur n'avait pas l'ombre d'une chance de gagner.

La justice se déjuge le moins possible. Et, de fait, le pêcheur est débouté.

Ses amis soupirent.

– On te l'avait dit, Jean-Claude !

– J'irai jusqu'au bout !

Il sait bien qu'il embête tout le monde avec ça, il sent que ça n'intéresse plus les gens. Il est un honnête homme maintenant, tout le monde le reconnaît, mais il doit bien rester quelques personnes ici et là qui en sont restées à ce qui se murmurait sur le Vieux Port, cinq ans plus tôt : « Bianco, le prince de la galéjade… Bianco le fabricant de gourmettes… »

Chaque fois qu'il y pense, ça le fait bondir !

En avant donc pour un nouveau procès, dans plusieurs mois, à Fréjus, cette fois-ci. Me Collard soupire dans son beau bureau où est accrochée une photo de la gourmette.

– Essaie de ne pas vivre avec ça tout le temps ! conseille la lectrice au pêcheur. Tu y repenseras le moment venu. Alors, vous allez repêcher l'avion de Riou ?

– On y travaille.

– Tu as fini de lire Saint-Exupéry ?

– J'ai terminé par *Le Petit Prince*. Je ne pensais pas que c'était aussi simple ni aussi court, ça m'a un peu déçu, pour tout dire…

– C'est le plus mystérieux de ses livres ! rectifie gentiment son amie. On a cru longtemps que c'était un conte pour les enfants écrit par une grande personne, mais c'est l'inverse : c'est un conte pour les grandes personnes raconté par un enfant.

– Tout de même ! objecte Jean-Claude, un désert, des étoiles, un type qui remonte la pendule...

– C'est l'essentiel, Jean-Claude ! Antoine n'a jamais écrit que sur l'essentiel ! *Le Petit Prince* est un récit codé, comme beaucoup de choses qui s'écrivaient pendant la guerre, mais le code est si simple qu'on y pense jamais.

– Ah ?

– C'est le mot « amour ».

– Amour ?

– Tu sais qu'il s'est inspiré de Consuelo pour décrire la rose...

– Je sais.

– La rose, le renard des sables, ce sont des paraboles. Elles veulent dire ceci : c'est le temps que tu passes à t'occuper de l'être aimé qui en fait un être précieux. Ce sont les milliers de pensées et de gestes qu'il t'inspire qui en font pour toi un être unique. Tu pourras avoir envie de le quitter plus tard, l'amour que tu lui auras porté est inscrit dans le ciel. Tu es responsable pour toujours de ce que tu as apprivoisé.

– Je comprends.

– C'est pourquoi le nom de Consuelo est inscrit sur la gourmette, Jean-Claude. Antoine l'a emmenée avec lui le jour où il a disparu parce qu'elle le reliait à Consuelo d'un lien aussi fort que celui qui relie la rose ou le renard au pilote perdu dans *Le Petit Prince*.

– Il l'avait donc emmenée avec lui pour ne pas se perdre, c'est ça ?

– Voilà. Sans amour, Jean-Claude, nous sommes des planètes perdues qui tourbillonnent dans le noir…

L'amour, songe le pêcheur, il croyait bien le connaître. Il a beaucoup aimé et donc beaucoup souffert. Est-ce que cela aurait pu être plus simple, dans le fond ? Est-ce qu'il aurait pu aimer les femmes de sa vie comme on aime les roses, les renards, les planètes et le désert ?

En fin d'après-midi, Françoise repart à Cannes et Jean-Claude rentre avec Michèle à Mazargues. Le petit bouquin avec ses illustrations pastel, il le voit autrement, maintenant : il avait pensé le donner à son petit-fils Martin, mais à la réflexion, il le gardera pour lui.

13 mai 2003

Quelques mois plus tôt, Castellano a reçu une belle récompense pour son obscur et tenace travail de passeur : Jean Preston Riley, la veuve d'un des deux pilotes disparus en baie de La Ciotat, l'a contacté. Elle a appris que l'association Aéro-Relic avait localisé l'avion de son jeune mari et elle annonce son arrivée en France !

C'est Pierre Becker qui, généreusement, lui offre le voyage. Celle qui est maintenant une vieille dame va pouvoir situer les circonstances et l'endroit de la mort de celui qui fut son premier époux. Elle vient de débarquer, et c'est comme si, déjà, le passeur et elle étaient amis de longue date. Jim Riley leur tient la main, à tous les deux…

Ce jour-là, on inaugure un monument et elle est reçue à la mairie de La Ciotat. Sont présents, entre autres, le passeur, la lectrice, le pêcheur et le fédérateur. Là, sous la lumière dorée de la Méditerranée dans la tendre chaleur de bras amis, le chagrin de Jean Riley s'apaise enfin.

Plus tard, la lectrice racontera au pêcheur que, la veille au soir, elle se promenait avec la vieille dame à Agay – «Agay, où la jeune sœur d'Antoine avait son château, comme tu le sais» – quand Jean Riley lui confia ceci: «Quelques jours avant d'apprendre où et comment était mort Jim je cherchais la petite broche qu'il m'avait offerte avant de partir à la guerre et qui représentait un P-38 miniature. Impossible de la retrouver. J'avais donc fini par passer dans ma salle de bains quand j'ai entendu un bruit clair, et là, rentrant dans la chambre, qu'est-ce que j'ai vu? Elle avait réapparu et venait de rouler sur le parquet, sans aucune intervention extérieure!»

– Toi aussi, ton histoire est jalonnée de signes, insiste la lectrice. D'abord, tu t'appelles Antoine, comme Saint-Exupéry. Ton bateau s'appelait *L'Horizon*, c'est le nom de l'auberge de Cabris où Antoine a corrigé les épreuves de *Terre des hommes*. La pochette dans laquelle Delauze a glissé la gourmette, le jour où tu la lui as amenée, elle était bien en serpent, m'as-tu dit? Comme le serpent qui fait passer le Petit Prince de l'autre côté... Antoine a changé nos vies, Jean-Claude, toi, le président, le fédérateur, le passeur, Cayol, le photographe, les hommes du *Minibex*, le médiateur et moi-même, nous avons tous été transformés à son contact.

– C'est vrai.

– C'est pourquoi j'aime à croire, vois-tu, que nous sommes ses correspondants sur terre et que nos vies forment une trame dont il est le fil...

– Tu crois cela?

– Nous sommes ses amis, Antoine le sait, j'en suis persuadée! Un penseur si proche de l'humanité comme il l'était a sa demeure en chacun de nous. À tous il apporte quelque chose, avec tous il a une parentèle cachée. Tu ne le crois pas, toi?

Jean-Claude hésite. Il veut expliquer exactement sa pensée.

– Si. Je ne le connaissais pas, tu sais, et puis je l'ai découvert... N'est-ce pas ce que l'on fait avec tous ceux que l'on aime? D'abord on les aime, puis on comprend qui ils sont et ce qu'ils vous apportent.

Juin 2003

Il est grand temps que l'avion sorte de l'eau, maintenant.

Les conjurés se retrouvent semaine après semaine, le samedi matin, dans les locaux de Géocéan. Ils discutent de leur grand projet.

À la vérité, chacun a un vieux compte à régler avec le système – le système au sens le plus large du terme –, car tous se sont heurtés à son immobilisme, quand ce n'était pas à son impéritie. Le système, cette invention de terriens, de fonctionnaires... Le système qui écrase les individus de taxes, d'obligations tatillonnes et de formalités stupides, mais se détourne du merveilleux, de l'aventure, de l'inespéré quand il a l'occasion d'aller vers lui...

L'avion d'un des plus grands écrivains du XXe siècle est là, tout près, mais on ne fait rien pour le repêcher! Vieille France confite en dévotion, en commémorations, en rites immuables, mais pas en action, en volonté d'aller jusqu'au bout! Vieux pays qui ne lit son histoire que dans les livres, mais qui la craint.

Cette histoire, ils veulent la vivre jusqu'au bout. Au nom du vrai et de la vie, tout simplement. Mais pour cela, ils ont besoin qu'on leur donne la permission, comme à des enfants. Ils enragent.

Heureusement, Grandjean est là. Il leur apporte sa connaissance parfaite des arcanes de l'administration française : « C'est grâce à lui qu'on aura pu aller jusqu'au bout », diront-ils, tous. « C'est vraiment lui qui a fait avancer le dossier. »

Le médiateur les aide à rédiger la demande de recherche dans les termes appropriés. À respecter les règles formelles, sinon formalistes, qui permettent de cheminer lentement, mais sûrement, vers le but. Un exercice ingrat pour tous ces individualistes, marginaux dans l'âme, sauf, peut-être Cayol, que sa longue carrière d'inspecteur d'académie a familiarisé avec les pesanteurs administratives. Mais ils s'y plient.

Il faut convaincre des bureaucrates que la vie est une aventure. On emploiera donc leur langage codé de robots.

L'Administration ne délivre de permis de recherche qu'aux personnes civiles, et elle veut un responsable pénal en cas de pépin. Ils décident donc collégialement de faire déposer la demande d'autorisation des fouilles par Aéro-Relic, représentée en l'occurrence par son fondateur, Philippe Castellano. Et là se produit un pataquès qui, s'il ne relevait de la mauvaise comédie, tiendrait de la manipulation pure et simple : tirant prétexte de sa notoriété (il parle sans doute de celle de Géocéan), Pierre Becker, semble-t-il, s'est assigné la « conduite symbolique » des opérations et apparaît comme le « directeur scientifique » de l'expédition sur le rapport officiel déposé auprès de l'Administration.

C'est ce qu'on appelle un détournement de paternité – l'expert scientifique, c'est Castellano, comme l'inventeur est

Vanrell –, et l'explication entre le passeur et le fédérateur est sévère. Elle introduit un premier coin dans la belle cohésion de l'ensemble, mais on verra qu'il y en aura d'autres…

Toujours est-il que, le 3 novembre 2003, ils obtiendront le permis déposé en juillet de la même année.

C'est un record.

Le président, lui, s'inquiète : en retournant sur le site, il a vu que de nouveaux chalutages ont éparpillé ce qui reste de l'avion. Fort de l'autorisation verbale du nouveau préfet maritime, il n'attend pas novembre et programme le repêchage pour le début du mois de septembre.

1er septembre 2003, 12 h 30

Le *Janus II* de la Comex, le successeur du *Minibex*, s'est positionné à l'endroit précis où, il y a près de soixante ans, à un mois près et à la même heure, Antoine de Saint-Exupéry disparaissait dans une gerbe d'eau et de feu.

« *Si alors un enfant vient à vous, s'il rit, s'il a des cheveux d'or, s'il ne répond pas quand on l'interroge, vous devinerez bien qui il est.* » C'est dans *Le Petit Prince*. Ils y pensent tous, évidemment : les trois inventeurs, Bianco-Cayol-Vanrell, le président, le passeur, le fédérateur, les hommes de la Comex…

Il fait très beau, la houle est forte, et, sous le ciel en voûte, les sons portent loin. Tous adressent non pas un dernier adieu, mais un « bonjour » silencieux à l'écrivain…

Nous t'avons retrouvé. Nous avions besoin de toi. Nous t'aimions assez pour ne pas te laisser là, dans cette solitude effroyable.

Luc Vanrell descend le premier, avec deux plongeurs de la Comex lestés d'un ballon jaune vif – un parachute de cinq cents kilos de force ascensionnelle, gonflé à l'air comprimé. Vingt minutes plus tard, ils remontent avec une pièce de trois mètres de long hérissée de concrétions brunâtres : la jambe de train, avec son renfort usiné et, au bout, les roulements faussés par le choc.

La roue elle-même a disparu.

Le moteur électrique de la grue miaule tandis que la relique ruisselante monte vers le ciel puis redescend vers le pont.

Tous les bras se tendent. On peut voir là quelque chose de religieux ou, si l'on n'est pas religieux, un mouvement vers quelque chose qui vous dépasse, qui vous étreint.

Le trophée fait cent cinquante kilos. Le renfort en magnésium coulé, de section carrée, est bien là. Mais comme la mer forcit, on écourte la cérémonie.

On rentre à Saint-Nicolas. C'est assez d'émotions pour aujourd'hui.

Deux jours plus tard, ce sera le tour d'un tronçon de carlingue et du turbocompresseur. Puis viendront les fragments de ce qui fut un éclair d'argent planant au-dessus des hommes…

Tôles déchirées, longerons tordus, raccords hydrauliques, tubulures écrasées… Antoine est mort, bien sûr, mais nous qui le lisons allons pouvoir faire notre deuil. Nous lui construirons un tombeau avec les flancs de son cercueil.

D'autres plongées. On photographie, on repère, on enlève, on remonte.

De loin, tout ça ressemble à ces images terribles que l'on voit à la télévision après un crash d'avion : de pauvres déchets émergeant d'une mer paisible – les restes d'un carnage. Mais, de près, on assiste à une renaissance. À une catastrophe inversée. Au miracle de la vie.

Chaque pièce est immergée dans de l'eau de mer sur l'appontement de Saint-Nicolas, puis on convoie l'ensemble des débris à Aubagne, chez Géocéan.

Becker est à son affaire : le voilà enfin au centre des choses ! Il a le matériel adéquat, l'espace qu'il faut, et il dispose en plus d'un sorcier : Laurent Lhuillier, son directeur technique. C'est entre les mains de cet artiste que tout va se jouer, en définitive. Dans les bains d'acide qu'il dose minutieusement et où il immerge un à un les débris rouillés, dans le grondement de ses compresseurs et le miaulement de ses ponceuses quand il entreprend de débarrasser les reliques de leurs armures calcaires…

Huit jours durant, dans un vaste atelier fermé à double tour, Lhuillier décape, nettoie, vide, frotte, astique. Son patron vient souvent voir. Depuis le jour où il a tenu la gourmette dans sa main, il rêvait de ce jour, et le jour est venu.

L'une après l'autre, les reliques réapparaissent, brillantes, aiguisées, terribles.

Terribles, car elles disent la mort d'Antoine. Elles disent l'avion fonçant à sept cents kilomètres à l'heure vers le mur liquide. Elles disent le géant arc-bouté sur le palonnier, son ultime cri ou son ultime silence, et la mer qui bondit vers lui.

Explosion du monde, sang, eau, chair, puis plus rien. Cinq tonnes dispersées en copeaux d'acier, de verre, de Bakélite, de cuivre… Et dans l'eau qui bouillonne encore, mêlée aux vapeurs d'essence, une gourmette d'argent qui tombe doucement vers le fond.

Un temps arrêté, un cri indéfiniment suspendu. Elles disent, ces reliques polies, brillantes, devant le fédérateur muet bientôt rejoint par le président, le plongeur, le pêcheur, le passeur, Cayol, Rosenfeld, tous pareillement silencieux, tous cloués sur place, ce que fut le passage d'une étoile filante du fracas à l'oubli.

Chapitre 8

Ce qui reste de l'appareil est exposé sur le béton. Deux cent cinquante kilos d'aluminium et d'acier inoxydable, moins de dix pour cent de la masse de l'avion, mais comme les moteurs pesaient à eux seuls une bonne moitié de l'appareil, c'est quand même près de la moitié de l'avion qu'on a récupéré.

Un peu plus tard arrive la partie droite de l'empennage, remontée à Cassidaigne par Jean-Claude Cayol.

Cela fait cinq ans que le pêcheur Jean-Claude Bianco a abattu la première carte de cette formidable partie de poker menteur – les menteurs n'étant pas ceux qu'on croyait. Le président Delauze a joué tous ses atouts, sans compter. Trois ans ont passé, l'inspecteur d'académie Cayol a alors surenchéri. Finalement, le plongeur Vanrell a tiré la bonne carte. Et maintenant, en ce samedi 27 septembre, le passeur est là pour prouver au monde entier que les cartes n'étaient pas biseautées, qu'ils ont tous joué loyalement, sans tricher, sans faire monter la mise, pour la beauté du jeu et rien de plus.

Tout repose sur lui. Il doit tirer le bon numéro, sinon les deux cent cinquante kilos resteront au fond de l'atelier de Géocéan, pour toujours.

Il est loin, le temps où le jeune Philippe Castellano plongeait sur sa première épave de bombardier, en baie d'Agay – là où la jeune sœur d'Antoine avait son beau château, justement. En vingt ans d'exercice, il a acquis une redoutable expertise dans la lecture des torsions, des arrachements, des sectionnements, tous ces stigmates qui permettent de lire un drame ancien dans quelques vestiges rongés par l'électrolyse et la rouille. Mais ce n'est pas gagné…

Il se met au travail au petit matin, aidé par ses amis d'Aéro-Relic, Brian et Christian.

Premier point : il s'agit bien d'un P-38 de la série H5-LO, ceux pourvus d'un train d'atterrissage renforcé. Ce train-là est le train gauche. Il ne leur apprend rien de plus.

Second point : le directeur technique a sorti le turbocompresseur de son logement dans la poutre en Duralumin. C'est une pièce complexe conçue pour résister à de fortes températures, mais elle est très abîmée. En tout cas, elle ne porte aucune plaque de constructeur ou de sous-traitant dont on puisse comparer les inscriptions à celles qui figurent sur la documentation Lockheed.

L'objectif, plus que jamais, c'est donc de trouver le fameux LAC *number* – le numéro que Lockheed Aircraft Corporation apposait sur les avions sortant de ses chaînes de fabrication. Les appareils étaient assemblés dans plusieurs usines, mais toujours par blocs, comme aujourd'hui. Sur le P-38 de Riley, le LAC *number* était ainsi inscrit au crayon gras sur une des poutres – il a resurgi comme par miracle, après un passage à l'éponge – et, sur un autre, il était peint au pochoir.

Ici, pas de crayon gras et pas de pochoir. Il y a bien quelques chiffres marqués ici et là, mais ils ne correspondent à rien.

L'équipe d'Aéro-Relic travaille toute la matinée, tournant et retournant les pièces, sondant les cavités, examinant l'aluminium déchiqueté en lumière rasante. L'impact avec la surface de la mer a dû être effroyable, car certaines pièces sont pliées, roulées, comme par la furie d'un titan.

Toujours rien.

L'absence du cockpit et de la radio n'arrange pas leurs affaires. Là, ç'aurait été simple, car il y avait des plaques numérotées. Mais comme l'habitacle a presque entièrement disparu...

Les heures passent. La tension monte d'un cran. Ils vont déjeuner sur le pouce et parlent d'autre chose, pour ne pas penser à la catastrophe qui se profile...

Pas de numéro, pas d'avion, c'est cinq ans de leur vie à tous qui n'auront servi à rien...

C'est trop bête! Tout prouve que c'est bien l'avion de Saint-Exupéry, mais il manque toujours la preuve indiscutable!

– Philippe! Christian! Venez voir!

Brian a repéré un numéro et une lettre emboutis sur une partie de la poutre difficilement accessible – une fois le turbocompresseur en place, on ne peut plus les voir. Les empreintes en creux ont quelques millimètres de haut, pas plus, et elles ont été frappées au moyen d'un jeu de poinçons.

– 2734 L.

– C'est quoi? demande Brian.

Le passeur jubile.

– Allez, c'est quoi, Philippe ?

– On le tient, les gars !

– On tient quoi ? demande Christian.

– Ce qu'on cherchait !

Le passeur, radieux, glisse le doigt sur la série de chiffres.

– Le LAC *number* ! Le P-38 de Saint-Exupéry avait le *serial number* 42-68223, et le *serial number* 42-68223 avait pour LAC *number*...

– Le 2734 !

– Voilà !

– Nom de Dieu !

Leurs voix résonnent dans le hangar sonore. Les trois hommes se donnent des tapes dans le dos, ils rient :

– Le 2734 ! On a le 2734 !

Ils regardent mieux :

– Et ça, le L, c'est quoi ?

Perplexité.

– L comme Lockheed, probablement. L'ouvrier n'avait pas de lettre L sous la main, que des chiffres, alors il a pris le 7 et l'a retourné ! 7 à l'envers : L !

On est samedi. C'est un peu comme si Saint-Exupéry venait d'apparaître près d'eux – un géant amical et triste arraché au royaume des ombres, au terme d'une longue marche de cinquante-neuf ans.

Bienvenue, Antoine !

Tous sont convenus au départ que la nouvelle devait rester strictement confidentielle, quoi qu'il arrive. Mais Castellano pense que le pêcheur et le président méritent d'être mis dans la confidence. Après tout, sans le pêcheur, rien ne tout cela n'aurait existé. Quant au président, il a mis gracieusement d'énormes moyens à la disposition de la collectivité, et ce, pendant des années, sans regarder à la dépense. Sans lui non plus, on n'en serait pas là.

Henri-Germain Delauze est injoignable ce week-end, Castellano le sait ; mais Jean-Claude ? Jean-Claude qui traîne depuis si longtemps le sale air de la calomnie avec lui ? Un jour de plus serait un jour de trop.

Le passeur téléphone en catimini à Mazargues. C'est Michèle qui décroche :

– Il n'est pas là. Mais tu as une drôle de voix, Philippe ? Il y a un problème ?

Il exulte.

– Surtout, ne le dis pas à Jean-Claude, car je n'ai pas le droit de le répéter...

– Répéter quoi ?

– J'ai trouvé le numéro qu'on recherchait ! Le numéro qui permet de l'authentifier !

– Non ?

– Si !

– Alors, c'est bien l'avion de Saint-Exupéry ?

– C'est lui ! Surtout, ne lui dis rien, je l'appellerai ce soir !

La jeune femme trépigne. Comme il va raccrocher, elle le retient *in extremis* :

– Attends ! J'entends une voiture... C'est lui ! Il arrive... Jean-Claude ?.. Jean-Claude, c'est Philippe...

Chuchotements.

– Philippe, oui, il a quelque chose à te dire... Il a trouvé le numéro !

– Quoi?

– Il a trouvé le numéro! C'est fini! C'est fini!

– Fini, oui…

Jean-Claude a raccroché d'avec Philippe Castellano, et il reste longtemps silencieux, assis à la table de la cuisine, les yeux perdus dans le vide. Il n'y a rien en lui, qu'une grande lassitude. Oui, l'aventure est bien finie. On n'a plus qu'à mettre l'avion dans un musée, la gourmette dans une vitrine et trois noms sur une plaque: «Avion découvert par Luc Vanrell et Jean-Claude Cayol, après que Jean-Claude Bianco a repêché la gourmette de Saint-Exupéry.»

Il est 7 heures du soir et le soleil descend. À Sormiou, les falaises doivent passer du bleu au rose. C'est le moment d'aller relever le filet palangrotte, de compter les verdaous, les bogues et les serrans, on échangera quelques blagues entre pêcheurs, puis on rentrera tout doux vers le cabanon…

– Jean-Claude? Ça va?

– Ça va.

Ce bonheur tranquille, il ne l'échangerait pour rien au monde, et surtout pas pour la célébrité. Il en a fait le tour, Jean-Claude, il sait ce que ça vaut, les caméras, les micros, l'envie, la jalousie… La comédie humaine, quoi! Il n'a pas craché dessus, au début, avant qu'on lui crache dessus, après. Ça lui aura au moins appris à vivre sur terre.

– Ma pauvre Michèle, je t'en aurai fait voir!

– Ne dis pas de bêtises, souffle sa compagne.

Mais c'est vrai qu'il lui en a fait voir avec ses peines, ses colères, avec l'injustice qu'il portait sur son dos et le courbait jusqu'à terre. Elle a eu plus que sa part de nuits blanches, de bouderies et d'angoisses, la femme du pêcheur. Heureusement qu'aujourd'hui il revit.

– On a pas bu le champagne avec Chirac, mais on va le boire ensemble, tiens !

Il n'aurait pas été aussi tard, ils fileraient bien à Aubagne voir le fameux numéro de plus près. Mais puisque c'est encore un secret...

Ce soir-là, le fédérateur appelle. Il fait bien le mystérieux, Becker, il a l'air d'avoir avalé un poisson plus gros que lui, même que l'hameçon dépasse.

– Jean-Claude, on peut déjeuner ensemble demain, à Aubagne ? J'ai quelque chose à te dire.

Et Jean-Claude, jouant le benêt :

– Mais bien sûr, Pierre ! On se voit quand tu veux !

L'heure est à la paix des braves, et pourtant son ancien voisin a tenté de le persuader, quelques jours plus tôt, d'abandonner sa procédure judiciaire contre les d'Agay sous le prétexte qu'elle nuisait à une éventuelle réconciliation. Il a beaucoup insisté, mais Jean-Claude, qui n'avait toujours pas connaissance des expertises de la gourmette, n'a pas voulu en démordre.

– Me réconcilier, je veux bien, mais qu'ils commencent par jouer franc jeu !

Du coup, l'autre s'est emporté.

– Si c'est ainsi, on se désolidarise de toi !

On ? Le reste du groupe a confirmé qu'il faisait bloc avec le pêcheur, mais en lui faisant valoir tout de même que, puisque l'avion était le bon, la gourmette était forcément vraie.

– Allez, Jean-Claude, on s'en fiche bien des expertises, maintenant !

Jean-Claude l'a admis, et il a fait un pas en avant en demandant à Me Collard de demander le report de l'affaire. Elle sera jugée en juin si les héritiers ne font pas preuve de bonne volonté d'ici là.

Novembre 2003

– Soit, on a trouvé un numéro, et alors ?

– Oh, allez, ça suffit, non ?

– Non, non. Ça ne suffit pas !

– Mais pourquoi ?

Le passeur sait bien qu'on ne leur fera pas de cadeau. Il se fait donc l'avocat du diable auprès de ses amis d'Aéro-Relic.

– Vous avez bien vu ce qui est arrivé à Jean-Claude, rien qu'avec une gourmette ! Ce numéro sur l'avion, il y aura toujours une bonne âme pour prétendre qu'on l'a gravé nous-mêmes !

Brian et Christian échangent un regard écœuré : il a raison. Le passeur réfléchit.

– Mieux vaut se blinder. Trouvons l'équivalent du numéro sur l'avion de Riley, et l'on verra alors que c'était l'usage de marquer les avions sur les chaînes de construction de Lockheed !

Il le sait déjà, bien sûr, le tout, c'est de le prouver. On pourrait évidemment retrouver un ouvrier américain qui puisse en témoigner, mais où le chercher, soixante ans plus tard ?

– Il est plus simple de demander à l'Américain Riley d'authentifier l'avion du Français Saint-Exupéry. En soi, l'idée est déjà belle, non ? Si on trouve un numéro équivalent sur le

P-38 de La Ciotat, c'est que tous les Lightning étaient imma-
triculés ainsi, et donc que nous n'avons rien inventé!

Ils font leur demande de relevage en octobre. En novembre
leur arrive l'autorisation des Affaires maritimes de prélever sur
le P-38 de La Ciotat une poutre et son turbocompresseur. Ce
sera fait trois jours plus tard; le président, une fois encore,
met la puissance de la Comex à la disposition de ses amis.

Il s'agit cette fois du *Janus II*, le navire amiral de la flottille.
C'est un superbe catamaran. Il recule jusqu'à l'endroit où gît
l'épave de l'avion de Riley, là où *L'Horizon* de Jean-Claude l'a
laissée en 1997, et l'on descend des câbles.

Cette fois, c'est toute l'aile qu'on remonte. Sur le pont, on
la désolidarise du turbocompresseur, puis on va la reposer là où
on l'a prise. Le turbo part immédiatement pour Géocéan.

Même processus que pour l'avion de Riou : décrassage,
nettoyage, démontage... Lhuillier est toujours aux manettes.

Quelques jours plus tard, c'est Pierre Becker lui-même qui
remarquera des chiffres au crayon gras, à peu près au même
endroit que sur l'avion de Riou. Au crayon gras, c'est-à-dire
invisibles quand la pièce est sèche, mais quand elle est
mouillée, on les voit parfaitement!

Les ouvriers aéronautiques des années quarante employaient
un peu le même crayon que ces maçons dont, vingt ans plus
tard, on peut toujours lire les croquis et les plans sur les murs
de nos maisons.

La démonstration est donc faite. Une concrétion fort
opportunément restée collée sur une partie du numéro décourage de surcroît quiconque de prétendre qu'il a été écrit par
ceux-là mêmes qui l'ont découvert!

Le numéro sur l'avion de Riley – 3653 – est suivi de la lettre R.

– R, comme *right*, relève Bryan. Le L sur celui de Saint-Exupéry, ça ne veut donc pas dire Lockheed, mais *left*, «gauche» en anglais! On a remonté la poutre gauche de l'appareil.

Avril 2004

Reste à rédiger un rapport circonstancié sur le crash de l'avion et sa récupération, avec les éléments qui prouvent que c'était bien Antoine de Saint-Exupéry qui était aux commandes le 31 juillet 1944. Le passeur s'en charge, bien sûr.

Il faut maintenant contacter les d'Agay pour ne pas répéter le faux pas de la gourmette.

Mais le secret espéré ne sera pas, là encore, tenu jusqu'au bout.

La fuite vient de Pierre Becker. Il a toujours été le premier à insister sur la nécessité de garder le secret, mais un jour qu'il reçoit un journaliste japonais pour tout autre chose, il ne résiste pas à la tentation de se mettre en avant et lâche l'information.

Quand ils l'apprennent, c'est la consternation et la fureur chez les autres membres de l'équipe. Pour autant, sont-ils surpris? Pas vraiment. Le personnage a toujours été prompt à faire parler de lui et à occuper le centre du jeu. Son indiscrétion n'enlève rien à ses mérites, ni à l'aide qu'il leur a apportée, mais elle les met vraiment dans l'embarras car ils vont devoir précipiter le mouvement.

Vite, on charge Hervé Vaudoit de contacter la famille, et là, le baron Frédéric d'Agay a disparu de la scène! Il est officiellement remplacé par son frère cadet, Olivier. Vaudoit le rencontre dans un café de Châteaurenard, dans le nord des Bouches-du-Rhône, et le nouveau secrétaire général de la Fondation Antoine-de-Saint-Exupéry reconnaît de bonne grâce que leur affrontement avec les découvreurs relève d'un quiproquo imbécile, ce genre d'affrontement qui naît de rien et s'entretient de lui-même.

Il parle surtout d'un fossé culturel, de classe et d'âge :

– Vous savez, monsieur Vaudoit, mon père et mon oncle ont connu Saint-Exupéry dans leur enfance. Il est une partie d'eux, de leur jeunesse, de leur histoire, ils se sentent donc des droits sur tout ce qui touche à lui… En plus, pour des hommes de leur génération, on ne touche pas aux morts. Sachez que toute la famille a été intimement meurtrie par ce qu'elle a vécu comme un sacrilège, et que si nous n'avons pas bien su gérer cette affaire, c'est qu'elle touchait de trop près à nos convictions, à notre histoire et à nos mémoires…

Dont acte. Ce qui ne change rien au reste : si Jean d'Aguay, le plus offensif des deux neveux, a laissé entendre à Philippe Castellano, quelques mois plus tôt, que la famille ne donnerait pas suite au dernier recours judiciaire du pêcheur, il n'a pas donné depuis le moindre signe de reconnaissance.

Le second souci d'Hervé Vaudoit, bien sûr, c'est de ne pas se faire souffler le scoop. Or il a appris que *Le Figaro* (décidément bien informé, mais par qui?) allait sortir l'information, aussi précipite-t-il le mouvement.

Le 7 avril, *La Provence* sort avec, en pleine page, un titre triomphal : «L'avion de Saint-Ex retrouvé à Marseille».

La nouvelle est reprise par *Libération* et *Le Figaro* le jour même. Le lendemain, l'ensemble des médias suit le mouvement, déclenchant une tornade d'appels téléphoniques. Une nuée de journalistes s'abat sur Marseille et Aubagne.

Il y a cinq ans, Jean-Claude avait sous-estimé la vague médiatique. Aujourd'hui, il l'affronte sereinement : ce n'est pas lui qui a trouvé l'avion, mais il va de soi qu'il y est pour quelque chose.

Et, cette fois, toutes les preuves sont là !

Monsieur X, là-haut, aura beau s'égosiller pour semer le doute dans les esprits, il n'y a plus aucun doute. Les esprits sont satisfaits, ce sont les cœurs qui parlent : Saint-Exupéry est revenu.

Partout dans le monde, l'émotion est considérable, et bien sûr plus à Marseille qu'ailleurs. Depuis cinq ans que l'affaire traînait, elle avait fini par tourner à la mauvaise plaisanterie, voire à la nausée. On en revient enfin à l'essentiel : l'aventurier, l'écrivain, le penseur hors du commun qu'était Saint-Exupéry est rendu à la communauté des hommes.

Ce qui reste de l'avion est montré aux héritiers et aux médias le lendemain de l'annonce dans la presse – le 8 avril, donc. Jean-Claude aurait pu y être, puisqu'il a fait reporter son procès au 22 juin, mais il s'abstient de paraître pour ne pas mettre ses amis dans l'embarras. Le passeur, le médiateur, Becker et Hervé Vaudoit accueillent donc Jean et François d'Agay (*exit* Frédéric, donc…) et les guident vers ce qui fut l'avion de leur oncle.

Les deux hommes restent sur la réserve. Quelles pensées les agitent ? Certes, ils s'inclinent devant l'évidence, mais tout de même, Marseille…

– Il n'avait rien à faire là ! persiste à dire Jean d'Agay.

– Il aura été pris en chasse plus haut, ou plus à l'est. À sept cents kilomètres à l'heure, monsieur d'Agay, la côte est vite remontée…

– Mais pourquoi Marseille ?

Parce qu'il y avait peut-être d'autres chasseurs en embuscade, lui barrant la route de la Corse. Parce qu'Antoine est peut-être arrivé par la Camargue, qui était entièrement dépourvue de radars allemands. Parce qu'il a voulu refaire le coup de Gênes, droit au-dessus de l'ennemi, turbos au rouge.

Parce qu'il voulait passer au-dessus d'Agay.

Parce qu'il avait décidé d'en finir.

Parce qu'il était évanoui – panne d'oxygène, embolie – et que l'avion a continué tout seul, sur des dizaines de kilomètres…

On ne saura probablement jamais ; le vrai mystère de Saint-Exupéry, c'est de quoi il est mort, ou pourquoi.

Dans deux jours, il y a une grande conférence de presse dans le hall de la base aérienne d'Istres. Elle est organisée par Becker et Grandjean, Jean-Claude est invité, bien sûr.

Les héritiers téléphonent pour dire qu'ils ne viendront pas si le pêcheur est là mais Grandjean ne cède pas : Bianco est l'inventeur de la gourmette, il n'y a pas à sortir de là.

Et voilà que le fédérateur s'entremet – il a déjà fait pression sur le pêcheur pour qu'il abandonne son procès, on s'en souvient.

– Tu sais, Jean-Claude, ce serait mieux que tu ne viennes pas à Istres. Les d'Agay y seront, ça serait déplaisant…

Devant tant de culot, Jean-Claude explose :

– Tu es un gros malade, Pierre ! La base d'Istres, elle appartient au peuple français, c'est-à-dire, entre autres, à moi ! Je suis invité comme inventeur de la gourmette, les d'Agay, ils n'ont rien inventé du tout! Je viendrai!

C'est de ce jour que date la fin de leur amitié. Sur l'étrange attitude de son ancien voisin, le pêcheur se fera par la suite sa petite idée, mais il la garde pour lui.

Toujours est-il que le malaise qui minait l'équipe se cristallise: depuis six ans, ces personnalités fortes, venues d'univers différents, avaient certes appris à se connaître et à travailler ensemble, mais le bel ensemble finit par se lézarder sous l'effet de petits calculs et d'une stratégie retorse. En soi, ce n'est pas si grave car de solides fraternités sont nées aussi, qui perdurent encore aujourd'hui.

Istres, donc. Les débris disposés sur un tapis rouge sont présentés à la presse. Le général Alban qui dirige le musée de l'Air et de l'Espace du Bourget annonce qu'un Espace Saint-Exupéry les accucillera à la fin de l'année. Jean-Claude est aux anges: si l'armée de l'air accueille l'avion de Riou comme un des siens, c'est que les plus hautes autorités se rendent à l'évidence!

C'est alors que la lectrice repère du coin de l'œil Habib, le second de *L'Horizon*, le frère d'armes de Jean-Claude, celui qui le premier a eu la gourmette dans les mains. Il est assis parmi les invités, anonyme, attentif, ses grosses mains calleuses alignées sur les genoux.

Elle demande la parole et, d'une voix voilée par l'émotion, signale aux journalistes que c'est l'alliance fraternelle entre les plongeurs et les pêcheurs qui a permis de remonter la gourmette et qu'à bord, ce jour-là, il y avait les trois religions du Livre, la chrétienne, la musulmane et la juive.

– On était là, vraiment, en Terre des hommes…

Et elle fait lever Habib, et elle le pousse dans la lumière.

Alors, avec ses mots à lui, maladroits mais tellement humains, Habib raconte cette fameuse journée. Il raconte la grosse mer, le sale temps, la vie rude et ingrate, et puis ce cadeau royal qui a changé leurs vies. Il termine en disant que, depuis, il collectionne tous les livres de l'écrivain.

La salle l'applaudit à tout rompre. Il est dit que la journée sera émouvante jusqu'au bout, car en sortant de la conférence, les amis ayant décidé d'aller dîner ensemble, la lectrice avise une militaire et lui demande où se trouve le meilleur restaurant du coin.

– Chez *Tonio*, madame.

Ils se regardent, effarés : c'était le surnom d'Antoine !

Juin 2004

Armando Ascenzi prend l'annuaire et cherche le nom de Bianco dans les abonnés marseillais.

Il y en a cent trente, les uns au-dessus des autres. Il repère un Bianco Jean-Claude, boulevard Rey, mais il se trompe de ligne et il tombe chez la tante de Jean-Claude, Anna. Elle lui donne le bon numéro, c'est Michèle qui décroche :

– Je vous le passe.

– Bonjour, monsieur Bianco, je m'appelle Armando Ascenzi, j'ai été pêcheur toute ma vie, et j'ai vu tomber l'avion de Saint-Exupéry.

Jean-Claude pense d'abord à une mauvaise plaisanterie.

– Vous avez vu tomber l'avion ? Et où ça ?

– À la pointe de Riou. Mes frères et moi, nous pêchions la daurade juste en face, dans la baie Malpaisant. Vous voyez où c'est ?

– Hé, monsieur Ascenzi, j'ai un cabanon à Sormiou !

– Je sais, je vous y ai vu souvent. Moi aussi, j'ai longtemps pêché à Sormiou. Maintenant, je vis en Belgique.

Un bon point pour l'inconnu : c'est vrai qu'on pêche la daurade en été, depuis la terre. Et puis, il a la voix sérieuse et posée d'un vieil homme, avec l'accent.

– Vous êtes marseillais ?

– Les Ascenzi sont pêcheurs marseillais de père en fils, monsieur Bianco ! J'ai soixante-seize ans aujourd'hui, je m'en souviens comme si c'était hier : on était trois, Victor et Aldo et moi – ce sont mes frères, ils sont morts maintenant, il ne reste plus que moi – et j'avais dix-sept ans à l'époque.

– Et vous êtes sûr…

– … que c'était l'avion de Saint-Exupéry ? Oh oui !

– C'était vers quelle heure ?

– En fin de matinée, je dirais 11 h 30, midi. Le soleil était très haut. L'avion a surgi sur notre droite, entre Maïre et Jarre, il volait très vite et très bas, environ cinquante mètres.

– Cinquante mètres ?

– Très bas, oui. Il y avait de la fumée à l'arrière, une fumée blanche… Bref, il débouche en trombe de derrière les falaises, il passe au-dessus de Jarre, de l'île Plane, il frôle le Grand Congloué et là, il bascule – c'est alors que j'ai vu qu'il avait deux queues. Je n'avais jamais vu d'avion comme celui-là avant, vous savez, ils étaient tous pareils, avec une seule queue…

– Et il est tombé où ?

— Là où vous avez repêché la gourmette, à cent ou deux cents mètres de la pointe de Riou. Il a accroché la surface avec le bout de son aile et il s'est écrasé. J'ai vu une gerbe d'eau, et puis plus rien.

— Il y avait d'autres avions après lui?

— Je n'en ai pas vu.

— Des avions allemands?

— Non, personne. Il était seul. Il y avait cette fumée… On n'a pas retrouvé d'impacts sur l'avion, mais ça ne veut rien dire : il n'y en a qu'une partie…

— Vous avez entendu quelque chose?

— Non. C'était à deux ou trois kilomètres, quand même, et puis, avec le bruit des vagues…

— Et qu'est-ce que vous avez fait?

— On est montés sur les rochers, avec mes frères, voir s'il y avait un bateau dans le coin, pour qu'il aille lui porter secours, mais il n'y avait personne. Le pauvre, personne n'a rien pu faire pour lui…

— Et comment vous savez que c'était Saint-Exupéry, monsieur Ascenzi?

— Eh bien, c'est simple, j'avais un ami, Édouard. Deux jours plus tard, je l'ai croisé dans Marseille et il m'a appris que ce jour-là, le 31 juillet, un avion français avait été mitraillé par des mitrailleuses allemandes installées sur Maïre. Un avion avec des cocardes françaises.

— Et vous n'en avez plus jamais plus reparlé avec personne, monsieur Ascenzi?

— Vous savez, c'était la fin de la guerre, j'étais jeune, on voulait vivre… Non, je n'en ai pas reparlé; je me suis décidé à vous appeler parce qu'on vous a fait tous ces ennuis et que moi, je l'ai bien vu tomber là où vous disiez. Vous aviez raison, monsieur Bianco : Saint-Exupéry est mort devant Marseille, et avec vous, c'est un peu comme s'il était vivant.

– Je vous remercie, monsieur Ascenzi. Ça me fait plaisir.

– De rien. C'est normal.

Saint-Exupéry était en fuite au maximum de sa vitesse, et il s'est fait allumer au passage. Il y avait beaucoup de « Flak » à Marseille, notamment sur des pontons ancrés dans le port, et sur l'île Ratonneau, mais il a dû tenter le coup, comptant sur le relief pour échapper aux radars et aux chasseurs allemands… On ne saura jamais.

– C'était qui ? demande Michèle.

– La seule personne qui a vu mourir Antoine. Un pêcheur, lui aussi. Et moi, je l'ai vu renaître, en quelque sorte…

24 juin 2004

Quand il débarque du TGV Marseille-Paris avec la lectrice, le passeur et le plongeur, ainsi que Habib, son ancien second, le pêcheur peut enfin croire que ses mérites sont reconnus. Il est loin de se douter qu'on l'a remis à sa vraie place – en bout de table, à l'ombre – pour laisser les autres parader au soleil.

La veille, le musée de l'Air et de l'Espace du Bourget a reçu solennellement des mains du ministre des Anciens Combattants les vestiges de l'avion d'Antoine de Saint-Exupéry. Les héritiers y étaient, bien sûr, mais on s'est bien gardé d'inviter les découvreurs. Becker les représentait, semble-t-il, mais là encore rien n'est clair : l'ancien fédérateur ne fédère plus que lui ; en tout cas, il n'était pas mandaté, et de surcroît il avait dit qu'il n'irait pas...

Réception somptueuse, donc, gala et tralalas... Militaires et bonne société se sont gobergés aux frais du contribuable. Le pêcheur, son second, le passeur et le plongeur (Cayol, indisponible, s'est associé à leur démarche) ayant exigé qu'on reconnaisse leur travail, quelques sous-fifres ont improvisé en hâte une «soirée des inventeurs» pour le lendemain.

Ça sonne comme une plaisanterie, mais ce sera surtout l'occasion pour les hautes autorités de se comporter comme des butors. La grande école de l'égalité républicaine, l'armée – l'armée de l'air pour être précis – va montrer que règne toujours en son sein une «élite» qui ne se parle qu'à elle-même, méprise les sans-grade et – mais c'est une tradition bien ancrée – ne retient de l'Histoire que ce qui lui convient. Elle a laissé monter Jean-Claude, Habib, Philippe et Luc à leurs frais, depuis Marseille (combien a-t-on envoyé de limousines pour cueillir les invités prestigieux, la veille ?), et quand ils arrivent au Bourget, le dîner auquel ils étaient conviés n'existe pas : il s'agit en fait d'un buffet dont les invités déjà présents n'ont pas laissé une miette !

Ils ne sont reçus par personne, se glissent à l'intérieur comme des voleurs et doivent chercher eux-mêmes le général Alban, le directeur du musée, pour se présenter !

Alban sirote un cocktail au milieu de la foule, entre gens de bonne compagnie.

– Mon général, lance Jean-Claude, quand j'invite quelqu'un à manger chez moi, je l'attends sur le pas de la porte ! Ça me semble un minimum de politesse, et puis, ça lui montre que j'ai plaisir à le recevoir !

– Ah, monsieur Bianco, bafouille le galonné, j'étais très pris, n'est-ce pas, et puis les invités sont indisciplinés, il n'y avait pas moyen de les tenir...

– Je croyais qu'un général, ça savait maintenir la discipline? le coupe Jean-Claude.

Et il tourne les talons.

Mortifiés, les Marseillais? C'est peu dire. Ils ont bu le calice jusqu'à la lie, oui! Et puis, ils se sentent trahis par l'un des leurs, qui a fait bombance dans leur dos en s'affublant du titre de «responsable scientifique». Ils en souriraient si ça ne les faisait pas pleurer...

Ils s'en vont donc dîner entre eux – c'est très joyeux, tout de même – avant de reprendre piteusement le train dans l'autre sens.

Nul doute que chez les invités du 23 juin, au Bourget, il y avait bien des Légions d'honneur qui en avaient moins fait pour la grandeur du pays que le pêcheur méprisé. Dans les jours qui suivront, Jean-Claude Gaudin, maire de Marseille, fera ce qu'il faudra pour tancer la grande muette et le général Alban.

Des excuses? Pas même. Un général de brigade finira par se fendre d'une vague lettre d'excuses qui invoque les «mauvaises conditions climatiques» et charge le traiteur, lequel, dit-il, «manquait manifestement de professionnalisme».

C'est ce qu'on appelle un repli élastique.

Septembre 2004

Quelqu'un ne désarme toujours pas, et l'on peut parier qu'il ne désarmera jamais : c'est Monsieur X, évidemment. Il publie un article furieux qu'il intitule « Une preuve bien légère », où il développe encore une fois sa thèse favorite en s'y accrochant comme un noyé s'accroche à une gueuse de fonte. L'hypothèse des Alpes lui semble toujours d'actualité, encore qu'elle soit devenue soudain un « début d'explication, pas forcément incompatible avec l'hypothèse méditerranéenne ». Il dénonce une « identification bien douteuse », refuse toujours, « au nom de l'homme », que les « marchands du Temple » suivent l'« appât du gain ». Il en profite pour défendre le secret dont l'équipe Roederer-Ifremer (dont il faisait partie à l'époque) s'est entourée en 1992 pour chercher Saint-Exupéry en baie de Nice – un secret qu'il a dénoncé quand il s'appliquait devant les calanques. Il rappelle enfin l'« explication extravagante de l'épave de La Ciotat », quand lui-même s'est longtemps cramponné à ses spéculations hasardeuses.

On passera sur les attaques personnelles à la limite de la diffamation. Pour l'homme qui n'aimait pas les Marseillais, « l'année 2004 ne sera pas un grand cru historique, mais une âcre piquette d'eau salée avec un arrière-goût de métal lavé à l'acide ».

Enfin un peu de style, à défaut d'honnêteté intellectuelle.

4 janvier 2005

Le procès de Fréjus a été reporté au début de l'année 2005. Cela fait plus de six ans que le pêcheur a repêché la gourmette, près de quatre ans qu'il traîne les héritiers de tribunal en tribunal, et il s'est passé seize mois depuis qu'on a remonté l'avion. La justice se hâte lentement.

Jusqu'au dernier moment, Jean-Claude a espéré faire l'économie de ce procès, d'autant que Me Collard ne lui a pas caché que la cause lui semblait presque perdue : l'authentification de l'avion, qui entraîne l'authentification de la gourmette, a changé complètement la donne judiciaire. Leur assignation d'origine a perdu tout son sens, puisque la gourmette authentifiée ne sera jamais rendue au pêcheur, et on ne peut plus utiliser les mêmes arguments, puisque la chose déjà jugée fait autorité !

– On se mord la queue, quoi, maître…

– Exactement, monsieur Bianco. J'ai donc rédigé une nouvelle assignation, sur deux fondements qui, je dois vous le dire, me semblent bien difficiles à prouver : un, les héritiers ne vous ont pas diffamé, mais ils vous ont laissé diffamer. Et deux, ils se sont enrichis et vous vous êtes appauvri, puisque vous n'avez pas pu travailler pendant longtemps… Mais comment chiffrer le montant du préjudice ?

Il ne se fait donc guère d'illusions, le pêcheur. Les quelques mots sarcastiques du baron Frédéric d'Agay tournent toujours dans sa tête : «Désolé, monsieur Bianco…»

Dire qu'avec un peu de bonne volonté ils auraient pu enterrer la hache de guerre ! Il ne demandait que ça, lui, il a même fait passer un message à la partie adverse, via un article de Vaudoit : « S'ils me signent un courrier dans lequel ils reconnaissent que je suis le seul inventeur de la gourmette, que ce bijou a bien appartenu à leur ancêtre et que j'ai été injustement maltraité – y compris par eux –, je renoncerai à les poursuivre et à leur demander le moindre centime… »

Pour plus de sûreté, il a même fait doubler sa proposition par Me Collard, qui a envoyé une lettre : qu'ils reconnaissent publiquement son honnêteté et son mérite, et il abandonnera sa procédure. Ils garderont tout, mais lui retrouvera son honneur bafoué…

Pas de réponse. Les héritiers ont bien annoncé que la « gourmette retrouvée en mer sera[it] bientôt exposée […] dans le futur musée Saint-Exupéry en France », mais ils n'ont pas eu un geste, un mot, à son intention.

En ce début d'après-midi d'hiver, Jean-Claude est donc à Fréjus avec ses amis Philippe Castellano, Hervé Vaudoit, Françoise Bastide et le père de Françoise. Le tribunal d'instance de Fréjus, s'il est proche d'Agay, est une bien petite juridiction pour une cause de cette importance, et, comble de malheur, son affaire passera en dernier, en fin d'après-midi.

Ça se présente mal.

Ils attendent. Dehors, un mistral coupant balaie les rues, les palmiers sont en berne.

– Allez, on va boire quelque chose de chaud ! suggère la lectrice.

Ils remontent la rue et poussent la porte d'un salon de thé. Et là, au fond de la salle, il y a une fresque qui représente un enfant aux cheveux d'or, avec une longue écharpe, une rose et un serpent !

Le Petit Prince! Ils n'en reviennent pas.

– C'est comme ça que s'appelle le salon, leur dit la serveuse : *Le Petit Prince*. Qu'est-ce que je vous sers, messieurs dames?

C'est encore un signe, certes, mais le signe de quoi?

Quand ils reviennent au palais de justice, la télévision et deux journalistes de la radio sont là, avec Me Collard et l'un de ses collaborateurs, Me Gaudon. Jean et François d'Agay attendent un peu plus loin, avec leur propre avocat, Me Hawadier.

Jean-Claude n'a pas revu les héritiers depuis décembre 1998, lors de ce fameux déjeuner à Château-Gombert, à l'issue duquel ils n'ont plus jamais donné signe de vie autrement que par médias ou avocat interposés. Il balance un instant entre les ignorer ou aller leur demander pourquoi ils ont changé d'opinion dans les jours qui suivirent, mais il finit par y renoncer. Il va s'asseoir dans la salle du tribunal avec ses amis.

– Je sais bien, moi, pourquoi, ils ont changé d'avis! martèle-t-il à ses deux voisins, Vaudoit et Castellano. Il y a eu l'article mensonger de *Science et Vie*. Et puis quel est ce mauvais génie qui leur souffle des conneries depuis le début?

Le père de Françoise étant fatigué, elle est repartie avec lui à Cannes. Les d'Agay sont assis derrière eux, deux rangs plus loin, avec leur défenseur.

Personne ne se regarde. À peine un coup d'œil glissé en coin, ici ou là. «On se serait cru au théâtre!» racontera plus tard le passeur à la lectrice.

– Affaire Bianco contre d'Agay! annonce le président.

Me Collard et Me Gaudon se lèvent.

Dans une plaidoirie qui va se révéler étonnamment brève, le célèbre avocat attaque frontalement la famille, remet en lumière ses contradictions et en appelle au jugement de l'Histoire : l'avion est là, la gourmette était vraie, cela veut dire qu'on a diffamé Bianco et qu'on lui doit réparation. Il reprend les termes de l'assignation tels qu'il les a expliqués à son client et conclut.

Puis il se rassoit.

L'avocat de la famille d'Agay se lève à son tour.

Il réplique par une plaidoirie deux fois plus longue, axée principalement sur le fait que les héritiers n'ont jamais diffamé Jean-Claude Bianco, jamais prétendu qu'il était un faussaire, que cela vient de la presse et que, s'il veut réparation, c'est aux journaux qui ont relayé la rumeur que le pêcheur doit s'adresser.

C'est exact sur la forme, mais faux sur le fond. Ne pas rectifier une rumeur mensongère quand on est en mesure de le faire, laisser planer le doute au gré de ses propres atermoiements, étouffer des expertises qui disculperaient le pêcheur, c'était évidemment faire le jeu des diffamateurs. Pourtant, les héritiers ne sont pas mis en faute, au sens strict du terme, et le pêcheur va dans le mur.

Ils sortent de la salle écœurés.

Trois mois plus tard, les conclusions du tribunal de grande instance de Draguignan seront reprises en l'état par le tribunal d'instance de Fréjus, comme elles l'avaient déjà été à Aix-en-Provence. Le pêcheur est débouté. Il est condamné en outre à payer trois cents euros de frais à chaque défenseur des d'Agay, trois cents euros à la Société civile Antoine-de-Saint-Exupéry, et trois cents euros à la direction départementale des Affaires maritimes.

— Quatre ans de procédure ! Mais pourquoi vous être opposé à eux si longtemps ? lui demandera-t-on souvent par la suite.

– Parce que j'étais dans mon droit ! Je peux comprendre leur rancune, au début, mais comment pourrais-je leur trouver des excuses maintenant qu'ils ont récupéré et l'avion et la gourmette, sans lever le petit doigt, sans investir quoi que ce soit, sans remercier personne, et toujours en faisant la fine bouche ?

Et il ajoute, fataliste :

– J'espère toujours un mot d'eux, une lettre, qui reconnaisse que j'ai bien retrouvé la gourmette d'Antoine. Le jour où je l'aurai, cette lettre ou ce mot, je ferai mieux que leur pardonner : j'oublierai tout ça.

– Vraiment ?

– Enfin... j'essaierai.

Mai 2005

À Cassis, quatre mois plus tard, sur les marches de la maison de la culture, Jean-Claude serrera enfin la main de François d'Agay, l'aîné des neveux de Saint-Exupéry.

Ce jour-là, Henri-Germain Delauze a organisé une conférence sur les sept épaves qu'il a trouvées, certaines avec les points de croche fournis par le pêcheur, lors de la première campagne du *Minibex*. Jean-Claude est sur le perron avec la lectrice, le père de celle-ci, le président et le passeur, et voilà qu'arrive François d'Agay, avec sa fille et son gendre.

On échange des poignées de main polies, comme il sied entre gens bien élevés. Le pêcheur serre la main de l'héritier, l'héritier serre la main du pêcheur, la lectrice n'est pas pour rien là-dedans, car elle œuvre sans relâche sinon pour une réconciliation, du moins pour l'apaisement.

Et donc, le pêcheur savait ce jour-là que l'héritier viendrait, et inversement. Ils sont allés l'un vers l'autre, et Françoise Bastide ne se tient plus de joie.

Depuis plusieurs semaines, Françoise ne cesse de répéter aux uns et aux autres qu'Antoine n'aurait jamais admis que des neveux qu'il adorait et ces inconnus fraternels qui ont retrouvé son tombeau se déchirent plus longtemps. À plusieurs reprises, elle a rencontré François d'Agay, la première fois à Arras, où on célébrait le centenaire de la naissance d'Antoine. Elle lui a dit et répété combien Antoine aurait apprécié Jean-Claude, son honnêteté, son sens intransigeant de l'amitié et de la parole donnée. Ce lent travail pour renouer le lien, elle l'a également entrepris de l'autre côté, pour expliquer au pêcheur qui est vraiment l'aîné des héritiers.

Elle lui a décrypté le caractère de François d'Agay, doux et serein, et elle lui a expliqué qu'il porte le prénom du frère cadet d'Antoine, cet enfant dont la disparition en 1917 fut une tragédie pour toute la famille. Qu'il est lourd de porter à la fois et sa propre vie et celle d'un jeune mort, et que, pourtant, François d'Agay a rempli cette mission cachée avec dignité… Qu'il n'a, en revanche, jamais vraiment cherché à s'imposer dans la famille, bien qu'il soit l'aîné, et que c'est donc Frédéric, le fils aîné de Jean, qui a mené toute l'affaire à sa façon, brutale.

– François reste solidaire de son neveu, assure la lectrice au pêcheur, mais il peut faire un pas si toi, Jean-Claude, tu en fais un autre…

Jean-Claude est difficile à convaincre, mais les femmes savent retisser la trame déchirée entre les hommes, fil après fil. Françoise lui lit la dernière lettre d'Antoine à sa mère, quelques jours avant sa disparition :

– «Ça m'a blessé au cœur que Didi ait perdu sa maison. Ah, maman, que je voudrais pouvoir l'aider! Mais qu'elle compte bien fort sur moi pour l'avenir. Quand sera-t-il possible de dire qu'on les aime à ceux que l'on aime?» Ce sont les enfants de Didi que tu as en face de toi, Jean-Claude! Ils descendent d'une lignée de marins, comme toi. Vous ne pouvez rester ainsi, étrangers l'un à l'autre, ce combat-là fait mal à tout le monde, et le seul qui peut l'arrêter, c'est toi!

Le pêcheur écoute toujours, muet, mais on voit bien qu'il est remué. Et finalement, c'est le cœur qui parle chez lui, comme toujours:

– Bon, eh bien, j'irai lui serrer la main, à ton d'Agay!

Pour l'heure, il n'y a pas encore eu un mot d'échangé. Les deux hommes se sont reconnus à défaut de se connaître, mais on peut penser qu'ils sont las de ce formidable gâchis – deux lutteurs qui n'ont pas reculé d'un pouce en six ans, mais qui éprouvent une secrète désespérance d'avoir mené si longtemps un combat absurde.

Alors, la conférence terminée, le pêcheur se lève et se dirige vers l'héritier. Il lui demande s'il peut lui parler cinq minutes et ils s'éloignent de quelques pas, dans l'angle d'une fenêtre, et se plongent dans une longue conversation.

Épions-le du coin de l'œil, comme les épièrent ce jour-là la lectrice, son père, le passeur et le président. Nous sommes trop loin, nous n'entendons pas ce qu'ils se disent, mais nous connaissons maintenant toute l'histoire, et nous devinons leurs propos. Voyez ces deux hommes solidement campés sur leurs positions, l'un qui a eu soixante ans, l'autre qui en a presque quatre-vingts, le premier pêcheur, le second aristocrate de naissance. Deux mondes en voie de disparition – ils le savent – qui s'éloignent et que tout éloigne. Et pourtant, quelque part, ils se ressemblent en tout cas, ils s'assemblent, du moins ce jour-là. Et celui qui les assemble, bien sûr, c'est l'archange que fut Antoine, le «Roi-Soleil», l'oncle fantasque et talentueux dont François d'Agay garde le souvenir précis, même s'ils avaient vingt ans de différence.

Entre Jean-Claude Bianco et François d'Agay, il n'y a plus d'entremetteur, plus de mauvais génie, plus d'avocats. Le pêcheur parle avec le cœur, et l'héritier l'entend pareillement. Le pêcheur reformule sa demande, l'héritier explique qu'ils ont été manipulés, que tout cela a été extraordinairement difficile à vivre, mais qu'il va en parler à la famille, et qu'on lui écrira bientôt.

La lectrice jubile; elle a en tête depuis le début ces deux lignes écrites dans *La Paix ou la Guerre* (texte publié dans *Un sens à la vie*): «*N'objectez point non plus l'évidence de vos vérités, vous avez raison. Vous avez tous raison.*»

Ami Jean-Claude,

J'ai lu avec affection Ton parcours personnel dans notre « Saga St EX »,
c'est Toi qui avais donné le coup d'enbi avec ta « gourmette » !!

Je me souviens encore de notre première « réunion secrète » quand je croyais que tout serait réglé par quelques Traits de papier !

Depuis 1998, j'ai eu souvent la rage au cours de ces années où nous avons Tous été caillassés par les médias et les donneurs de leçons ! ouf !

Toi, Tu as eu la rage, mais aussi la souffrance et l'humiliation. Mais, Tu as maintenant bien récupéré depuis la clarification, laborieuse et coûteuse, de l'« Affaire St EX » et ce livre en est la claire conclusion !

Merci aussi à Toute l'équipe St EX dont je suis heureux de faire partie.

Finalement, on s'est malgré tout bien amusé, et, surtout, on a GAGNÉ !!

Henri G. Delauze
Pour la COMEX ---

Épilogue

La lettre promise à Jean-Claude lui est parvenue six mois plus tard, fin octobre 2005.

Elle est à en-tête de la « Société pour l'œuvre et la mémoire d'Antoine de Saint-Exupéry, succession Saint-Exupéry-d'Agay », et elle est signée par François d'Agay.

Monsieur,

Au nom de la famille du commandant Antoine de Saint-Exupéry disparu au cours d'une mission de reconnaissance aérienne au-dessus de la France occupée le 31 juillet 1944, nous tenons à vous faire savoir que la gourmette lui ayant appartenu et que vous avez découverte le 7 septembre 1999, avec votre équipage, sera confiée au musée de l'Air et de l'Espace du Bourget.

À cette occasion, une cérémonie aura lieu à laquelle nous vous demandons de venir participer avec nous le moment venu.

Nous comptons sur votre présence.

Veuillez agréer, Monsieur, l'expression de nos sentiments les meilleurs.

Ce sont ces mots-là qu'il attendait depuis longtemps, à cela près qu'il n'a pas découvert la gourmette en septembre 1999, mais en septembre 1998.

Elle a son importance, tout de même, cette longue année de souffrance et de solitude, mais le pêcheur l'a promis, il tentera de l'oublier, comme il tentera d'oublier toutes les autres.

FIN

Achevé d'imprimer en mai 2006
sur les presses du

Groupe Horizon

Parc d'activités de la plaine de Jouques
200, avenue de Coulin
13420 Gémenos – France

pour le compte des Éditions Ramsay

Imprimé en France

Dépôt légal : mai 2006
N° d'impression : 0604-114
ISBN : 2-84114-802-5